基于学科核心素养的生物教学实践研究

天津市中小学教师继续教育中心　编

天津出版传媒集团

天津科学技术出版社

图书在版编目(CIP)数据

基于学科核心素养的生物教学实践研究 / 天津市中小学教师继续教育中心编. -- 天津：天津科学技术出版社, 2021.12

（天津市中小学"学科领航教师培养工程"团队攻坚成果系列丛书）

ISBN 978-7-5576-9788-4

Ⅰ.①基… Ⅱ.①天… Ⅲ.①生物课–教学研究–初中 Ⅳ.①G633.912

中国版本图书馆 CIP 数据核字（2021）第 273059 号

基于学科核心素养的生物教学实践研究
JIYU XUEKE HEXIN SUYANG DE SHENGWU JIAOXUE SHIJIAN YANJIU

责任编辑：房　芳
责任印制：兰　毅

出版： 天津出版传媒集团
　　　 天津科学技术出版社

地址：天津市西康路 35 号
邮编：300051
电话：(022) 23332397（编辑室）
网址：www.tjkjcbs.com.cn
发行：新华书店经销
印刷：天津午阳印刷股份有限公司

开本 710×1000　1/16　印张 22.625　字数 360 000
2021 年 12 月第 1 版第 1 次印刷
定价：128.00 元

目　录

第一部分

开发丰富的教学资源

核心素养视域下基于自然体验教育的初中生物综合实践活动的研究

天津市滨海新区教师发展中心第二分中心　窦玮爽

摘　要: 本研究利用校园内以及当地丰富的课程资源,结合生物学科的特点,在已开展过的各种综合实践活动的基础上,重新梳理并系统设计核心素养视域下基于自然体验教育的初中生物综合实践活动,同时编写活动相关指导手册,首次在天津市滨海新区大港区域的6所实验校七年级的学生中进行活动实施。

本研究主要采用问卷调查法、访谈法和案例研究法。活动设计融入自然体验教育理念,活动目标指向核心素养的培育,活动实施以户外教学为主,以此增强城市中孩子与自然的亲密度,同时循序渐进地帮助学生发展核心素养。

研究结果表明:基于自然体验教育的生物综合实践活动的实施,在一定程度上能够增强城市中的孩子与自然的亲密度,使"自然缺失"现象的比例降低。同时学生非常喜欢户外实践的活动形式,对活动内容的设计也非常感兴趣,并从中获得了室内课堂无法实现的体验和成长,有效弥补了生物学科课堂教学实践环节的不足,有利于学生核心素养的发展。

关键词: 核心素养　自然体验教育　生物综合实践活动

一、研究背景

(一)教育发展与课程改革的需要

2014 年，教育部印发《关于全面深化课程改革落实立德树人根本任务的意见》，其中首次提出"核心素养体系"的概念。目前，如何在学校教育中落实核心素养，实现"学科教学"向"学科育人"的转化，成为教育教学改革的重点。

2017 年，教育部发布《中小学综合实践活动课程指导纲要》，指出综合实践活动是国家义务教育课程方案规定的必修课程，与学科课程并列设置，是基础教育课程体系的重要组成部分。

(二)生物学教学及学生发展的需要

我国《义务教育生物学课程标准(2011 年版)》的课程具体目标中明确指出："激发学生热爱自然，热爱生命；提高学生的环境保护意识；指导学生理解人与自然和谐发展的意义；引导学生关注与生物学相关的社会问题，初步形成主动参与社会决策的意识；帮助学生形成爱祖国、爱家乡的情感"。

基于自然体验教育的初中生物综合实践活动是以大自然为教室，以自然物为教学资源，以户外教学活动为主，鼓励学生充分体验和积极参与的学习活动。通过游戏、观察、调查、制作、考察、种植等多种学习方式，引导学生体验、探究、讨论、分析、反思、分享等，这大大弥补了传统生物课堂教学以讲授为主，纸笔测验作为反馈的学生实践体验不足的问题。

通过这种形式的活动，可以为户外教学以及综合实践活动的开展积累经验和提供借鉴，同时有利于《义务教育生物学课程标准(2011 年版)》中课程具体目标的达成和学生 6 大核心素养的培育。

(三)社会发展的需求

自然体验教育是以人类与自然的关系为核心而进行的教育活动，是以大自然为教室，以人类为媒介，利用科学有效的方法，使社会成员融入大自然，通过对自

然信息的感受、采集、整理和思考,形成对自然的正确认识,建立对自然的保护意识。同时在这个过程中,提升综合素质,发展核心素养,特别是社会责任感、创新精神和实践能力,以适应快速发展和变化的社会生活,也有利于预防和治疗儿童因与自然关系断裂而形成的"自然缺失症"。

另外,2020年初爆发的新冠疫情至今还在全球范围内蔓延,这更加让我们深入思考人类应该更加深入地认识自然,从而与自然中的万物和谐共存,最终才能守护好我们赖以生存的地球。

(四)基于本地优越的课程资源

笔者所在地区拥有天津市面积最大的国家级自然保护区——"北大港湿地自然保护区"。它是东亚至澳大利西亚候鸟迁徙的必经之地,2020年入选《国际重要湿地名录》。每年春秋两季,很多鸟类途经北大港湿地。随着生态环境逐年改善,过境候鸟的种类和数量明显增加,部分过境候鸟在此繁衍,成为"留鸟"。

笔者所在原学校为天津市首批绿色学校,校园内有2个植物园,包括乔木、灌木、草本等近百种植物,学校紧邻本地区最大的综合性公园——大港公园,这些都为自然体验教育活动的开展提供了良好的场地环境和丰富的教学资源。学校还于2018年5月成立"环保创意与分享工作坊",已开设"树叶堆肥""环保酵素""艺术压花""玉米皮编织""种植体验"等多个环境教育体验项目,这些也为本课题的研究提供了扎实的研究基础和浓厚的学术氛围。

二、研究意义

(一)有利于学生核心素养发展中必备品格的养成和关键能力的提升

基于自然体验教育的初中生物综合实践活动的设计与实施,立足于卢梭的自然主义教育理论和杜威的经验课程理论,通过打开视、听、嗅、味、触这5种感官来认识自然,通过观察记录、手工制作、种植劳动、文学创作等欣赏自然。在这个过程中,学生在科学精神、人文底蕴、学会学习、健康生活、责任担当以及实践创新方面都将得到较好的发展,从而提高保护自然的意识与能力,最终达到人与自然和谐发展的教育目标。从而实现"生物学学科教学"向"生物学学科育人"的自然转化,同时也实现了学生综合素质的跨学科培养。

(二)有利于弥补生物学学科课堂教学实践体验的不足

基于自然体验教育的初中生物综合实践活动以大自然为课堂,通过多种形式引导学生参与体验活动,例如:游戏、观察、调查、绘画、写作、摄影、制作、种植等。这些大大弥补了传统生物课堂教学以讲授为主,纸笔测验作为反馈的学生实践体验不足的问题。通过这种形式的活动,可以为户外教学以及综合实践活动的开展积累经验和提供借鉴。

(三)有利于儿童"自然缺失症"的有效干预

美国作家理查德·洛夫(Richard Louv)首次在《林间最后的小孩》一书中提出"自然缺失症"的概念。"自然缺失症"是指现代城市中的儿童在大自然中度过的时间越来越少,甚至与大自然完全割裂,从而导致了一系列行为和心理上的问题。研究发现,儿童肥胖、注意力紊乱、孤独、抑郁、网络依赖、社交障碍等都与自然缺失有一定的关联。自然体验教育倡导把人放到大自然里,通过体验式教育向大自然学习,进而学会保护自然。有研究表明,自然体验教育对预防和治疗"自然缺失症"有积极的作用。

三、研究目标、内容和创新点

(一)研究目标

(1)编写基于自然体验教育初中生物综合实践活动指导手册。

(2)探索在校园内开展自然体验教育的生物综合实践活动的方式、方法,为校园内基于自然体验教育的生物综合实践活动的有效实施积累经验。

(3)探索自然体验教育初中生物综合实践活动对于学生核心素养发展、与自然的亲密度等方面的影响。

(4)编写本区域的校园植物导赏手册。

(二)研究内容

(1)制定基于自然体验教育的初中生物综合实践活动的整体方案,包括观察记录、手工制作、文学创作、手绘自然、种植体验、美拍四季等具体活动,编写活动指导手册,以便于教师指导学生有目的、高效率地开展活动。

(2)通过问卷调查以及访谈,初步了解自然体验教育初中生物综合实践活动对于学生核心素养发展、与自然的亲密度(城市中孩子与自然亲密度的调查问卷能够反映儿童"自然缺失症"的情况)方面的影响。

(3)通过自然体验教育初中生物综合实践活动,师生共同完成本区域的校园植物导赏手册,并通过摄影、绘画、制作、写作、二维码等多种表现形式呈现。

(三)研究创新点

(1)在本区域内,首次将自然体验教育与国家规定的课程进行科学、有效的整合。在校园自然环境下,结合生物学学科教学内容的优势,利用校园内丰富的自然资源,开展自然体验教育生物综合实践活动。

(2)在本区域内,首次试图通过学校教育中的自然体验教育对儿童"自然缺失症"进行有效干预。

(3)探索在传统生物学课堂之外,通过自然体验教育的方式促进学生必备品格的养成和关键能力的提升,作为学生生物学学科核心素养发展的有益补充。

(4)通过多种形式的自然体验教育,例如:手工制作、文学创作、绘画笔记、种植体验等,实现科学素养养成与人文底蕴熏陶的有机结合。

四、研究思路和方法

(一)研究思路

(1)在原有与自然体验教育有关的综合实践活动的基础上进行整理和总结,

结合本地区各实验校的自然资源，设计自然体验教育综合实践活动整体方案，编写基于自然体验初中生物综合实践活动指导手册。

(2)在各实验校七年级平行班中选择一个班级进行自然体验教育生物综合实践活动的实施。通过问卷调查，分析总结活动的实施对学生与自然亲密度的影响。通过随机访谈，了解活动的实施对学生核心素养发展的影响，以及活动开展的必要性和现实意义。

(3)活动实施结束后，整理总结活动中的学生作品，指导学生共同制作本区域校园植物导赏手册。

(4)活动实施过程中乃至活动实施之后，指导学生参与有关科技创新、环保实践等竞赛活动，记录学生在活动中的表现及获奖情况。

(二)研究方法

1.文献分析法

本研究通过查阅相关期刊、学术论文、图书等文献，收集有关自然体验教育、生物综合实践活动等资料，同时进行整理、分析和总结，借鉴已有的研究成果，形成自己的研究思路。

2.案例研究法

本研究将自然体验教育的理念与内涵、内容与方法与初中生物综合实践活动相结合，在天津市滨海新区大港第二中学、第十中学、第六中学、第五中学、滨湖学校和第九中学共6所学校的七年级实施，活动实施以户外教学为特色，活动结束后撰写活动案例。

3.问卷调查法

为了更准确全面地了解基于自然体验教育的初中生物综合实践活动的实施情况和信息反馈，采用上海绿洲生态保护交流中心设计和编写的《城市中孩子与自然亲密度调查问卷》，对天津市滨海新区大港第二中学七年级(5)班的47名学生进行有关与自然亲密度的问卷调查。

该问卷第1~21题为单项选择题，统计选择每个选项的人数和所占比例；第22、23题为排序题，统计时，按照每道题选项的个数，为排在末位的选项赋分为1

分,次末位的赋分为 2 分,以此类推,第 22 题排在首位的选项赋分为 6 分,第 23 题排在首位的赋分为 7 分,最后将每个选项的分数相加再求平均值,得到每个选项的加权平均值,以此来反映每道题中不同选项的排序位置。

4.访谈法

访谈的对象为参与生物综合实践活动的学生及教师。被访谈者心理处于放松状态的情境下,根据自己的思路发表对基于自然体验教育的生物综合实践活动的看法,通过具体的事实反映活动的效果以及学生核心素养的提升情况。访谈结束后马上整理原始材料,以求准确、具体和全面。

五、实施步骤

(一)准备阶段(2019 年 12 月)

(1)确定课题研究方向,查阅和整理国内外相关研究资料,撰写课题立项申请和可行性分析。

(2)整理以往相关活动的资料,查阅相关书籍和文献,丰富和充实自然体验教育生物综合实践活动设计的素材来源。

(二)研究阶段(2020 年 1—12 月)

(1)根据前期的准备完成开题报告,组织课题组成员开题。

(2)确定本研究中需要使用的调查问卷,并根据研究的需要和实际情况做适当修改。

(3)初步编写完成基于自然体验教育初中生物综合实践活动指导手册。

(4)在各实验校七年级的平行班中选择一个班级进行基于自然体验教育的生物综合实践活动的实施。根据各学校对防疫工作的要求,每次活动 1 课时,6 所学校累计开展活动 33 次,共计 33 课时。

(5)自然体验教育综合实践活动实施前后,对大港二中活动实施班级的学生进行有关与自然亲密度的问卷调查,对比前后测的变化情况,并对结果进行分析总结,撰写调查报告。

(6)活动实施结束后,随机抽取部分参与活动的教师和学生进行开放性访谈或者填写活动反馈表,及时整理原始材料,并进行分析总结,了解学生在核心素养方面的发展。

(7)撰写核心素养视域下基于自然体验教育的初中生物综合实践活动的相关案例和论文。

(三)总结阶段(2021年1—3月)

(1)指导学生共同制作本区域的校园植物导赏手册。
(2)进一步完善基于自然体验教育初中生物综合实践活动指导手册。
(3)梳理研究过程,整理相关资料,根据研究结果,分析得出初步结论,撰写结题研究报告。

六、研究成果

(一)完成基于自然体验教育的初中生物综合实践活动设计

1.指导手册的编写原则

本研究完成了《亲近自然 探索发现 体验乐趣 提升素养——自然体验教育初中生物综合实践活动指导手册》的编写工作。该手册可以作为大港区域以校园为主阵地长期开展活动的教学依据,也可以为其他区域的学校开展此类活动提供参考。为了使活动指导手册具有更好的实用性和适用性,遵循了以下编写原则。

(1)主体性——尊重学生的主体地位,重视学生的发展需求。
(2)实践性——强调学生的亲身体验,重视学生的反思创造。
(3)灵活性——教学形式多样,教学时间灵活,逻辑关系清晰。
(4)开放性——教学目标多元,教学内容广适,教学评价多维。

2.综合实践活动内容

依托校园内以及当地丰富的教学资源,根据活动设计的原则和活动目标,《基

于自然体验教育初中生物综合实践活动指导手册》的编写共分为 5 个单元,活动内容纲要以及与教学资源的相互关联如下:

第一单元 自然游戏

Ⅰ 自然感受(校园中的自然环境)

游戏 1 照相机 / 游戏 2 树的心跳 / 游戏 3 我的树

Ⅱ 自然平衡

游戏 1 编织生命之网 / 游戏 2 生命金字塔 / 游戏 3 鸟类栖息地

Ⅲ 自然学习

游戏 1 指鼻子 / 游戏 2 我是谁 / 游戏 3 猫头鹰和乌鸦

Ⅳ 自然探索(校园中的自然环境)

游戏 1 一平方米观察 / 游戏 2 校园寻宝图 / 游戏 3 折叠诗

第二单元 自然观察

Ⅰ 草木有情

活动 1 校园植物调查(校园种类繁多的植物资源)

活动 2 植物身份证

Ⅱ 虫虫世界

活动 1 昆虫大搜索(栖息于校园环境中的昆虫及其他虫类资源)

活动 2 我的养蚕日记

Ⅲ 亲近鸟儿

活动 1 我也去观鸟(北大港湿地及校园环境中的鸟类资源)

活动 2 鸟的迁徙

Ⅳ 秘密花园

活动 1 探访我的秘密花园(校园、紧邻校园的大港公园、学生居住的社区)

活动 2 互访秘密花园

第三单元 自然记录

Ⅰ 美写自然 / Ⅱ 美拍自然 / Ⅲ 美绘自然 / Ⅳ 美印自然

第四单元 自然创作

Ⅰ 落叶拼画 / Ⅱ 创意手工 / Ⅲ 草木染布

第五单元 自然生活

Ⅰ 垃圾分类 / Ⅱ 环保酵素 / Ⅲ 树叶堆肥 / Ⅳ 种植体验

3.综合实践活动评价

基于自然体验教育的生物综合实践活动的实施过程,采用多元化的评价方式如表1、表2。

(1)过程性评价与结果性评价相结合,以过程性评价为主。

(2)管理性评价与激励性评价相结合,以激励性评价为主。

(3)个人评价与他人评价相结合,以个人评价为主。

表1　自然体验教育活动记录与反馈

姓　名		班　级		组　别	
活动名称					
活动类别					
活动时间			活动地点		
活动感受 或启示					
活动建议					

表2 综合实践活动学习评价表

姓名		班级			组别			
评价项目	具体内容			评价等级	自评	小组评价	家长评价	教师评价
情感态度	积极参与 自觉遵守纪律 不怕困难、勇于克服			AB CD				
合作交流	主动与同学积极合作 乐于帮助同学、资源共享 认真倾听他人观点、大胆发表个人见解 对班级和小组的学习做出贡献			AB CD				
学习技能	善于发现问题、提出问题、解决问题 会用多种方法搜集、处理信息			AB CD				
实践技能	实践方法、形式多样 积极动脑、动口、动手 大胆尝试、勇于创新 关注环境、关注社会			AB CD				
成果展示	认真完成 积极分享			AB CD				

(二)完成自然体验教育初中生物综合实践活动的实施

1. 综合实践活动计划

根据活动内容的特点,考虑户外教学活动受季节和天气限制等因素,制定如下活动实施计划(见表3)。

表3 综合实践活动实施计划

次数	第一学期	第二学期
	活动内容及形式	活动内容及形式
1	自然游戏:自然感受	自然游戏:自然学习
2	自然观察:草木有情(1)	自然创作:创意手工
3	自然观察:草木有情(2)	自然生活:垃圾分类
4	自然记录:美写、美拍、美绘、美印	自然创作:草木染布

次数	第一学期	第二学期
	活动内容及形式	活动内容及形式
5	自然游戏:自然平衡	自然观察:虫虫世界
6	自然观察:亲近鸟儿	自然游戏:自然探索
7	自然生活:种植体验	自然观察:秘密花园(1)
8	自然创作:落叶拼画	自然观察:秘密花园(2)
9	自然生活:树叶堆肥	自然生活:环保酵素
10	本学期活动总结 评选优胜小组	本学期活动总结 评选优胜小组

2.学生活动及作品展示

本研究中设计的综合实践活动分为自然游戏、自然观察、自然记录、自然创作和自然生活五大主题单元。下图 1~图 3 为部分学生活动及作品展示。

图 1 自然记录作品

图 2　自然笔记作品

图3　树叶厨余堆肥活动

3.户外实践活动的策略及建议

根据活动实施过程中的课前准备、教学组织、学生表现、教学效果、课程评价等方面的反馈,总结出以下4点户外活动的策略及建议。

(1)小组合作——4~6人为宜,明确分工和职责。

(2)及时反馈——促进反思、总结、交流和评价。

(3)素养培育——提高环境意识,强调社会责任。

(4)安全第一——提前考察,认真预案,积极督促。

(三)学术性成果

(1)编写完成《亲近自然 探索发现 体验乐趣 提升素养——自然体验教育初中生物综合实践活动指导手册》和《草木有情——大港区域校园植物导赏手册》。

(2)论文《基于提升核心素养的初中生物课程资源的开发和利用》获得天津市2020年教研年会论文二等奖;论文《例谈自然游戏在初中生物教学中的妙用》获得2021年天津市"教育创新"论文二等奖;论文《多彩活动助力学生践行生物学学

科核心素养》获得 2021 年天津市"教育创新"论文区级三等奖。

(3)撰写《自然体验》《自然讲堂》《自然游戏》《草木染布》等 9 篇活动案例。

(4)撰写《城市中孩子与自然亲密度调查问卷》调查报告。

(5)《湿地与鸟》一课获滨海新区大港第十四届教师基本功竞赛创新学科一等奖。

(6)《亲近自然 探索发现 体验乐趣 提升素养——自然观察与体验活动》获得天津市第一届中小学综合实践活动案例评选优秀案例奖、滨海新区大港综合实践活动案例评选一等奖。

(7)《做自然体验教育 育健全成长新人——"自然讲堂"活动》获天津市青少年科技创新大赛科技辅导员创新项目二等奖,滨海新区一等奖。

七、研究成果的价值

(一)学生主体,教师主导,深入生活,意义深远

研究过程中始终坚持以学生自主学习、合作探究为主。学生在较为宽松的环境中思考与行动、发挥与创造,在生活中发现问题、解决问题。这些过程对提高学生的合作意识、环境意识、创新能力及社会实践能力有着深远而现实的意义。

(二)户外活动弥补初中生物学课堂实践体验的不足

室内室外、课堂课余相结合彰显了生物学学习的生活化和生命力。学生走出课堂,关注生活,投身实践,服务社会,全面培养学生的科学素养和人文精神,促进学生健康和谐的全面发展。小组合作和及时反馈的活动策略为在校园内开展自然体验教育综合实践活动提供了切实可行的方法。

(三)多学科整合,本土化开发,提供借鉴和范例

《亲近自然 探索发现 体验乐趣 提升素养——自然体验教育初中生物综合实践活动指导手册》整合了多个学科,例如艺术、科学、劳技、德育等。每个单元既可以单独使用,也可以按照逻辑系统实施,为其他学校或地区开展适合本土的自然

体验教育综合实践活动提供了借鉴和范例。

(四)成果呈现新颖独特,彰显学科育人价值

《草木有情——大港区域校园植物导赏手册》由师生共同编写,意在引导学生从多角度观察记录植物,并以原生态的方式呈现。这种方式为孩子们打开了一条通往自然的小路,在亲近自然和观察自然中学会欣赏自然、尊重生命、热爱生活、用心守护家园,最大限度地彰显生物学学科的育人价值。同时为其他学校或地区开展此类活动提供了借鉴和范例。

八、结论与反思

(一)初步结论

通过对调查问卷的数据进行整理和分析,初步得出:基于自然体验教育的生物综合实践活动的实施,能够对学生选择外出旅游的地点和户外活动的方式产生影响,选择自然景观以及户外活动的人数明显增加。同时对与"自然缺失症"有关的一系列问题,例如:对大自然的好奇心、情绪调节能力和环境适应能力等,具有积极的促进作用。这些都有利于激发学生对大自然产生热爱和强烈的好奇心,进而增强城市中的孩子与自然的亲密度,从而使得"自然缺失"现象的比例降低。但是受到诸多社会因素的制约,自然体验教育综合实践活动对增加学生参加户外活动的时间和减少学生使用电子产品和网络的时间影响并不明显。

通过对参与活动实施的教师和部分学生的访谈记录以及学生提交的活动反馈表进行整理和分析,初步得出如下结论。

(1)学校领导和教师对于活动实施的理念和方式、方法都十分认可,认为这是一项适合在当地开展的初中生物学综合实践活动。

(2)学生非常喜欢户外实践的活动形式,学生对活动内容的设计也非常感兴趣,并从中获得了室内课堂无法实现的体验和成长,有利于学生核心素养发展中必备品格的养成和关键能力的提升。

（3）教师在活动实施过程中充分转变了教育教学的理念和方式，有效弥补了生物学科课堂教学实践体验的不足。教师也在这个过程中不断学习、实践、反思和创新，逐渐成长为研究型教师，较好地促进了教师的专业化成长。

（二）反思与展望

由于时间有限，又受到疫情影响，在研究过程中也遇到了一些困难与困惑，如：户外实践活动的实施需要在前期做大量而充分的准备，如教学资源、材料用具、预设与生成、纪律安全方面等，这样才能较好地保证活动的顺利进行，从而达到预期的效果，因此，还需要教师不断地从实践中总结经验，不断改进和完善活动方案。

同时，经过讨论和分析，得出如下需要进一步研究的问题：

（1）基于自然体验教育的生物综合实践活动的内容设计还需要进一步深化和优化，更加充分地利用校园内的自然资源和教学环境，开展更加丰富的自然体验教育活动，从而实现更为科学、合理、有效的跨学科融合，为学生核心素养的提升提供更加可行的方式方法。

（2）户外实践活动的方法和经验还需要进一步探索、反思和总结，特别是提高学生自律意识的方式、方法，以及保障学生安全的有效措施，以最大限度地保证户外实践活动的有效性和安全性。

（3）在长期坚持开展活动的前提下，希望可以进一步对学生进行跟踪调查，了解自然体验教育综合实践活动的实施，对学生大学专业学习或者参加社团的选择是否具有相关性，甚至是未来职业的选择是否具有关联性，以更加全面、深入地研究基于自然体验教育的初中生物综合实践活动的实施对学生的影响及意义。

参考文献

[1] 中华人民共和国教育部. 教育部关于全面深化课程改革落实立德树人根本任务的意见[EB/OL]. (2014-04-08)[2020-8-17]. http://www.moe.gov.cn/srcsite/A26/jcj_kcjcgh/201404/t20140408_167226.html.

[2]中华人民共和国教育部. 义务教育生物学课程标准(2011 年版)[S]. 北京:北京师范大学出版社,2012.

[3]周彩贤,马红,张玉钧.自然体验教育活动指南[M].北京:中国林业出版社,2016.

[4]孙云晓,胡霞.在体验中快乐成长——日本的自然体验教育[J].中国教师,2005(01):4-7.

[5]马忠利,张军.重走卢梭路——开展儿童自然体验教育刍议[J].肇庆学院学报,2018(02):75-79.

[6]余艳兰.亲近自然,感悟生命——初中生物自然体验之"三力"教学[J].文理导航(中旬),2017(17):51.

[7]汤广全.儿童"自然缺失症"的危害及教育干预[J].当代青年研究,2017(06):116-122.

[8]付文中.儿童自然缺失症及其相关问题研究[J].牡丹江大学学报,2015(11):164-165.

[9]张丽华.在初中生物课堂展开综合实践活动的教学实践研究[J].中学课程辅导(教师通讯),2017(01):18.

[10]钱翠青.综合实践活动在初中生物学教学中的应用研究[D].烟台:鲁东大学,2013.

[11]王健等.基于学生核心素养的生物学科能力研究[M].北京:北京师范大学出版社,2018.

[12]约瑟夫·克奈尔.与孩子共享自然[M].北京:九州出版社,2014.

[13]骆桦,黄向.自然教育理论与实践[M].长春:东北师范大学出版社,2020.

附录1

例谈自然游戏在初中生物学教学中的妙用

天津市滨海新区教师发展中心第二分中心　窦玮爽

摘　要：自然游戏是自然教育的一种教学方式。笔者通过实践，将自然游戏恰当地引入初中生物学教学，作为辅助教学的一种策略，对于重要概念的建构和理解具有非常有效的促进作用。

关键词：自然游戏　初中生物学教学　概念教学

自然游戏是自然教育的一种教学方式，它是由当今著名的自然教育专家约瑟夫·克奈尔率先实践的。早在20世纪70年代，约瑟夫就倡导用游戏的方式把孩子们带进神奇的大自然，他将自己对自然敏锐的感悟和由衷的热爱倾注在户外教育活动中，引领孩子们体验自然的纯美，感悟自然的哲理，共享自然的乐趣。

如今将近半个世纪过去了，自然游戏在世界范围内的自然教育活动中越来越盛行，笔者通过实践，将自然游戏恰当地引入初中生物教学，作为辅助教学的一种策略，对于重要概念的建构和理解具有非常有效的促进作用。

一、什么是自然游戏

自然游戏就是带领孩子们重新回到大自然中，亲近并感受自然万物的存在状态，从而体验人与人、人与自然以及自然本身原来应有的和谐与平衡。

自然教育专家约瑟夫·克奈尔认为：通过视觉、听觉、触觉、嗅觉和味觉，我们可以与自然直接交流。不同的自然游戏能带给人不同的感受和感悟：有的能营造安静的氛围，使我们的身心完全放松，与大自然保持和谐的状态；还有的能够唤起我们细腻的情感，与自然的神奇、美丽、平静、壮观、力量等特性相呼应；还有的能引领我们洞察自然规律，例如，解释生态系统平衡的原理等。那么，将自然游戏引入生物教学，主要目的是帮助学生更直观地认识自然规律，从而更透彻地理解生物学的重要概念。

二、自然游戏的教学举例

(一)编织生命之网

人教版七年级上册《生物与环境组成生态系统》一节中,涉及了生态系统、生产者、消费者、分解者、食物链和食物网、生态平衡等诸多重要概念。短时间内让学生建构并理解这些重要概念是有难度的。在以往的教学实践中,尽管通过播放视频、观察与思考、讨论交流、讲解示范等多种教学活动引导、启发学生自主建构和深入理解,但总体效果不够理想。而在教学过程中引入了"编织生命之网"的游戏活动(见表1)后,通过创设情境、角色扮演、亲身体验等环节,学生能够具体而深切地感受到自然界中各成员之间的依存关系。游戏结束后,请学生分享自己的感受,发现学生能够更加深入的理解生态系统中生物与环境的关系,生物与生物之间相互依存、相互制约的关系,从而更好地理解生态系统的稳定性是有一定限度的,生态平衡一旦被打破,很难恢复。

这个游戏还可以关联到人教版八年级上册《认识生物的多样性》的教学中,学生通过参与编织生命之网以及体验网破的过程,理解了各种生物之间是相互依存、相互制约的关系之后,还可以继续抛出问题引发学生的进一步思考:怎样才能使"生命之网"更加稳定和牢固呢?引导学生意识到"生命之网"的每一个结点上如果有多种生物,当某一种生物被杀死时,"生命之网"不至于迅速破坏。通过这个游戏,不仅有助于学生理解生物种类多样性的重要意义,也有助于学生解释为什么要保护生物的多样性。

表1　编织生命之网

目标	通过活动具体而深切地感受自然界各成员之间的依存关系		
活动时间	20分钟	参与人数	10~15人一组为宜
活动地点	一块大小适宜的空地		
材料用具	足够长的一段线绳		
实施步骤	a.选择一块适宜的空地,让孩子们围成一个圆圈,老师手中拿着线球,站在圈圈内		
	b.随机选择一个孩子说出当地的一种植物,老师将线绳的一头交到他的手中		
	c.其他任意位置上的孩子根据前一个人的思路说出相关的其他生物,比如一种以它为食的动物,或者非生物等环境因素,比如阳光、空气、水、土壤等,老师依次把线绳按顺序交到每一个孩子的手中		

实施步骤	d.当所有的孩子手中都有了线绳,请孩子们一起用力向后拉绳子,感受一下编织的绳网张紧时的力量
	e.假设一种环境发生了变化,比如伐掉一棵树或者杀死一种动物,充当这个角色的孩子就放下手中的线绳,大家再重新一起用力向后拉绳子,再次感受这张绳网的力量
	f.手中绳子变化最明显的是直接受到影响的生物与非生物因素,充当这个角色的孩子随后也跟着放下绳子,如此下去看看这张网会变成什么样子
	g.反思过程和分享感受

(二)鸟类栖息地

人教版七年级下册《人类活动对生物圈的影响》一章共有三节内容,这三节内容通过"资料分析""模拟探究""拟定计划"等活动,由浅入深、层层递进,引导学生由"知"过渡到"行"。然而如果没有亲身体验,想让学生由前两节的"知"顺利过渡到第三节的"行",总是停留在表面而不能引发学生的深入思考和讨论。

因此,在学习完前两节的知识后,进行第三节教学之前,笔者引入了"鸟类栖息地"的自然游戏(见表2)。这个游戏结合了本地的课程资源特色,笔者所在的学校紧邻北大港湿地国家级自然保护区,学生对鸟类及其生活环境比较熟悉,而湿地又被大港油田、大港电厂以及大港石化等大型企业包围,曾经受过严重的污染,而近些年又得到了有力的治理,呈现出良好的生态环境,每到迁徙的季节,一片人与鸟类和谐共存的景象。

游戏结束后学生要分享感受,认识到报纸就相当于鸟类的生存环境,如果生存环境被侵占或者破坏,部分鸟类就会因争夺生存空间而死亡,有些珍稀的物种甚至会灭绝。最后,还可以进一步引导学生思考并讨论:我们的哪些行为就是在减少鸟类的栖息地?作为一名中学生,我们可以做哪些力所能及的事来保护当地的生态环境?同时告诉学生这个道理对大自然中的所有生物都是适用的。孩子们通过角色扮演,亲身体验野生鸟类生存的艰辛,既深化理解了前两节的概念,又引发了深入思考和讨论,同时结合了当地的真实情境,有针对性和实效性地完成《拟定保护生态环境的计划》的教学任务。

表2 鸟类栖息地

目标	通过活动体会栖息地的丧失会直接影响鸟类的生存		
活动时间	20分钟	参与人数	8~10人一组为宜
活动地点	室外或宽敞的室内		
材料用具	旧报纸		
实施步骤	a.把报纸整理成合适大小,要求两人可以较轻松地站在一张报纸上		
	b.把若干张报纸平铺在地上,报纸的数量是人数的一半		
	c.孩子们扮演鸟,站着围成一圈,当游戏开始时围着报纸行走,当老师喊停时所有孩子争取站到报纸上,没有站到报纸上的孩子退出游戏,站到一边		
	d.拿掉一张报纸,再重复上面一个步骤		
	e.反思过程和分享感受		

(三)伪装步道

人教版七年级上册《生物与环境的关系》一节、八年级下册《生物进化的原因》一节,均涉及了动物保护色的知识,为了让学生更加深刻地体会"保护色"和"适应环境"对动物生存的重要性,笔者将"伪装步道"的自然游戏(见表3)引入教学中。学生通过认真观察、仔细搜寻,不仅了解了"伪装者"的外部形态特点,更加考查了观察者的眼力和耐心,同时深刻地体会到动物的保护色是对环境的适应,对其生存起着至关重要的作用。

表3 伪装步道

目标	通过活动体会保护色对动物生存的重要性		
活动时间	20分钟	参与人数	6~8人一组为宜
活动地点	室外一条长20~30m的小路,小路两旁有草丛和树或者一块大小适宜的草坪		
材料用具	仿真动物模型若干(以昆虫为主)、记录本、笔		
实施步骤	a.将仿真动物模型,也就是"伪装者",提前在小径两旁的草丛中和树上藏好		
	b.观察者进入步道(草坪)进行观察,发现"伪装者"后,不要触摸和移动"伪装者",在记录本上写下"伪装者"的名字和特征		
	c.在规定的时间内,比一比谁发现得最多,或者两组比赛,比一比哪一组发现得最多		
	d.所有的观察者齐心协力一起找出"伪装者"		
	e.反思过程和分享感受		

三、自然游戏在教学中的作用

自然游戏作为一种参与体验式的教学形式和策略,能够使学生在充满兴趣时最大限度地唤醒学习的热情,同时在体验过程中建构重要概念,在共同分享中深化感悟。

(一)在兴趣中唤醒热情

心理学认为,兴趣是智力活动的巨大动力。爱动爱玩是每个孩子的天性,自然游戏这种教学形式能够深度激发学生的参与热情和学习兴趣。可以更有效地建立师生之间、生生之间对于教学主题的联结与互动。

(二)在体验中建构概念

自然游戏是一种重参与、重体验、重合作的学习方式。学生通过参与游戏,充满热情地去表演,全身心地直接感受大自然的规律、生态循环的过程,而不单纯是课本上枯燥的说教、假想的探究。学生通过这种深度地体验式学习,对于生物学的一些重要概念有了不断建构和深入理解的过程,从而达到更加深刻的记忆,而这种记忆是通过亲身感受获得的,并非死记硬背。

(三)在分享中深化感悟

每一次的自然游戏都是以分享环节结束的,目的是让学生反思过程并与他人分享自己的体验和感悟。通过实践表明,体验只是自然游戏的第一步,反思过程和分享感受则显得更加重要。这个过程不仅能带来深刻的游戏体验和内省式的理解,还能通过与他人的分享得到延展,让感受进一步深化为感悟,从而对概念的理解更加全面深刻,对素养的培育也更加有效稳定。

四、启示与展望

将自然教育中常用的自然游戏妙用在初中生物课堂教学中,取得了意想不到的良好教学效果,可谓是小游戏彰显大智慧。在引导学生经过多次这样体验式的自然游戏之后,笔者发现它不仅能唤醒学习的热情、有助概念理解、增进素养培育,还能营造愉快的学习氛围、增强参与者的专注力、增进团队的集体观念、激发对大自然由衷的热爱等。因此,在今后的教学中,笔者将继续关注各类自然游戏,不断探索、尝试、研究和改进,以便更好地适应初中生物教学,让自然游戏成为助力初中生物教学的一种有效策略,一道亮丽风景!

参考文献

[1]中华人民共和国教育部. 义务教育生物学课程标准(2011年版). 北京:北京师范大学出版社,2012.

[2]课程教材研究所,生物课程教材研究开发中心. 义务教育教科书教师教学用书[M]. 北京:人民教育出版社,2013.

[3]约瑟夫·克奈尔. 与孩子共享自然[M]. 郝冰,译. 北京:九州出版社,2014.

[4]约瑟夫·克奈尔. 深度自然游戏[M]. 李佳陵,肖志欣,译. 长沙:湖南教育出版社,2019.

附录2

亲近自然　探索发现　体验乐趣　提升素养
——自然观察与体验综合实践活动案例

天津市滨海新区教师发展中心第二分中心　窦玮爽

一、活动背景

"自然缺失症"是由美国作家理查德·洛夫在《林间最后的小孩》一书中提出的一种现象,即现代城市儿童与大自然的完全割裂。孩子们处在高科技的包围中,已经远离了大自然,他们太容易被电视、电脑、网络游戏、智能手机等高科技产品吸引,更喜欢室内玩乐,有些孩子在自然环境中反而会手足无措,感到无聊,丧失了与自然亲近的本能。

笔者所在原学校地处天津市大港地区,拥有天津市面积最大的国家级湿地自然保护区"北大港湿地自然保护区",所在学校紧邻大港地区最大的居民健身公园——"大港公园",植物资源丰富。校园内环境优雅,重视绿化,教学楼周围有近百种植物。大自然是最好的老师,它能够让孩子们尽情地发挥自己的创造力,并调动孩子们身体的各个器官,以不同的方式来激活他们的五感。从而有助于学生关注自己的生活环境,通过发现、亲近、熟悉的过程,使地方丰富的课程资源发挥最大的教育价值,对于培养学生热爱生活、热爱家乡以及在生活中发现问题、解决问题和提高合作意识、环境意识、创新能力及社会实践能力等核心素养有着深刻而现实的意义。

二、活动目标

(一)总目标

以五感体验为切入点,通过多种形式的活动,全面发展学生的核心素养,培养创新精神与实践能力,力求让师生在活动中共同成长。

(二)学生发展目标

(1)说出自然观察和记录的方式,描述自然观察和记录的方法。尝试利用这些方法认识常见的校园植物、当地的昆虫及鸟类,说出它们的主要形态特点、生活习性以及与人类的关系等。

(2)收集有关校园植物、当地昆虫和鸟类的资料,体验获取知识的途径和方法是多种多样的。

(3)进行实地调查和饲养昆虫等活动,运用观察、调查、记录等方法解决实际问题,认同乐于探索的科学精神、实事求是的科学态度和勇于创新的科学意识。

(4)逐渐增强对自然的了解,增强与自然的亲密度,体验与自然亲近的乐趣,认同热爱自然、珍爱生命的观点,确立积极、健康的生活态度和生活方式。

(三)教师发展目标

学会学习、学会反思、学会创新,转变教育教学理念和教育教学方式,成为学习型、研究型的教师,促进教师的专业化成长。

三、活动的对象、人数和时间安排

活动的对象包括:校外辅导员1人(天津师范大学城市与环境学院副教授,自然观察与体验教育资深专家),本校辅导教师2人(生物教师),本校七年级综合实践活动课程班的学生(30人左右)。

活动从每年的3月中旬开始,每周活动1次,每次90分钟,活动总计10周,于6月初结束。

四、活动准备(见表1)

表1　活动准备

可能出现的问题	解决预案
知识和能力方面:学生对自然观察和体验的方法在实践操作能力方面的欠缺	聘请天津师范大学城市与环境学院副教授(自然观察与体验教育资深专家)担任活动的专业指导和顾问,由两位本校生物教师全程共同承担本次活动的组织和辅导工作
成果制作和展示方面:本活动中有较多的动手操作和展示活动,例如:植物身份证、饲养家蚕等	跨学科聘请校内美术教师和语文教师等友情指导,并积极践行"教育一个孩子、影响一个家庭"的理念,鼓励孩子寻求家长的支持和帮助

可能出现的问题	解决预案
活动组织方面:学生到户外调查植物、观察昆虫和鸟类,进行户外游戏、植物身份证挂牌、角色扮演等实践活动的有序进行是较难掌控的问题	确立小组合作的活动策略,并且每次活动结束后都进行反馈和总结,为下一次活动的改进做积极准备
安全方面:户外教学活动场地范围较大,存在许多不可控的潜在危险	教师先进行户外活动场地的预察,再制定尽量详细的活动计划,例如:充分考虑教学活动中可能遇到的安全问题,做好积极预案;不要遗漏需要携带的教学用具和学生需要携带的物品等。此外,每次户外活动前都对学生进行安全教育,同时利用小组合作和教学评价等机制时刻督促和提醒学生把安全放在首位

五、活动形式

目前,孩子们处在高科技的包围中,已经远离了大自然,他们太容易被电子产品吸引,更喜欢室内玩乐,有些孩子在自然环境中反而会感到无聊,丧失了与自然亲近的本能。因此,本活动结合了生物学科的特点和优势,设计了《树影花姿》《虫在身边》《鸟在飞翔》3个主题的自然观察和体验系列活动。并在这些主题下安排了游戏、观察、调查、绘画、设计、饲养、观影等多种形式的活动,并且很多活动更适合在户外环境中开展,以此来弥补孩子们户外活动的不足,增强与大自然的亲密度。

六、活动过程

(一)准备阶段

(1)进行调查前测。随机从七年级抽取100名学生进行《城市中孩子与自然亲密度》调查问卷的测试,将测试结果作为活动的前测,为活动方案内容及形式的设计提供依据,同时也便于与后测结果进行对照,分析得出自然观察与体验系列活动对于学生在与自然亲密度方面的影响。

(2)设计活动方案。收集资料,进行可行性论证,请校外指导专家对活动设计提出建议,确定方案的内容和实施形式。

(3)通过自愿报名的方式,确定30名学生(分别来自10个教学班)组成参与综合实践活动的班级,作为活动的主要对象。

(二)实施阶段

课前教师要对活动场地进行预察,根据情况制定尽量详尽的活动计划,例如:充分考虑活动中可能遇到的安全问题,并做好积极预案。此外,每次户外活动之前都对学生进行安全教育,同时在课程实施过程中利用小组合作和教学评价等机制时刻督促和提醒学生把安全放在首位。

户外活动中,教师很难既控制好纪律又保证较高的效率,甚至会因为各种各样的原因使活动无法进行。因此采用小组合作的活动形式,具体操作如下:

课程实施前,将学生分成4~6人的小组。通过小组讨论,为每一位成员确定组长、学习委员、环境委员、安全委员等职务,确定每个职务在活动中的具体职责,全班展示交流,最后,各组取长补短,完善本组成员的工作职责,在今后的活动中互相监督每一位组员履行自己的职责,活动过程中每位学生的表现也作为互评的重要依据。

教师在活动中进行必要的知识讲解和任务布置后,以小组为单位进行活动,各小组成员各司其职,无特殊情况不得随意调换职务。以小组为单位展示活动成果,评选优秀组员和优秀小组。每一次活动结束后,留出时间进行小组总结和反思,以便更好地进行下一次活动。

根据活动内容的特点,制定实施计划(如表2)。

表2　活动实施计划

周数	活动内容及活动形式
1	自然观察的方法(讲授)+ 寻找同伴(户外游戏)
2	树影花姿的背景知识(讲授)+ 校园植物小调查(户外调查)
3	校园植物调查总结(交流)+ 我最喜欢的校园植物(分享)
4	绘制校园植物分布图(绘图)+ 植物身份证挂牌(户外实践)
5	虫在身边的背景知识(讲授)+ 昆虫大搜索(户外调查)
6	昆虫大搜索总结(交流)+ 鸟在飞翔的背景知识(讲授)
7	校园观鸟(户外观察)+ 校园观鸟总结(交流)
8	鸟的迁徙(户外角色扮演)
9	鸟与梦飞翔(观影)+ 观后感(分享)
10	饲养家蚕(展示)+ 活动总结

本综合实践活动以户外教学活动为主，采用多种多样的教学方法及学习方式,例如:讲授、观察、调查、游戏、交流、角色扮演、展示、讨论、绘画、实践等。根据课程实施过程中的课前准备、教学组织、学生表现、教学效果、课程评价等方面的反馈,提出以下几点活动建议:①小组合作的教学策略;②安全第一的活动原则;③环境意识的全程培养;④及时有效的信息反馈。

(三)总结交流阶段

(1)成果展示:本活动设计了《树影花姿》《虫在身旁》《鸟在飞翔》3个主题的自然观察与体验,每个主题下都安排了相关的成果展示的内容,包括:校园植物分布图、校园植物身份证、记录家蚕的一生、《鸟与梦飞翔》观后感等等。成果展示的形式也是多种多样,包括:调查报告、绘图、照片、视频、制作、作文、分享等。

(2)总结评优:每次活动都评选优秀小组和优秀组员,及时鼓励学生积极参与到活动中。全部活动结束后评选优胜小组和最佳组员,对学生的表现给予充分的肯定。

(3)问卷分析:对活动前后分别进行的《城市中孩子与自然亲密度调查问卷》的数据结果,进行详细的对比和分析,为今后活动内容的设计和改进提供依据。

七、活动成果及效果

(1)学生活动的形式多样,因此成果的形式也多样,包括:调查报告、自然笔记、拍摄照片、录制视频、手工制作、诗歌散文等。

(2)学生非常喜欢户外教学的活动形式:调查、观察、游戏、分享等,学生对教学的内容也非常感兴趣,并从中获得了室内课堂无法实现的体验。

(3)活动的开展将对孩子们与"自然缺失症"有关的一系列问题,例如:对大自然的好奇心、情绪调节能力和环境适应能力等方面具有积极的促进作用。

(4)学生走出课堂,关注自己的生活环境,通过发现、亲近、熟悉的过程,培养学生热爱生活、热爱家乡的情感,有利于全面培养学生的科学素养和人文精神,促进学生健康和谐地发展。对于在生活中发现问题、解决问题和提高创新能力及社会实践能力有着深刻而现实的意义。

(5)教师在这个过程中充分转变了教育教学理念和方式,学会学习、实践、反思和创新,成为研究型的教师,极大地促进了教师的专业化成长。

八、活动效果评价标准与方式

(1)过程性评价与结果性评价相结合,以过程性评价为主。

注重发展性评价,除关注学生的学习成果外,更要重视学生积极参与活动的全过程,关注学生面对挫折和与人合作、交往方面的表现和行为习惯的养成等。

(2)管理性评价与激励性评价相结合,以激励性评价为主。

注意评价始终在宽容、友爱、信任、尊重的氛围中进行,多肯定、多鼓励,以体现评价的激励功能,从而激发学生学习的热情,激发学生积极实践、勇于创新的意识。评价从学生的参加情况、作业、态度、情感体验、合作情况等方面进行定量评价。

(3)个人评价与他人评价相结合,以个人评价为主。

进行个人评价时,要使学生能认识到自己参与学习的内容、职责、态度,使学生既不有意抬高自己,也不有意贬低自己。不求人人赏识,但求自我能认知,从而使学生能自立、自信、自励、自为。在进行他人评估时,注意评价主体的多样性。评价主体可以是指导教师、小组组长、小组成员或家长等。多种评价方式相结合,能使评价成为学生学会实践和反思、发现自我、表现自我、欣赏别人的过程。

九、活动反思

大自然是人类赖以生存的主要空间,引导孩子运用自然观察的方法认识和了解自然、进而热爱和保护自然,从而对养成良好的科学素养和人文素养具有深远的意义。走进大自然这个"大课堂",从大自然中发现科学、研究科学、运用科学,培养学生学会学习、学会合作、学会生存具有不可替代的作用。

该综合实践活动利用了生物学科的特点和优势,以户外教学活动为主来弥补课堂教学中实践环节的不足,采用室内室外相结合、课堂课余相结合的灵活方式,试图最大限度地在教学中增强孩子们与大自然的接触,彰显生命的活力和感染力。同时小组合作和及时反馈的教学策略和为户外教学提供了切实可行的方法。另外,户外教学活动的组织以及活动过程中的安全保障还需要进一步探索和完善。

十、资源支持

利用学校图书馆的图书与期刊资源,利用学校生物实验室、环境教育与分享工作坊的场地和设备资源,借助天津师范大学城市与环境学院副教授(自然观察与体验教育资深专家)的专业指导。

基于提高学生学科核心素养的初中校本课程的实践研究

天津市汇文中学　张雅梅

摘　要:本研究通过生物学校本课程的实践,提升学生的生物科学素养。首先,校本课程能够更好地"从校出发""为校服务",能够根据学校的办学、师资条件、学生的学情,制定属于本校的个性化课程体系。利用固定的课外时间,让学生体验"在做中学"。其次,天津市汇文中学初中生物学科校本课程,经历了10年的实践与发展,期间研究了很多文献和资料,教学中的全部内容自己编制,已经初步形成了属于自己的特色课程体系——《生生不息》校本课程资源,包括:①探究实验模块;②制作作品模块;③植物分类模块;④附属课程模块。本文将其中的经典案例做以介绍。最后,本研究为了了解学生在学习过程中及学习后的生物科学素养的提升状况,分别通过多维度综合评价体系和纸笔测验两种调查方式,对实验进行检测与评价。结果显示,生物学校本课程,提高了学生学习生物学校本课程的兴趣,有利于提高学生的生物科学素养。该研究为生物学校本课程建设和发展提供依据。

关键词:初中　生物科学素养　校本课程　实践

一、课题的由来

初中生是祖国的未来,初中生所具备的科学素养水平将会影响中国将来几十年的发展。在教育部 2011 年版的初中生物学课程标准中,提高学生的生物科学素养是一个核心内容,生物科学素养的培养在教学中的重要地位可见一斑。在以往的常态课程的教学中,由于时间、空间、学校情况和学生生源水平的限制,在培养学生生物科学素养中不能做到面面俱到。

笔者所在学校校本课程按照年级开展,根据学生兴趣选课,也就是说一个年级会有一部分学生参与单独的生物学校本课程的学习,刚好为本研究提供了样本。

二、课题的理论意义和现实意义

生物学是一门自然科学,该学科以实验为基础的,《义务教育生物学课程标准(2011 年版)》中,将"提高学生的生物科学素养"作为课程标准的基本理念之一。人教版初中生物学课本,在 2012 年的最新版本中体现了对这一科学素养的培养意识。但由于课时的局限,课堂教学资源的局限,往往知识目标达成较好,能力目标和情感、态度、价值观目标务虚的成分较多。

基于以上思考,本文提出了利用生物学校本课程,提升学生的生物科学素养。校本课程能够更好地"从校出发""为校服务",能够根据学校的办学、师资条件,根据学生的学情,制定属于本校的个性化课程体系。利用固定的课外时间,让学生体验"在做中学"生物学。

另外,本研究选择了部分问卷,尝试对学生的进行测评,了解学习校本课程前后,学生生物学科核心素养达成情况,并且收集学生在课程中完成的作品和研究报告,从多个维度证明科学的成体系的课程,使学生学有所获。

三、课题的研究背景

学科的核心素养是建立在学科特征的基础上，以学科性质和教育价值为基本，对个体和社会都有积极的意义，是学科育人价值的集中体现。

生物学科的核心素养凝练为"生命观念""科学思维""科学探究"和"社会责任"，每个核心素养划分为 4 个水平，不同的核心素养在同一水平上进行整合，形成学科学业质量标准的水平，以规范、指导过程性评价、学业水平考试或高考命题。

虽然本次基于核心素养的课程改革未包含义务教育阶段，但教育改革自上而下始终具有统一性。初中生物学科核心素养应以高中学科素养为标尺，准确把握生物学核心素养的全面内涵。结合学科特点，将学科核心素养有机地融入中学生物学教学实践中。

在深化基于核心素养的教育改革中，以核心素养指导考试评价是当前教育改革的重要抓手，基础教育评价面临着前所未有的机遇和挑战。过去考纲的作用高于课程标准，老师们为考而教，忽略了课程理念与培养目标。新的课程标准通过学术质量标准(规定学生在完成不同学科、不同年级和不同学科的学习内容后应达到的程度)来指导评价，关注的是能力，是素养，不再单纯考察知识内容。教育评价理念改变了，教育评价立意和内容的确立也有了全新的依据。

2016 年，中国基础教育评估委员会"学生核心素养与教育评价改革"主体年会召开，会议十分关注基于学科核心素养的评价。张民生老师在主题报告中，强调素养是可教、可学、可评价的外显行为。很多一线的教研员、校长，分享了当地或本校教学评价改革的成功经验，如江苏省平江中学，形成了基于"生态评价"理论的绿色评估体系。当然会议中也提到了当前基础教育评价改革中存在的很多问题，如对核心素养概念的认识不清晰，核心素养评价的方法问题，一些评估研究缺乏系统的预设计，学业领域外的评价研究也应进一步加强。以它作为初中生物学科活动的目标与任务中的重中之重。大家热衷于对科学素养的研究，但主要都是针

对如何在高中或者日常教育中培养科学素养。对于在初中生物教学中如何实现科学素养教育的研究颇少，通过检索、整理与阅读文献后，发现目前都是针对教师在教学课堂中对学生培养科学素养的途径与现状调查，缺少有关初中阶段生物学科的实现科学素养教育的研究。

四、课题研究的目标

本研究为了了解学生在学习过程中及学习后的生物科学素养的提升状况，分别通过多维度综合评价体系和纸笔测验两种调查方式，对实验进行检测与评价。结果显示，生物学校本课程，有利于提高学生的生物科学素养。提高了学生学习生物学校本课程的兴趣，该研究为生物学校本课程建设和发展提供依据。

作为生物学科教育的校本课程，如何紧密围绕课程标准来展开，理论上如何将校本课程追根溯源、实践上如何探索学生的生物学素养形成之途径、评价上如何客观体现学生的"学"和反思老师的"教"等，都是非常值得研究的领域。

五、课题研究的内容

通过研究《义务教育生物学课程标准(2011 年版)》《基础教育课程改革纲要》精神，学习课程改革中有关教师教学行为改革的新理念，结合实际，整理有关教改中对教师教学行为的要求等，为课题研究奠定理论基础。

组织老师们整合已有的社团活动教学设计，结合以往校本课程的内容及实施过程中的经验，整理出一套具有可操作性的校本课程。为学生开发和拓展一个可以在课余时间学习生物学和提升生物科学素养的平台。同时依据统计测评结果，为今后的笔者所在学校校本课程建设与发展提供理论与实践依据。

六、课题研究的方法

(一)文献法

本文搜集了大量的文献(主要涉及新课程理念与实践,校本课程的理论与实践,生物实验教学,生物科学素养的培养,相关测试和量表等),了解了与本研究相关的理论知识,新课程标准引领下的各有特色的实施对策,学习了前人的科研内容和研究思路,批判性的借鉴,为本研究提供了丰富的素材和严谨的科学思路。

(二)实验法

1.研究目的

参加该校本课程的学生,生物学素养是否有显著提高。

2.研究对象

参加生物校本课程的七年级学生实验组 30 人,与未参加校本课程的对照组 30 人。

3.研究工具

借鉴了尹晓爽《B1Q-X-LAB 兴趣小组提升中学生生物科学素养的实践研究》(前测、后测)的测试模块,赵会景《初中生生物科学素养评价指标体系的构建与验证》(问卷)中的题目设置文献,编辑了《初中生物科学素养测试试卷》(前测、后测)分别从知识、能力、情感态度价值观 3 个维度多个方面,分析学生的生物科学素养是否有所提高。

测试卷内容有 3 个模块组成:知识模块、能力模块、情感态度价值观模块。具体的测试指标见表2,测试时间为 1 小时。试卷满分为 100 分。选择题每题 3 分,共 21 个;综合题共 3 题,第 1 题 12 分,第 2 题是 15 分,第 3 题 10 分。试卷总分100 分。

（三）调查法

1.校本课程目标达成情况形成性评价

（1）调查目的：在校本课程课程学习的第一学期末和第二学期末，对学生的能力目标和情感态度价值观目标进行形成性综合评价。分别从教师、学生自己、小组成员三方评价学生的课程结果，培养学生多角度考虑问题、评价事物的意识。让学生在今后的学习中能够形成自我反思意识，加强探索知识的内驱力。

（2）调查对象：参加生物校本课程的七年级学生30名，收集他们在校本课程的学习后，第一学期与第二学期的评价。

（3）调查工具：本调查的调查工具采用的是评价表的形式，将教师评价、学生自我评价和小组互评相结合。

2.笔者所在学校生物学校本课程学习兴趣调查

（1）调查目的：了解学生对生物校本课程的学习兴趣，了解学生对不同模块的学习兴趣，以及不同性别的学生对不同模块的学习兴趣的差异，从而为今后的校本课程设置搜集意见参考。

（2）调查对象：参加生物校本课程的七年级学生30人（男生15人，女生15人）。问卷当场下发，当场调查，当场填写，当场回收。下发问卷30份，回收30份，有效问卷30份。

（3）调查工具：中学生物学校本课程学习兴趣调查调查表。

七、课题研究的过程

（一）开题阶段

1.搜集文献

搜集了大量的文献（主要涉及新课程理念与实践，校本课程的理论与实践，生物实验教学，生物科学素养的培养，相关测试和量表等），了解了与本研究相关的理论知识,新课程标准引领下的各有特色的实施对策,学习了前人的科研内容和研究思路,批判性的借鉴,为本研究提供了丰富的素材和严谨的科学思路。

2.选择研究对象和合适的研究方法

(1)研究对象:参加校本课程学习的七年级学生为实验组 30 人,未参加校本课程的对照组 30 人。实验组和对照组的学生均来自于该年级自愿报名参加校本课程的 78 名学生,指导教师进行了笔试成绩测试(前测)并将其入校成绩、性别进行了分类筛选,排除 18 人,选出其中 60 名,平均分,一半为实验组 30 人(男生 15 人,女生 15 人),一半为对照组 30 人。

(2)研究方法:文献法、实验法、调查法。

3.确定研究团队成员,明确组织、分工(见表 1)

表 1　研究团队成员

成员姓名	职务	分工
张雅梅	备课组长、生物教师	先期搜集整理文献资料、开发实施校本课程、后期数据统计分析
孙媛	和平区生物学科教研员	审核校本课程资源、指导课程实施、听课、评课
张旭	生物学科教师、实验员	课程实施、实验课材料准备、实验室安全管理
秦梦菲	班主任、生物学科教师	课程实施、问卷调查、学生管理
金秀卿	班主任、生物学科教师	课程实施、问卷调查、学生管理
张培红	实验员	实验课材料准备、实验室安全管理

(二)中期阶段

1.《初中生物科学素养测试试卷》前测、后测

本实验的研究工具采用的测试,借鉴了尹晓爽《B1Q-X-LAB 兴趣小组提升中学生生物科学素养的实践研究》(前测、后测)的测试模块,编辑了前测、后测问卷,分别从知识、能力、情感态度价值观 3 个维度多个方面,分析学生的生物科学素养是否有所提高(见表 2,测试卷内容见附录 2)。

表2 初中学生生物科学素养测试指标及题型(前测和后测)

测试模块	教学具体目标	对应题目
知识 (36分)	实验仪器的使用、植物学、动物学、微生物学、生物科学史及现今发展基本常识	选择题1~10,14,15
能力 (39分)	实验操作基本技能	选择12,13
	反思能力	选择21,选择20
	合作意识	选择16,18
	设计探究活动	选择11,17,19
	用知识解决实际问题能力	综合1
情感、态度、价值观 (25分)	实验态度	综合2
	科学传播意识和责任感	综合2

2.形成校本课程资源大体框架及教学目标

(1)探究实验模块。

(2)制作作品模块。

(3)植物分类模块。

(4)附属课程模块。

(三)结题阶段

结题阶段整合成果:

(1)编纂《生生不息》初中生物校本课程资源。

(2)对《初中生物科学素养测试试卷》的前测、后测结果进行整理和分析。

(3)对整体研究成果进行总结和反思。

八、课题研究的成果

1.《生生不息》校本课程资源

天津市汇文中学《生生不息》校本课程资源共分4个模块、9个案例资源,具体内容见本专题附录1。

2.设计问卷

本研究设计问卷共3套,分别是《初中学生生物科学素养测试题（前测、后测)》《中学初中生物校本课程形成性评价调查表》《中学生物学校本课程学习兴趣调查表》(具体内容见附录)。

下面将研究进行统计分析,得出结论。

(1)实验组、对照组生物科学素养前测、后测的显著性差异比较分析。

表3显示了对照组和实验组的生物科学素养前测数据平均分的差异显著性检验,$P>0.05$结果表明对照组与实验组无显著性差异。因此,这两个组可视为条件相同,具有可比性。

表3 实验组与对照组生物科学素养前测数据及显著性比较

班级	人数	平均分	标准差	T检验	差异情况
对照组	30	80.63	5.79	$P=0.22$	无显著差异
实验组	30	79.47	5.46		

表4显示了对照组和实验组的生物科学素养后测数据平均分和差异显著性检验。通过数据,我们可以看出,首先,在平均分上,实验组比对照组成绩有了很大的提升,实验组学生的平均分明显超过了对照组。其次,通过T检验,得出$P<0.05$,结果表明,对照组与实验组的成绩具有显著性差异,说明参加校本课程可有效提高学生的生物科学素养。

表4 实验组与对照组生物科学素养后测数据及显著性比较

班级	人数	平均分	标准差	T检验	差异情况
对照组	30	72.53	6.55	$P=0.01$	有显著差异
实验组	30	88.13	5.29		

(2)《天津市汇文中学初中生物校本课程形成性评价调查》的结果及分析:根据《初中学生生物科学素养测试题》获得的前测、后测成绩,从整体上分析参加校本课程是否能够确实提升学生的生物科学素养。

参加问卷的学生有30人,当场调查,当场回收,发下问卷30份,下发问卷30

份,回收 30 份,有效问卷 30 份。

调查从学生、小组和教师 3 方面综合测评,填写 3 分表示符合,2 分表示一般符合,1 分表示不符合。表 5、表 6 分别是第一学期、第二学期综合评价的平均分。

学生能力和情感、态度、价值综合评价得分情况如表 5 和表 6 所示。

表5 第一学期形成性评价统计

	调查问卷	学生自评	小组互评	教师评价	合计
能力目标	能熟练的进行实验操作	2.17	1.26	1.07	4.50
	思考问题具有逻辑性	2.78	1.74	1.22	5.74
	具有一定的信息获取能力	1.04	1.12	1.18	3.34
	能用所学知识解释生活中基本的生物学现象	1.57	2.77	1.05	5.39
	具有一定的语言表达能力	1.02	1.11	1.10	3.23
	合计	8.18	8.00	5.13	21.31
情感、态度、价值观目标	热爱大自然,热爱生活	1.58	1.79	1.67	5.03
	具有环保意识	2.39	2.22	2.71	7.33
	爱观察,爱思考	2.15	1.82	1.89	5.86
	有探索科学的愿望	2.12	1.65	1.49	5.26
	有传播科学的意识和责任感	1.07	1.27	1.16	3.50
	合计	8.21	7.95	8.12	24.29

表6 第二学期形成性评价统计

	调查问卷	学生自评	小组互评	教师评价	合计
能力目标	能熟练的进行实验操作	2.55	2.17	2.34	7.06
	思考问题具有逻辑性	2.67	2.77	2.15	7.59
	具有一定的信息获取能力	2.14	1.84	1.88	5.86
	能用所学知识解释生活中基本的生物学现象	2.19	2.77	2.39	7.35
	具有一定的语言表达能力	2.88	2.52	2.55	7.05
	合计	12.43	12.07	11.31	34.91
情感、态度、价值观目标	热爱大自然,热爱生活	2.17	2.26	2.07	6.50
	具有环保意识	2.78	2.74	2.22	7.74
	爱观察,爱思考	2.35	2.05	2.18	6.58
	有探索科学的愿望	1.55	1.79	1.05	4.39
	传播科学的意识和责任感	1.63	1.19	1.61	4.43
	合计	10.48	10.00	9.14	29.64

实验后第一学期和第二学期能力评价方面比较分析如表7所示。

表7 能力目标形成性评价统计

第一学期总分			第二学期总分		
21.32			34.93		
学生自评	小组互评	教师评价	学生自评	小组互评	教师评价
8.18	8.00	5.14	12.43	12.09	11.31

实验后第一学期和第二学期情感、态度、价值观评价方面比较分析如表8所示。

表8 情感、态度、价值观目标形成性评价统计

第一学期总分			第二学期总分		
24.27			29.66		
学生自评	小组互评	教师评价	学生自评	小组互评	教师评价
8.25	7.94	8.08	10.50	10.02	9.14

表8显示了在情感、态度、价值观的评价方面,学生自己、小组成员和指导教师都给出了充分的肯定。但三维目标的提升程度有着显著的区别,情感、态度、价

值观目标的提升不够明显,这与实验法进行的实验组前测、后测数据中体现的结果十分吻合,这说明知识目标达成最容易,这就为指导教师在进行今后的课程设中持续思考和实践。

根据数据,统计出分值提高的幅度较大的单项,如表 9 所示。

表9　形成性评价调查中单项提升幅度情况

提高幅度较大的单项	具有一定的语言表达能力	爱观察,爱思考	能熟练的进行实验操作	能够具有一定的信息获取能力
提高分值	4.73	3.43	2.58	2.54

笔者认真统计了学生在以上 4 个方面,单项提升幅度最大,在能力目标方面,学生的语言表达能力提高了 4.74 分,有明显的提高。这是非常有益的,对学生今后的社交、学习能力的提升大有裨益。

爱观察,爱思考这一评价点提高了 3.43 分,这种习惯会为学生的学习和生活提供很大帮助,从结果上也会进一步鼓励学生继续观察和思考。

新课程在学习中强调学生的"学习主体"地位,强调带领学生"在做中学",数据显示,学生在实验操作能力和获取信息能力两个方面也有所进步,这两项是生物学习的一项基本能力。

(3)《天津市汇文中学生物学校本课程学习兴趣调查表》的结果及分析。校本课程满意度的调查结果显示, 没有学生表示出冷漠或不满意,90%的学生非常满意。在最感兴趣的课程模块调查中,探究实验模块获得了最多的喜好。在植物分类、作品制作、附属课程模块中,男生和女生的兴趣表现出了性别上的差异,学生私下建议老师,是否可以在今后的课程设置中,安排两个班级,按照学生喜好的模块类型进行选课,但这样就需要消耗更多的人力、物力,我们的课程就需要更多的教师资源和硬件资源来支持。

九、研究展望

学生渴望参与生物学的学习,如实验室可以随时开放,还希望接触更多的微生物课程、实验,这反映出学生对生物科学有着强烈的兴趣。但由于初中学生认知能力的有限,随着学习的深入,许多学科基本知识(如物理、化学知识)储备不够,学生就会希望有指导教师的指导,就会出现学习时间上的冲突。

另一方面,学生家长希望学生把全部精力投入到应试学业中,校本课程并不能让大部分家长买账。这说明一方面有些家长还是只注重成绩,不注重能力,片面的理解了学习知识的含义,另一方面,确实有一些学生不能处理好学习与参加活动之间的关系,安排时间、精力分配和学业成绩不能令家长满意。这是客观存在的矛盾,不可避免,也是指导教师需要协调的问题之一。

另外,学生更喜欢通过自己的努力探索,获得知识,而不是教师的讲授。但由于初中生知识水平和生活阅历的限制,缺乏一定的鉴别能力,毅力、忍耐力等非智力品质发展不均衡,这也会使某些同学的目标期待与实际达成出现差异。

由于本研究选择的样本只有60人,调查范围太小,在研究中难免出现缺陷和不足,结论仍有一定的局限性,有待于在今后的工作中,将课题继续开展下去。

在开放性问题的对校本课程的建议中,学生的回答多集中在开放校园网,实验室周末开放,多安排指导教师,希望接触更多微生物课程、实验,希望了解更多生活中的生物学等方面。这些建议为老师在今后开发更多的课程内容,提供可参考的依据。

参考文献

[1]唐东辉. 基于理性思维的高中生物原创试题命制探索[J]. 生物学教学,2017,12(42):35-37.

[2]陈玉琨. 课程改革与课程评价[M]. 北京:教育科学出版社,2001.

[3]姜宇,辛涛,刘霞,等. 基于核心素养的教育改革实践途径与策略[J]. 中国教育学刊,2016(06):29-32.

[4]李杰. 例谈具有地域特色生物原创试题的命制[J]. 中学生物学,2015(03):61-63.

[5]赵素芹. 生物教学中学生科学素养的培养[J]. 考试周刊,2011(80):193.

[6]赵会景. 初中生生物科学素养评价指标体系的构建与验证[D]. 石家庄:河北师范大学,2010.

[7]尹晓爽. BIO-X-LAB兴趣小组提升中学生生物科学素养的实践研究[D]. 天津:天津师范大学,2012.

附录1

《生生不息》校本课程资源案例集

天津市汇文中学初中生物学科校本课程,经历了 10 年的实践与发展,期间研究了很多文献和资料,教学中的全部内容自己编制,已经初步形成了属于自己的特色课程体系——《生生不息》校本课程资源,包括:①探究实验模块;②制作作品模块;③植物分类模块;④附属课程模块。下面将其中的经典案例做以介绍。

一、探究实验模块

案例1　探究植物的呼吸作用

1.课时安排

1 课时。

2.活动形式

分组探究实验。

3.活动目标

(1)通过对实验现象的分析和讨论,构建绿色植物呼吸作用的过程,培养学生的科性思维。

(2)学生分组实验,培养学生观察、分析、合作和动手操作能力和科学探究能力。

(3)理解呼吸作用的意义是为植物体的各项生命活动提供能量的生命观念。

(4)能举例说明呼吸作用在农业生产和日常生活中的应用,践行社会责任。

4.活动过程

环节一:验证植物呼吸作用产生二氧化碳

为了使学生容易理解本实验,突破学生因化学知识缺乏而难以理解的特点,教师增加一个小实验,作为知识学习的铺垫。

(1)请一位学生向盛有澄清石灰水的试管中吹气,请学生观察现象并叙述。可以说明人体呼出气体中含较多二氧化碳,二氧化碳会使澄清石灰水变浑浊,以此作为实验进行的前提。

(2)分小组操作：向生命力旺盛的装置瓶中注入澄清石灰水。

(3)小组讨论实验中所观察到的现象，总结实验呈现后的结论。学生讨论热烈。通过实验学生发现：萌发种子的瓶内气体会使澄清的石灰水变浑浊。

(4)学生总结：植物呼吸作用释放二氧化碳。

环节二：验证绿色植物呼吸作用消耗氧气

(1)以植物的6大器官为实验材料，每个组选择其中一个器官，强调指出：甲瓶内装有生命力旺盛的植物，乙瓶中装有等量的死亡的植物。潜移默化中复习了对照实验。

(2)把燃烧的木条放入甲、乙两瓶内。提醒学生观察实验现象，并思考原因。小组进行讨论。最后请学生说出观察到的现象：甲瓶中的蜡烛会熄灭，乙瓶中的蜡烛会继续燃烧。

(3)通过观察，引导分析，得出结论：绿色植物呼吸作用消耗氧气。

(4)完成实验后，让每组同学打开实验装置，观察锥形内的实验材料是什么？大家发现有根、茎、叶、花、果实和种子，说明不仅是种子能进行呼吸，植物的其他器官都能进行呼吸作用。

环节三：验证植物呼吸作用分解有机物

(1)播放课前准备好的实验视频，给出种子萌发前后质量的变化数据。

(2)学生通过数据分析，发现生命力旺盛的种子萌发后质量减少，而死亡的种子实验前后质量不变，从而得出结论：生命力旺盛的植物呼吸作用消耗有机物。

环节四：验证植物呼吸作用释放能量

(1)由学生讲解第一个实验"种子的萌发释放热量"的小秘密。该生参与实验前基础温度的测量，上课时再读出萌发种子的温度，学生参与实验探究，极大地调动了其余学生学习的积极性。

(2)请学生思考煮熟的种子和萌发的种子的保温杯内温度差异，引导学生思考产生此现象的原因。

(3)实验总结：绿色植物呼吸时放出热量。教师补充：热量是能量的一种。

(4)启下：种子萌发释放出的能量来自于细胞内的什么物质？引导学生回忆光合作用的相关知识，复习光合作用制造有机物，而呼吸作用则利用的细胞内的有机物。

环节五：分析对比

让学生高举实验装置，发现以叶为材料的实验装置不同于其他组，引导学生思考原因。对比光合作用和呼吸作用的反应式，发现两者正好相反，提问学生光合作用制造有机物储存能量，呼吸作用分解有机物释放能量，这是不是在做无用功？意义何在？引导学生从能量转换的角度分析，植物通过光合作用和呼吸作用将光能转化为生物所需能量。

5.活动效果

以学生在生活中常见常吃的蔬菜和水果：萝卜、大蒜、菠菜、海棠花、西红柿、绿豆这六类为实验材料，既贴近生活也让学生认识到不仅仅只有种子能进行呼吸，植物的全身都能进行呼吸，实质是组成器官的细胞在进行呼吸。学生在活动中主动学习，收获丰富(见图1)。

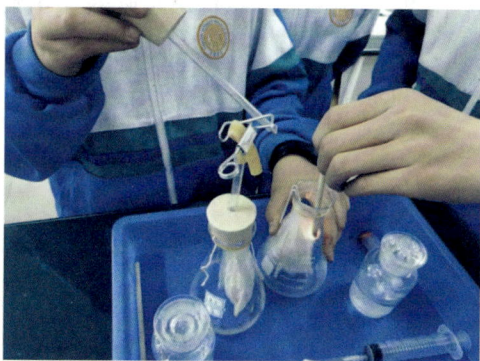

图1 活动过程精彩瞬间

案例 2 探究种子萌发的环境因素

1.课时安排

1 课时。

2.活动形式

分组探究实验。

3.活动目标

(1)运用对照实验法设计并完成"种子萌发的环境条件"的探究。针对所要探究的问题,使学生通过做出假设,设计并实施实验,搜集数据,分析并判断实验结果,最终得出结论,体现科学探究的生物学科素养。

(2)兴趣小组同学展示实验的过程中,鼓励其他同学发现问题,激发了学生的思维,营造良好的课堂氛围,在你来我往的生生互动中,发展学生理性思维的生物学科素养。

4.活动计划

环节一:导入新课

教师指导:播放视频《The Seed 种子》

学生活动:思考:被子植物的一生要经历哪些阶段?

环节二:提出问题

教师指导:问题递进,假设条件,提出问题:种子萌发的环境条件都有哪些?

学生活动:讨论发言、完成探究实验表:水分、空气、土壤、阳光、温度、营养物质等等。

环节三:做出假设

教师指导:引导学生思考哪些是必要的条件,哪些是非必要的条件。

学生活动:①土壤——无土栽培;②阳光——种子在土中;③营养——种子自身结构含营养。

环节四:设计实验

教师指导:验证假设 设计方案

(1)复习探究实验步骤。

(2)复习实验设计要素。

(3)分组设计方案:1、2 组探究水分;3、4 组探究温度;5、6 组探究空气。

学生活动：①提出问题、做出假设、制定计划、实施计划、得出结论、表达交流；②单一变量、对照实验、重复组、平均值；③组内设计、组间交流：完成实验设计并填写表格；小组代表展示设计方案；组间交流、提出疑问。

环节五：兴趣小组展示交流

教师指导：实验实施，结果展示并提出问题：

(1)实验设计上是否存在漏洞？①对照实验；②单一变量；③重复组；④平均值。

(2)对操作步骤有无疑问？

(3)对实验结果有无疑问？

(4)有无改进的方案？

学生活动：①课前兴趣小组进行成果展示，播放各自实验过程的视频，并展示每一天观察到的结果图片以及记录的萌发数据(如图2)；②把最后一天的实验结果分发给大家，让同学们进行观察；③其他同学观察并分析实验现象，总结提升。

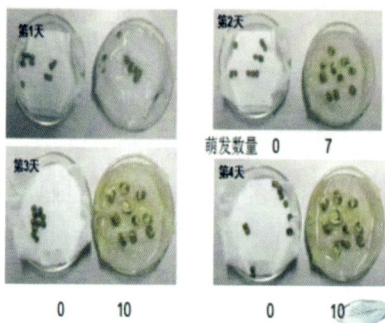

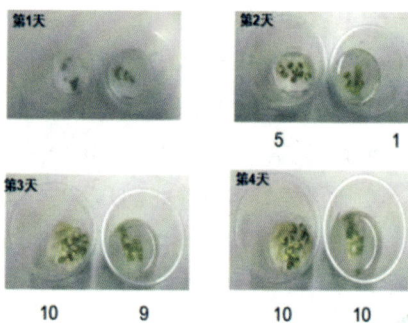

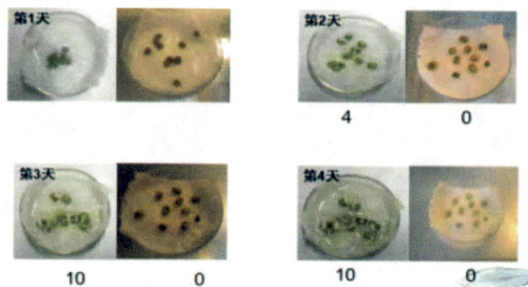

图2　学生探究过程精彩瞬间

环节六:完善方案,讨论改进

教师指导:完善方案,讨论改进

(1)引导发现问题的关键点。

(2)展示改进方法:方法改进;材料改进;使用蒸馏水。

学生活动:

(1)总结发现,问题均为没有控制好单一变量。

(2)讨论改进方案。

(3)完成探究实验表。

环节七:得出结论,学习新知

教师指导:

(1)学习新知,对照实验中 2 个概念辨析:对照组和实验组。

(2)得出实验结论。

学生活动:

(1)学会判断:

1-2 对照,处理的变量是水。

3-2 对照,处理的变量是温度。

4-2 对照,处理的变量是空气。

2 号瓶——对照组。

1、3、4 瓶——实验组。

(2)总结:种子萌发需要一定的水分、充足的空气、适宜的温度。

5.活动反思

(1)燃烧的方法最终也萌发了,但是黑豆的萌发速率比绿豆要慢,可能是因为黑豆种子更大一些,萌发所需要的空气更多。

(2)由于学《种子的萌发》时,正逢天气较寒冷,因此种子的萌发速度较慢,耗时较长,有些同学把实验装置放到了暖气旁边,以加快萌发速度,这个想法值得肯定。

(3)温度组有的同学将种子放在了室温和室外低温,而室外的温度处于不断的变化之中,白天中午的时候温度较夜里高,加上有阳光,也导致了种子的萌发。

案例 3 探究血管的结构与功能

1.课时安排

1 课时。

2.活动形式

观察实验。

3.活动目标

尝试观察动物(教师准备)体内血管,并了解 3 种血管的结构与功能。

4.活动过程

环节一:科学思维,肉眼观察

步骤一:

教师活动:动脉和静脉在结构上有什么特点呢?给学生下发课前处理好的牛的颈部血管(动脉、静脉编好号),比较这两种血管特点。思考这样的结构特点与功能有什么联系?

学生活动:描述对血管结构(管壁厚度、弹性、管腔大小)的观察结果,进而辨认 1 号是颈动脉、2 号是颈静脉。

步骤二:

教师活动:提问学生,什么样的血管才有可比性?继续提问:比较一下动脉和静脉内血液流动速度。

学生活动:学生回答,同一级别的血管才有可比性。动脉内血液流动速度快。

步骤三:

教师活动:教师提问,根据以上思考,动脉的管壁比静脉厚,有何意义(联系它的功能考虑)?

学生活动:学生回答,动脉容纳从心脏泵出的血液,血液的流动速度快。因此管壁厚,弹性大。

步骤四:

教师活动:教师提问,颈动脉和颈静脉,在你身体上的哪里?思考颈动脉接下来连接什么血管?分支到最小的动脉,就进入了什么血管?

学生活动:学生用手指触摸颈部血管大致位置。回答:分支动脉;脑部、面部等毛细血管。

步骤五:

教师活动:教师提问,什么是毛细血管?这种血管有什么特点?

学生活动:自学汇报,学生习惯性的查资料(书)给出答案。继续填写表格。

环节二:显微镜下微观观察

步骤一:

教师活动:像学生介绍多功能数码显微镜。它的优势在于可以直观的通过显示屏了解镜下的视野,并且可以通过联网,将每位同学的观察结果投影在大屏幕上,便于交流。

教师提问:请同学们根据自己在活动前的准备,交流自己的自学成果——如何进行此次观察。

学生活动:学生交流总结如下:金鱼选择活的,尾鳍色素少的,便于观察。浸湿的棉絮包裹住小鱼的鳃盖、躯干。小鱼平放,尾鳍平贴。载玻片盖,待小鱼安定后,开始实验。实验结束后,将小鱼放生。

教师活动:提示学生注意事项如下。①动作轻柔,交流轻声;②小组展示,实时互动;③☆认真观察三步走。

步骤二:鼓励学生实事求是,做好自评(见表1)。

表1 学生自评

"认真观察三步走"自评表格		评价标准,做到"√"
第一步	1.成像清晰,找到血管分明的最佳视野	视野下血管分明
	2.你认为显微镜下的什么样的血管是毛细血管?(用箭头标记)	找对毛细血管
	3.由于该血管内的 通过,血液流动速度	描述血管特点
第二步	4.确定一条毛细血管,与其连接的最小动脉和最小静脉在哪里,如何区分	找到最小动脉、静脉
	5.请将三种血管的血液流动方向排列出来 血流方向: → →	明确血流方向
	6.(选作)你能尝试辨认视野中大的血管是动脉还是静脉么,你的根据是什么 提示:①动脉、静脉内的血液流动方向;②显微镜成像是倒像	(选做)
第三步	7.将小鱼放回鱼缸	关爱小动物
	8.整理显微镜、实验台	干净无污
	9.答疑解惑,帮助他人	回答正确,可以累积

5.活动反思

本次活动是用"在做中学""引导学生科学思维""将数码显微镜及互动系统效用最大化"的理念来设计。

观察鉴别牛的颈动脉、颈静脉,并且思考血压的存在、颈动脉搏动的意义,从而认同生物体结构和功能的相互适应。这一环节,实物观察中还融入了科学思维的培养,引导学生思考什么样的血管具有可比性。

通过数码显微镜,和课堂互动系统,完成认真观察三步走。学生以确定视野中的毛细血管入手,观察小鱼尾鳍内血液流动状况。然后通过血管内的血液流动方向,确定最小动脉和最小静脉。通过让学生小组观察,个案展示,集体点评,综合反馈等一步步的实验活动来落实教学目标。

在课堂互动系统的使用过程中,如何处理好学生自己观察实验和集中注意力看大屏幕是一个不太好掌握的点,需要在今后的教学中逐渐探索,以最大效益的使用媒体。

二、制作作品模块

案例1 留住春天——校园植物标本制作与创意单元

1.课时安排

4 课时。

2.活动形式

教师指导,学生活动。

3.活动目标

(1)了解植物标本制作的一般方法,培养学生的审美观念。

(2)培养学生在实践中发现问题,并解决实际问题的意识和能力。

(3)引导学生关注自然,珍爱大自然中的生命。

4.活动过程

阶段一:准备阶段

教师将前几次活动中的作品进行总结展示,鼓励学生开动脑筋,创意一份独特的"自然重现"作品。学生准备:纸、笔规划方案,并根据自己的创意选择合适的材料。教师准备:为学生的想法提供合理化建议。

阶段二:实施阶段

(1)头脑风暴。师生之间交流探讨,以小组为单位做一件美术作品,体现活动主题。教师巡视,倾听学生的方案,给予具体的可行性指导。

(2)学生实践。学生搜集材料,根据先期计划完成作品。过程中,教师承担技术顾问。

(3)总结交流。首先对创意作品进行交流,再活动过程和活动结果进行系统梳理和总结,促进学生自我反思与表达、同伴交流与对话。

5.活动效果

学生作品(见图3):

图3 部分学生作品

创意单元学生作品：

(1)学生衍纸画作品(如图4)。

图4 学生衍纸画作品

(2)学生设计课程徽章(如图5)。

图5 学生徽章设计作品

(3)学生叶画作品(如图6)。

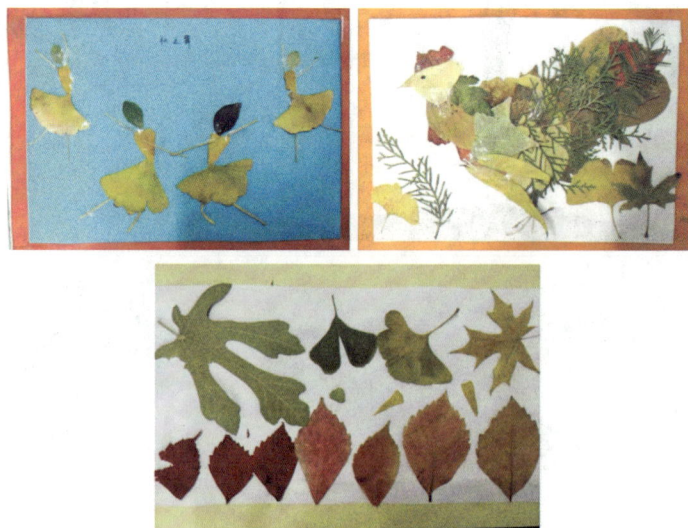

图6 学生叶画作品

案例 2　动、植物细胞模型制作

1.课时安排

4 课时。

2.活动形式

自主研究。

3.活动目标

(1)通过制作模型,培养学生的动手操作能力。

(2)建立结构和功能相适应的生命观念。

4 活动过程

环节一:构思作品,准备材料

多姿多彩的生物,使我们的地球家园充满了勃勃生机。细胞是生物体结构和功能的基本单位。细胞内各种结构既高度分工,又密切合作,从而演绎着生命的无限精彩!它又是生物体内最小的结构单位。

七年级学生在老师的带领下,尝试将美学、实践应用到学习的过程中——制作植物、动物细胞结构模型。在学习完动物和植物细胞结构的基础上,学生对细胞有了初步认知,通过模型制作更能对细胞这样肉眼看不到的物质有更具象的认知。

学生准备的材料有:超轻纸黏土、生活材料、植物的种子、卡纸、彩笔等。

环节二:制作模型

在老师的号召下,同学们兴致勃勃,精心制作。有的用超轻纸黏土,有的用生活材料,有的用植物的种子,还有用卡纸制作的,学生充分发挥他们的想象力,将肉眼看不见的物质放大化、直观化、具体化。

环节三:作品展示,交流互动

年级选出三十余份作品进行了统一展示,又在其中选出十余份优秀作品,进行嘉奖。学生在制作过程中,进一步走近细胞,感知细胞内精细而完美的结构,理解各种结构平凡而神奇的作用。

5.活动反思

学生通过自己动手制作动植物细胞模型,一方面对微观的细胞有了更加具体的认识,另一方面在制作的过程中学生开动脑筋,发散思维,将自己的创造力融入在作品中,锻炼了学生的科学思维。

三、植物分类模块

案例 1　植物分类——天津市汇文中学植物拾遗

1.课时安排

4 课时。

2.活动形式

观察、调查。

3.活动目标

(1)激发学生热爱生命,热爱大自然的品质。

(2)增强学生的环境意识和价值观。

(3)培养学生善于观察、善于科学的思考。

4.活动过程

课时一:

(1)指导教师带领学生了解校园内的绿色植物名称、属种知识。

(2)在了解的过程中,教师有意识的指导学生观察植物叶片、花的形态结构特点,为分类学知识的了解做好铺垫。

课时二:

(1)组织学生走出校园,了解天津地区常见植物和观赏花卉。拓展学生视野,指导教师在引导过程中注重学生观察能力角度的引领,鼓励提问,并一起记录下来,事后寻找答案。

(2)将了解的植物进行分类,撰写调查报告。

课时三:

总结课,分小组上交调查报告,拍下的植物照片还可以在年级宣传栏布展。

5.活动反思

在这一次的研究中,学生表现出了对植物学极大的兴趣,在课后,这种兴趣仍然不减,拿着很多新鲜的、有趣的植物的叶片,或图片找到指导教师询问名称。在离开教室学习的过程中,对组织性、纪律性、合作能力都是一种考验。学生通过观察植物的叶片、花、果实、种子的形态结构,提高了学生的有意注意的观察力,通过书籍、网络搜索知识,能够提高他们获取有效信息的能力。只有通过校本课程这样的形式,才将这些知识和技能,带给学生。

四、附属课程模块

案例 2　以思维之美促教学双赢——知识体系个性化作业

1.课时安排

4 课时。

2.活动形式

概念图、思维导图和标题式。

3.活动目标

校本课程尝试引导学生用概念图、思维导图和标题式 3 种形式任选其一,对所学习的知识进行整理和归纳。该作品的完成,体现出思维之美;思维的缜密性、连贯性和系统性在作业中展现得淋漓尽致,学生的思维方式得到了发展和完善。

在个性化作品布置和完成的过程中,学生逐步掌握了总结与归纳的方法、获得了施展才华、张扬个性和自主学习的机会;同时教师能够全面了解学生的学情、反思教学效果并明确今后改进方向,可谓实现了教与学的双赢!

4.活动过程

师生根据表 2 进行活动安排。

表 2　活动过程安排

具体要求	共性要求	知识点完整而正确　70 分
		用色彩区分标题内容　10 分
		支持手绘绘图,不擅长打印也可　10 分
	个性要求	要求图文并茂　10 分
	评分细则	评分细则(见以上要求,满分 100)
前期准备 (学生方面)	1.掌握具体知识细节
	2.解知识的逻辑关系
	3.有/没有一定的构思、绘图、审美能力
	4.创作的渴望和完成制作的决心
实施完成	1.以笔记、阳光课堂、教材插图作参考
	2.每章总结一次
	3.每次一周内完成
总结反馈	课堂反馈	(1)大屏幕展示优秀作品
		(2)教师侧重闪光点进行口头表扬
		(3)以学生评价为主
	私下指导	针对没能力完成的个别学生

学生作品展示：

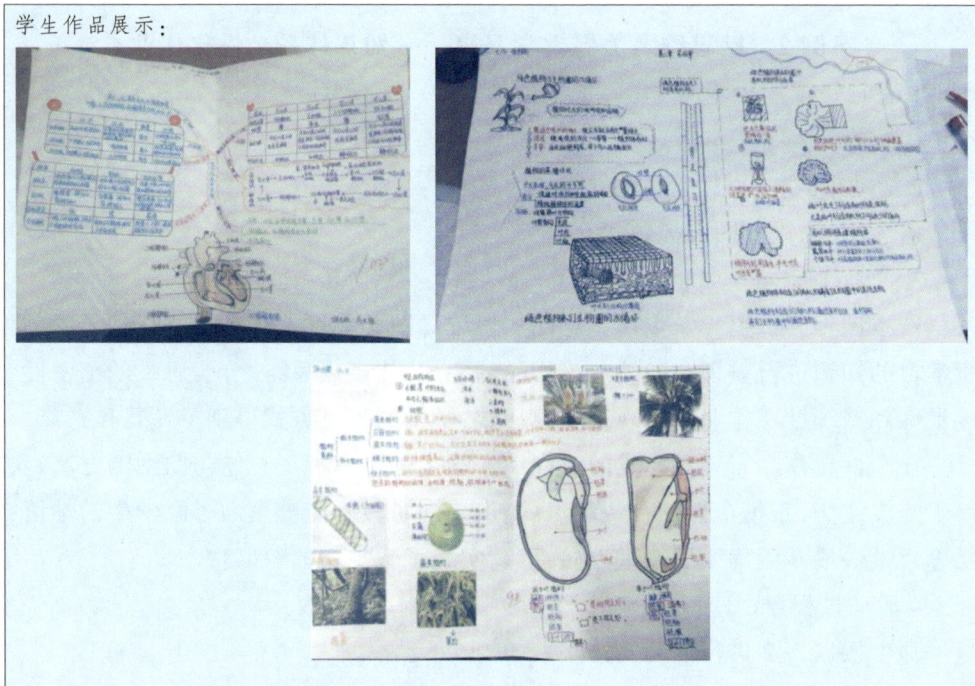

案例3　人类的手足——生物圈中的动物《狼图腾》影片赏析

1.课时安排

2 课时。

2.活动形式

以幻灯片的形式播放影片片段及同名小说节选。

3.活动目标

(1)观看影片《狼图腾》，并阅读同名小说，了解狼的社会生活方式，生存和繁衍的智慧。

(2)帮助学生形成生命观念，更深理解结构与功能观。进化与适应观，能够用生命观念认识生命世界、理解生命现象。

(3)提升学生从情感态度价值观方面，主动向他人宣传健康生活，关爱生命和保护环境。

4.活动过程

环节一:创设情境,导入新课

"狼亦黠矣,而顷刻两毙,禽兽之变诈几何哉?止增笑耳。"——蒲松龄《狼》。以上是我们学习的一篇语文课文的片段。在生活中,狼给人以贪婪和危险的印象,屠夫沉着冷静地将危险除之。在草原生态系统中,狼在食物链中扮演的也是吃羊、伤人的角色,那蒙古人为何还将"狼图腾"作为精神的家园呢?今天向大家介绍一部电影《狼图腾》,在本课中,我们主要来体会在草原生态系统中,客观地看待狼的作用。

环节二:影片精彩片段赏析

(1)影片简介:20世纪60年代,北京知青陈阵和杨克到内蒙古额仑大草原插队,加入了蒙古族牧民毕利格老人以及他的儿媳噶斯迈一家的生产队,从此开始了若干年的放牧生活。在与狼群的接触过程中,陈阵带着强烈的好奇,逐渐了解了这种动物,甚至有了想自己养一只小狼的念头。蒙古族人民崇敬狼,热爱草原,而有些人则功利地掠夺土地,这导致了狼群与人之间的"战争"。以场部主任包顺贵(尹铸胜 饰)为首的生产队最终发起了一场灭狼运动,让狼群和人类之间的关系陷入了剑拔弩张的地步…… 自然与人的关系也遭遇了前所未有的挑战。电影改编自姜戎同名小说,耗时5年拍摄完成。

(2)片段赏析:2段(15分钟)。

(3)教师设计问题串,学生根据问题互动讨论(20分钟)。

教师提问:

欣赏电影片段,思考一个问题,为什么蒙古族人民对狼的至尊崇拜,并以狼为图腾?尝试写出草原生态系统中的一条食物链,根据食物链思考,狼在该生态系统中,扮演了消费者的角色,却为何不将羊赶尽杀绝,而是留有活口,并且留下小羊羔?

引导学生得出以下回答:

在蒙古族人民眼中,狼是一位伟大的老师,由于它的"训练",草原马都有吃苦耐劳、耐饥耐渴、耐暑耐寒的特点;由于它的存在,控制了羊、牛、马等所有草原动物的数量,使得大草原不遭到破坏,能够得到可持续发展(草原的草皮很薄,经不起动物的连续践踏,如果动物超量,会引起草原沙化)。

教师提问:

蒙古族人民和狼是草原上最高级的两种生物,他们是怎样的关系呢?

引导学生得出以下回答：

人和狼相互学习、斗智斗勇又相互敬畏，并控制着对方的数量。《狼图腾》里讲道，狼会使用几乎所有人类史书上记载或没有办法记载的战略战术，它教会蒙古骑兵横扫欧亚大陆创造了世界历史上版图最大的蒙古帝国。他们既是敌人，又是朋友。

教师提问：

在刚来到内蒙古的时候，为什么陈阵虽对狼充满好奇心，却又次次险些送命？在毕利格老人身上，你又看到了怎样的智慧？

引导学生得出以下回答：

陈阵热爱内蒙古，喜欢小狼，却因为对草原无知，对狼群的习性和野性毫无敬畏之心，认为人类是可以控制一切的，殊不知自然的法则中，人类个体是微小的一份子。在毕利格老人身上，我们能够体会到的草原民族对狼和腾格里(天)的崇拜的感情，体会到内蒙古人在与狼和自然抗争中，获得的睿智和坚毅。

教师提问：

书中主人翁陈阵养小狼的经历，大家如何看待？他为何而养？人和狼之间的关系起初是怎样的？后来有没有变化？

引导学生回答：

因为对狼的好奇、敬佩、着迷，使得陈阵冒险去掏狼崽养了一只狼，这只狼的名字就叫"小狼"，长大了，它也只认这个名字，这只倔强可爱的小狼从眼睛还未睁开就失去了自由艰难地成长，说到艰难并不是虐待它，相反陈阵对它比一个父亲对自己的儿子还要好，艰难是指它渴望的是自由而不是被驯养，它不放弃任何一次获得自由的机会和信念。随着小狼一天一天的成长，小狼和陈阵之间产生了一种胶着化不开的情感，但这种情感始终让人感觉都是平等的。它并没有"认贼作父"，它时刻等待机会，在极为有限的环境里，它都能本能的训练自己生存能力，狼的天性就是"不自由，宁毋死"。无论陈阵对它多么疼爱，也没有狼教育过它，无论怎样驯养，也改变不了它的血液里追求独立、自由、顽强、桀骜不驯的高贵品质。它从来没有感谢陈阵对它的圈养，由于与生俱来的野性，使得它一生都生活在铁链之下，群狗之中，就算陈阵的错误地将它的四颗尖利的牙钳断,也改变不了它狼之本色,最后,它的死也是死在追寻自由之上。这也成为陈阵心中永远的痛。

环节三:师生沙龙式交流互动

以上问题的回答,并不是标准答案。老师希望通过沙龙式的讨论,引发学生对于生命的思考。狼作为一个物种,在草原生态系统中具有一席之地,它们的生存之道,没有残忍、贪婪可言,就算是有,那也是生存和繁衍中的过程和手段。但透过深入的探讨,我们发现,真正的狼并不贪婪,他们懂得维护自然的法则,懂得草原的可持续发展,更懂得与弱小的物种共同生存之道。这一点,对学生产生了很大的触动。

环节四:课后延伸

根据自己的兴趣,选择看电影或是阅读小说原著。分享你阅读的感受。尝试写书评或影评(从某一个切入点即可,不一定是宏观评论)

案例4　消失的脚印——珍爱自然,保护动物

1.课时安排

1课时。

2.活动形式

讲授法、探究法。

3.活动目标

(1)通过了解灭绝的动物的有关内容,包括物种分类、生活习性、灭绝时间、灭绝原因、现存标本,有无复活的可能等内容,形成生命观念。

(2)通过学习生物灭绝的原因在很大程度上是因为人类的活动,建立生物与生物,生物与环境之间和谐统一的观念,树立学生保护动物,保护生物多样性,爱护家园的意识,建立起生物学科的社会责任。

4.活动过程

环节一:导入新课

展示图片:北京南海子麋鹿苑内有一座"世界灭绝动物墓地",很多的物种尚未被我们认知,就已灭绝,建立起学生惋惜的情感。

环节二:讲授新课

灭绝动物一:旅鸽

(1)物种分类:鸟纲 鸽形目 鸠鸽科。

(2)分布:北美洲的东北部。

(3)形态特征:体长 35~41cm,体重 250~340g;形似斑鸠,头部和上体主要为蓝灰色,尾羽较长,2 枚尾羽灰褐色,其余尾羽白色。翅膀灰褐色,带有不规则的黑色斑块,腹部至尾部为棕灰色。胸部暗红,有大白斑点。喉部白色,下体肉桂红色,虹膜红色,喙黑色,腿、脚红色。

(4)雌雄区别:雌性,胸脯绯红色,头灰绿色,翅膀红褐色,眼睛红色。

雄性,翅膀灰绿色。

(5)生活习性:它们喜欢群居性生活,往往数十万只集群筑巢。据说当年旅鸽生活的森林地带,其巢穴几乎到处都是,大的群落可以覆盖好几平方公里的森林。这样的好处是方便繁衍,同时在天气转凉的时候也方便迁徙。

(6)繁殖方式:每窝产卵 1 枚,但是每年有长达 7 个月的时间都可以产卵繁衍,雌雄共同孵卵,孵化期为 12~13 天。

(7)灭绝历史。

①大规模的围猎。

②北美的拓荒者砍伐森林造成旅鸽失去栖息地。

③铁路网络和电报系统的大范围扩建。

④繁殖地筑巢被破坏。

⑤新瘟疫的传播。

(8)最后一只旅鸽。

①1900 年最后一只野生旅鸽被杀死。

②1914 年 9 月 1 日下午,最后一只人工饲养的叫"玛莎"雌性旅鸽在美国中部的俄亥俄州辛辛那提动物园中死掉,代表着旅鸽从此在地球上销声匿迹了。

环节三:布置作业

查阅相关资料,科学家们研究到什么程度?该物种有无复活的可能?

5.活动反思

本节课除了落实知识目标,还需要着重培养情感态度与价值观目标,如何去协调人与自然的关系,保护环境,维持生态平衡,保护生物多样性。对于现有的濒危动物,可以采用建立自然保护区,开展驯养繁殖,实施再引进工程等方法进行保护。

引导同学们在日常生活中,善待动物。不看动物表演,不用象牙制品,不乱扔垃圾污染环境等等。从一点一滴做起,从身边小事做起。

附录2

调查问卷集(共3套)

问卷1

初中学生生物科学素养测试题(前测)

一、选择题(21×3分)

1.用显微镜的一个目镜分别与4个不同倍数的物镜组合来观察血细胞涂片。当成像清晰时,每一物镜与载玻片的距离如图所示。如果载玻片位置不变,用哪一种物镜在一个视野中看到的细胞最多(   )

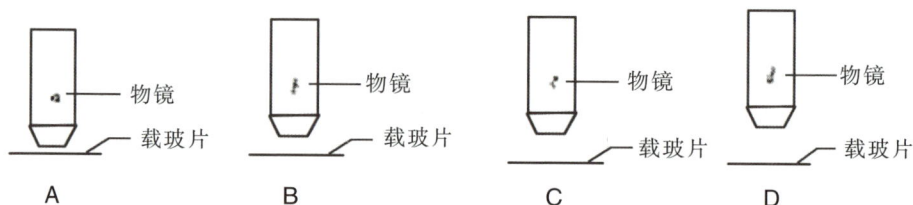

2.下列关于显微镜的使用不正确的是(   )

A.观察切片时,先低倍镜后高倍镜观察,是因为低倍镜下场找到观察的目标

B.换用高倍镜后视野将变暗,为提高亮度,可放大光圈或换平面镜为凹面镜采光

C.低倍镜下的视野中,右上角有一不清晰物像,此时不需移动装片,直接换高倍镜并调节细准焦螺旋

D.观察质壁分离时不需用高倍镜,因为洋葱片叶表皮细胞较大

3.下列植物的繁殖方式,不属于无性繁殖的是(   )

A.椒草的叶能发出芽和根,长成新植株

B.玉米种子能萌发,长成新植株

C.马铃薯块茎的芽眼里能发芽,长成新植株

D.柳条插在土里能生根,长成新植株

4.在同一块地里同时栽培大蒜,若栽培在露天环境,长出的叶片是绿色的;而

在遮光条件下栽培,长出的叶片是黄色的。该探究实验说明影响叶绿素形成的环境因素是(　　)

A.水分　　　　　　B.光　　　　　　　　C.无机盐　　　D.空气

5.炎炎夏日,植物的叶片没有被灼伤,能降低植物体的温度的原因是(　　)

A.光合作用　　　　B.蒸腾作用　　　　C.呼吸作用　　D.蒸发作用

6.为什么说水果和蔬菜中含有对健康有益的物质?最重要的一条原因是(　　)

A.因含有大量水分　　　　　　　B.因可构成蛋白质

C.因含有大量矿物质和维生素　　D.因含有大量碳水化合物

7.现在科学家正在研究利用动物作"生产车间",生产人类所需的某些物质,这就是(　　)

A.生物反应器　　B.乳房生物反应器　　C.仿生　　　D.动物工厂

8.酸雨使土壤酸化,建筑物受腐蚀,动植物受损伤,人体健康受影响。酸雨形成的原因是(　　)

A.大气中二氧化碳、甲烷等气体的总量逐年增加

B.大气中硫氧化物和氮氧化物增多

C.大气中氯氟烃类物质的长期排放与积累

9.2009 年全世界大部分国家爆发流行的甲流感病是由甲型 H1N1 流感病毒感染引起的,它与大肠杆菌最明显的区别是(　　)

A.无成形的细胞核　　　　　　　B.无细胞壁

C.无细胞结构　　　　　　　　　D.无遗传物质

10.樱桃种植户为提高大棚樱桃的产量,采取了以上措施,其中不能达到目的的是(　　)

A.合理密植　　　　　　　　　　B.适当增加光照时间

C.适时松土、施肥　　　　　　　D.保持棚内温度恒定

11.假设一种治疗高血压的药物被怀疑治疗效果不好,下面是科学家在解决这个问题的时候可能使用的 3 种方法。您认为哪种方法最科学(　　)

A.征求患者的看法

B.查找医学知识来断言此药的有效性

C.将病人分为两组,一组服药,一组不服药,然后观察各组服药后的结果

12.用温度计去测量一杯热水的温度,在下列操作过程中错误的是(　　)

A.估计被测液体的温度选择量程是 0~100℃ 的温度计

B.把温度计的玻璃泡与被测液体充分接触

C.待温度计稳定后再读数

D.读数时可以把温度计从液体中拿出来这样便于读数,误差小

13.在下列操作中正确的是(　　)

A.酒精灯不用时用嘴吹灭后再盖上灯帽以防酒精挥发

B.把碳酸钠粉末装入试管时应用药匙或纸槽

C.可以将潮湿的或具有腐蚀性的药品直接放在天平上称量

D.可用燃着的酒精灯去点燃另一个酒精灯

14.在设计实验时,你和其他的小组成员之间是如何合作的(　　)

A.只和同组的人讨论

B.独立设计实验,自己查阅资料

C.和学长、老师讨论,毕竟他们知道的更多

D.既会和同组的成员交流讨论,也会和其他小组的成员交流讨论

15.在探究影响酶活性的条件的实验中,先探究不同的温度对酶活性的影响时,温度和 pH 值分别属于(　　)

A.自变量和因变量　　　　　　　　　B.因变量和无关变量

B.自变量和无关变量　　　　　　　　D.自变量和对照变量

16.平时实验中,如果其他小组在试验中出现了问题,你会帮忙吗(　　)

A.如果别的组的组员不找我,那么我就不会主动的帮忙

B.乐于帮忙,主动帮忙

C.如果别的组的组员找到我,我会去帮忙的

D.只负责自己组的实验

17.在你看来总体上讲科学技术是(　　)

A.利大于弊　　　　　　B.弊大于利　　　　　　C.利弊差不多

18.“生命是珍贵的、健康是快乐的”下列行为习惯中,你认为不健康的习惯是(　　)

A.在购买食物时,我会关注是否含有添加剂、保质期、生产日期等内容

B.探视甲型 HlNl 病人时戴上医用口罩

C.用喝营养快线、可乐代替喝水,只吃自己喜欢的食物

D.与艾滋病人共用学习用具、共同进餐

19.在实验结束后,你发现实验结果和你的实验假设不同,你会怎么做(　　)

　　A.修改数据,使之相符　　　　　　B.查阅资料

　　C.和同学老师一起讨论　　　　　　D.如实记录后查找资料,分析原因

20.实验结束后,对实验中本该掌握的知识没有掌握,你会怎么办(　　)

　　A.及时解决　　　　　　　　　　　B.如果时间允许就会解决

　　C.等到考试复习时再说　　　　　　D.实验结束了就不考虑了

21.你对生物实验课的看法是(　　)

　　A.实验只是走过场,没什么意思

　　B.得不到与书本一致的结果就失去兴趣了

　　C.老师不管我们可以随便玩

　　D.实验做好就完事,不用考评

　　E.可以自己动手,能学到很多东西

　　F.考试会考到,所以有兴趣做

二、综合题(共 37 分)

　　1.设计实验:探究市场上 5 种洗衣液对衣物的清洁效果。(12 分)

　　2.你曾经是否做过小实验,来探究你在生活中发现的疑问或验证你的某些科学想法?请谈一谈你的过程,尤其是你得到了什么收获?(共 15 分)

　　3.请列举你知道的生物科学家及其杰出贡献。(10 分)

初中学生生物科学素养测试题(后测)

一、选择题(21×3分)

1.当你开始用低倍显微镜观察自制的装片时,发现视野中有一异物,移动装片,异物并不动,转换高倍物镜后,异物仍在。这异物可能在( )

A.反光镜上　　　　B.装片上　　　　C.物镜上　　　　D.目镜上

2.下列关于显微镜的使用不正确的是( )

A.观察切片时,先低倍镜后高倍镜观察,是因为低倍镜下场找到观察的目标

B.换用高倍镜后视野将变暗,为提高亮度,可放大光圈或换平面镜为凹面镜采光

C.低倍镜下的视野中,右上角有一不清晰物像,此时不需移动装片,直接换高倍镜并调节细准焦螺旋

D.观察质壁分离时不需用高倍镜,因为洋葱片叶表皮细胞较大

3.右图为显微镜下黑藻细胞的细胞质环流示意图,视野中的叶绿体位于液泡的右方,细胞质环流的方向为逆时针,则实际上,黑藻细胞中叶绿体的位置和细胞质环流的方向分别为( )

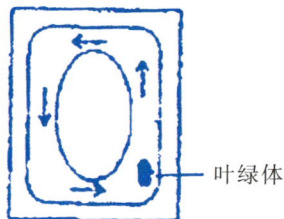

A.叶绿体位于液泡的右下方,细胞质环流的方向为顺时针

B.叶绿体位于液泡的左上方,细胞质环流的方向为逆时针

C.叶绿体位于液泡的右上方,细胞质环流的方向为逆时针

D.叶绿体位于液泡的左下方,细胞质环流的方向为顺时针

——叶绿体

4.一位园艺师将一株单色的野生菊花培育成具有多种颜色、多个花朵的"塔菊",他利用的方法可能是( )

A.嫁接　　　　B.压条　　　　C.扦插　　　　D.种子繁殖

5.王大爷用温室大棚生产蔬菜,为了提高温室大棚内蔬菜的产量,你认为他可以在温室大棚内采取的措施是( )

A.增加二氧化碳浓度　　　　　　B.增加氧气浓度

C.大量施肥　　　　　　　　　　D.大量浇水

6.2010 年青海玉树发生特大地震灾害,有些人长时间被深埋废墟下但最终获救。这些幸存者当时生命得以延续最必需的营养物质是(　　)

A.糖类　　　　　B.蛋白质　　　　　C.维生素　　　　　D.水

7.夜间,菜农适当降低蔬菜大棚内的温度,主要目的是(　　)

A.降低温度可以减少细菌病害

B.温度低,呼吸作用减弱,有机物消耗少

C.温度低,蒸腾作用减弱,减少水分的散失

D.温度低,光合作用增强,有机物积累多

8.关于现代类人猿与人类区别的叙述,不正确的是(　　)

A.祖先不同　　　　　　　　　B.运动形式不同

C.制造工具能力不同　　　　　D.脑发育程度不同

9.下列生物可产生抗生素的是(　　)

A.细菌　　　　　B.青霉　　　　　C.病毒　　　　　D.酵母菌

10.如果连续出现阴天、雨雪天,会使大棚蔬菜的产量下降。主要是阴天、雨雪天不利于大棚蔬菜的(　　)

A.花的传粉　　　　B.呼吸作用　　　　C.蒸腾作用　　　　D.光合作用

11.假设一种治疗高血压的药物被怀疑治疗效果不好,下面是科学家在解决这个问题的时候可能使用的 3 种方法。您认为哪种方法最科学(　　)

A.征求患者的看法

B.查找医学知识来断言此药的有效性

C.将病人分为两组,一组服药,一组不服药,然后观察各组服药后的结果

12.用温度计去测量一杯热水的温度在下列操作过程中错误的是(　　)

A.估计被测液体的温度选择量程是 0~100℃ 的温度计

B.把温度计的玻璃泡与被测液体充分接触

C.待温度计稳定后再读数

D.读数时可以把温度计从液体中拿出来这样便于读数误差小

13.在下列操作中正确的是(　　)

A.酒精灯不用时用嘴吹灭后再盖上灯帽以防酒精挥发

B.把碳酸钠粉末装入试管时应用药匙或纸槽

C.可以将潮湿的或具有腐蚀性的药品直接放在天平上称量

D.可用燃着的酒精灯去点燃另一个酒精灯

14.在你看来总体上讲科学技术是(　　　)

A.利大于弊　　　　　B.弊大于利　　　　　C.利弊差不多

15."生命是珍贵的、健康是快乐的"下列行为习惯中,你认为不健康的习惯是(　　　)

A.在购买食物时,我会关注是否含有添加剂、保质期、生产日期等内容

B.探视甲型 HlNl 病人时戴上医用口罩

C.用喝营养快线、可乐代替喝水,只吃自己喜欢的食物

D.与艾滋病人共用学习用具、共同进餐

16.在设计实验时,你和其他的小组成员之间是如何合作的(　　　)

A.只和同组的人讨论

B.独立设计实验,自己查阅资料

C.和学长老师讨论,毕竟他们知道的更多

D.既会和同组的成员交流讨论,也会和其他小组的成员交流讨论

17.在探究影响酶活性的条件的实验中,先探究不同的温度对酶活性的影响时,温度和 pH 值分别属于(　　　)

A.自变量和因变量　　　　　　　B.因变量和无关变量

C.自变量和无关变量　　　　　　D.自变量和对照变量

18.平时实验中,如果其他小组在试验中出现了问题,你会帮忙吗(　　　)

A.如果别的组的组员不找我,那么我就不会主动的帮忙

B.乐于帮忙,主动帮忙

C.如果别的组的组员找到我,我会去帮忙的

D.只负责自己组的实验

19.在实验结束后,你发现实验结果和你的实验假设不同,你会怎么做(　　　)

A.修改数据,使之相符　　　　　B.查阅资料

C.和同学、老师一起讨论　　　　D.如实记录后查找资料,分析原因

20.实验结束后,对实验中本该掌握的知识没有掌握,你会怎么办(　　　)

A.及时解决　　　　　　　　　　B.如果时间允许就会解决

C.等到考试复习时再说　　　　D.实验结束了就不考虑了

21.你对生物实验课的看法是(　　　)

A.实验只是走过场,没什么意思

B.得不到与书本一致的结果就失去兴趣了

C.老师不管我们可以随便玩

D.实验做好就完事,不用考评

E.可以自己动手,能学到很多东西

F.考试会考到,所以有兴趣做

二、综合题(共 37 分)

1.设计实验:探究不同浓度的某品牌植物营养液对水培植株叶片生长的影响。(12 分)

2.在探究实验和实验改进部分课程的学习中,你突破了什么困难?谈一谈你是如何解决它的?(15 分)

3.你知道诺贝尔奖的设置中,生物科学属于哪一奖项么?说说你知道的获奖者及研究领域,不必具体到哪一年。(10 分)

问卷 2

中学初中生物校本课程形成性评价调查表
（第一学期、第二学期）

亲爱的同学们,在新奇与快乐中,我们完成了一个学期的校本课程。在这里,我们仿佛一个科研的大家庭,我们收获了知识,收获了友情,也收获了指导老师在科学方面的引领。我想,你非常想知道自己的能力在哪些方面有所提升吧?下面你将看到一份关于"校本课程形成性二维评价"的问卷调查和一道问答题,请和你的指导老师、小组成员,客观真实的填写你的情况吧,一定要阅读清楚在填写哦!

一、请填写以下基本信息

姓名 _____ 性别 _____ 年龄 _____

小组其他成员姓名 _____

调查将从学生、小组和教师三个维度进行,有 3 个分值供你选择,2 分表示符合,1 分表示一般符合,0 分表示不符合,请认真完成。

	调查问卷	学生自评	小组互评	教师评价
能力目标	能熟练的进行实验操作			
	思考问题具有逻辑性			
	能够具有一定的信息获取能力			
	能用所学知识解释生活中基本的生物学现象			
	具有一定的语言表达能力			
	单项合计			
	总分:			
情感、态度、价值观目标	热爱大自然,热爱生活			
	具有环保意识			
	爱观察,爱思考			
	有探索科学的愿望			
	具有传播科学的意识和责任感			
	单项合计			
	总分:			

问卷 3

中学生物学校本课程学习兴趣调查表

亲爱的同学们,下面你将看到一份关于"生物学校本课程学习兴趣"的问卷调查,请如实填写你的情况,谢谢!

一、请填写以下基本信息

姓名＿＿＿＿＿＿＿＿＿ 性别＿＿＿＿＿＿＿＿＿

二、你对生物学科感兴趣的程度(请在和你情况相同的□划上你喜欢的符号,只可以选择一个)

1.曾经感兴趣,现在不了□

2.通过学习,更感兴趣了□

3.虽然经历过低谷,但现在又重新喜欢了□

三、请选择出你最喜欢的课程模块

1.植物分类模块□

2.制作作品模块□

3.探究实验模块□

4.附属课程模块□

四、以下是你可以获得生物学知识的方式,你现在喜欢哪些?

1.上网百度、谷歌

2.做实验亲自体验

3.读书、读资料

4.用最新的新闻热点授课

5.听老师讲

6.做课外题

我喜欢＿＿＿＿＿＿＿＿＿＿＿＿＿＿＿的学习方式。(可以多选)

五、总体来说,你对于我们学校开设的校本课程,是否满意呢?

1.非常满意□

2.一般满意□

3.无所谓□

4.不够满意 □

六、如果给下一学年的校本课程提些建议的话,你有什么想法?

(如从搜集想要的知识的途径、老师的指导、今后希望接触哪些方面的生物学课程或实验来回答)

感谢你的答卷!希望你能够继续关注生物学校本课程。

基于核心素养的初中生物学教学拓展的实践研究

天津市雍阳中学　潘颖

摘　要:核心素养是世界各国教育界的中心议题,是教育发展的必然趋势。我国也提出了《中国学生发展核心素养》总体框架,其中生物学科也承担着重要的育人任务。通过与一线生物教师的访谈和对初中学生的观察,分析天津市武清区初中生物学科教学中存在的问题,本课题组有针对性地提出发展学生核心素养的策略,并在教学中进行实践研究。本研究采用调查法、文献资料法、个案研究法和行动研究法对初中生物教学中教师的教学行为和学生的表现进行观察研究,对核心素养相关文献以及现代教育理论进行整理分析,对教学案例进行研讨。教学实践广泛联系生活实际,把生产生活、社会发展、科学技术、社会环境与课堂教学相结合,从教学内容、实验创新和实践活动3个方面进行实践研究,提升生物学科的育人价值。本研究注重综合学校、家庭和社会的力量搭建实践平台,构建由教师、学生、家长、社会组成的育人共同体。最终形成了"基于生活、基于实践和基于实验创新的育人策略"。

关键词:核心素养　教学拓展　实践

一、课题的由来

随着社会的发展和进步以及课程改革的不断深化,新时代对于人才的培养目标提出了新的要求。

(一)关于核心素养的研究是教育发展的必然趋势

核心素养是当今世界描述人的发展维度的最新概念,是世界范围内的研究课题。经济合作与发展组织、欧盟、美国、日本等国际组织和各国纷纷启动了基于核心素养的教育目标研究,在教育领域建立学生核心素养模型。可见,发展学生核心素养是世界各国教育界的共识,是人类社会教育改革的中心议题。

(二)发展学生的核心素养是落实"立德树人"根本任务,深化课程改革的基本要求

教育部 2014 年颁发了《关于全面深化课程改革 落实立德树人根本任务的意见》,其中明确提出要充分发挥课程在人才培养中的核心作用。2016 年 9 月 13 日,中国教育部在北京师范大学发布了《中国学生发展核心素养》总体框架,以此来统领课程改革的各个环节。发展学生的核心素养是现阶段党和国家教育宏观目标的具体体现,是连接教育理念和教育目标、教学内容和教学方式的桥梁,是把课程改革推向深入的引擎。

然而,就本地区来看,初中生物课程改革整体规划的推进不够深入,不同学校之间的协同性不足,尤其是农村学校的教育实际与教育目标存在一定差距。

在"立德树人"根本任务的引领下,根据课程改革的现状以及当代初中学生发展的需要,本课题组提出对本课题进行研究。

二、课题的理论基础

(一)实用主义教育理论

杜威认为:"一切能够发展人有效参与社会生活能力的教育,都是道德的教育。"社会为道德教育提供了必要的场所,而社会活动使道德教育得以内化。杜威提出"学校即社会",一个"雏形的社会",学校通过各种课程训练,在教师的帮助下培养学生的社会精神。杜威强调"教育即生活",学校利用主动性作业将学校生活变成社会生活的雏形,使学生在真实的生活中进行道德训练,教育就是将学生和生活联系起来。

(二)STSE 教育理论

STSE 理论是从 STS 理论上扩展开来的,是把科学教育与社会发展、社会生产、社会生活、生存环境结合在一起的科学领域。STSE 理论强调科学、技术与社会、环境的相互关系,重视科学技术在社会生产、生活环境和社会发展中的应用。STSE 教育理论即通过教学活动把科学、技术、社会、环境 4 个领域有机整合,指导和实施科学教育的新理念。

(三)建构主义理论

构建主义理论认为:知识不是通过教师传授得到的,而是学习者在一定的情景即社会文化背景下,借助别人(包括教师和学习伙伴)的帮助,利用必要的学习材料,尽可能地激发学习者的联想,唤起长时记忆中的知识和经验,从而更有效的将新知识同化到原有的知识结构中。

三、课题研究的目的和意义

(一)研究的目的

本课题从初中生物学科教学实践的视角开展研究,贯彻和落实"立德树人"的根本任务,发展学生的核心素养。本研究通过拓展教学内容,深入挖掘学科的育人资源,提高生物学科的育人价值;把课堂教学和生产生活实际有机融合,创新生物实验,结合生产生活实际和社会实践,在教学实践中进一步开发完善以发展核心素养为基础的课程改革案例;转变教育方式,使学生在学中做,做中思,思中悟,探索适用于初中农村校提高教育质量和教育教学服务水平的育人模式。

(二)研究的意义

核心素养的落地离不开学科教学,生物学与人们的生活、生产、生命健康联系密切,现代生物技术对人类的生活和社会发展产生深远影响。生物教学的拓展不仅可以丰富学生的生物学知识,在育人方面也发挥着重要作用,不仅有利于发展学生的生命观念、理性思维、科学探究和责任担当等学科核心素养,而且对于发展学生的科学精神、人文精神,形成正确的世界观、人生观和价值观都有重要作用。

1.课题在本学科团队攻坚项目中的价值

本课题是《基于学科核心素养的生物教学实践研究》的子课题,它面对农村校初中生物教学的现状,依托本地资源和本校的客观条件,研究将生物课堂教学和实践活动有机融合的育人模式,探索适合农村初中校发展学生生物学科核心素养的有效策略。在本课题研究过程中取得的成果可以为天津市其他农村校初中生物教学提供借鉴。

2.理论意义

构建学生核心素养体系是课程改革的关键环节。我国学生的核心素养主要是通过各级各类学校的学科教育来实现的,因此,构建本学科的核心素养培养体系是构建"中国学生核心素养"的有力支撑。鉴于现行初中生物课程标准中对核心素养没有提出要求,国内有关初中生物学科核心素养的研究还比较少,本课题以一线教学实践为基础,研究在初中生物教学中如何发展学生学科核心素养,不仅为这一领域的研究提供了部分理论依据,也进一步推动了义务教育阶段关于核心素养研究的步伐。

3.实践意义

本课题的教学拓展既能够开阔学生的视野,扩大学生的思考范围,也可以提高学生的实践能力和创新能力,是发展学生核心素养的有效途径。

(1)本课题注重学生生物知识与实际生活的有效衔接,从而提高学生解决实际问题的能力,为学生今后的学习和生活打下基础。

(2)拓展实验不仅关注学生基本技能的建构,更关注学生在实验过程中表现出来的严谨求实的科学态度和勇于创新的科学精神,关注学生的科学探究素养的发展。

(3)课外实践既是对学生知识与技能水平的检验,也是学生主观情感、态度与价值取向的体现。生产体验活动使学生可以亲近田园环境,热爱劳动,感知生命的价值和意义;社会实践活动使学生在现实生活中找到存在感,增强责任意识和环保意识。

四、课题研究的内容

在教育教学工作中,我们发现有些教师对于落实核心素养还缺乏正确的认识,教学活动中存在的问题主要表现为:重智育轻德育;注重知识的传授,轻视能力的提升,为了追求分数让学生死记硬背生物概念和原理;课堂教学内容陈旧和社会生活实际脱节,学与做脱节,学生的社会责任感、创新精神和实践能力较为薄弱。

基于以上问题,本课题组确定课题研究的主要内容如下。

(一)生物知识的拓展和运用

把生物知识与现实生活相融合,通过对身边生活案例的观察和分析,激发学生的学习兴趣,引导学生主动学习,在学生对生物知识理解的基础上,提高学生解决实际问题的能力,并进一步形成具有代表性的生物教学拓展案例。

(二)生物实验的拓展研究

实验的拓展包括:

(1)对教材原有实验的改进和创新。

(2)对教学中生成实验的探究。

在教师的引导下,通过提出新问题、新思路、新材料、新方法,进行新的实验思考、制定和实施计划、表达和交流等探究过程,使学生形成勇于探索,追求真理的科学精神和科学态度,最终形成发展学生科学探究素养的有效策略。

(三)课外实践的探索

调查选取学生家庭责任田、大黄堡湿地公园、南湖绿博园、京杭大运河等具有本地特色的实践基地,开辟第二课堂,构建由教师、学生、家长、社会组成的育人共同体。将初中生物教学与课外实践相结合,通过生产劳动、参观、调查、宣传等系列活动,提升学生的综合实践能力,形成具有乡土特色的课外实践案例。

五、课题研究的目标

本课题立足于本学段本学科和本地特点,拓展教学内容,探索符合当地实际的能够切实提高教学质量和育人效果的教学策略。

(一)针对学生达成的目标

(1)改变学生获取知识的方式,从被动接受到主动探究。

(2)提高学生运用生物知识解决实际问题的能力。

(3)形成人与自然和谐发展的生命观念。

(4)增强环境保护意识,提高责任担当意识和能力。

(5)热爱科学,形成乐于探究、大胆尝试、实事求是、严谨论证的科学态度。

(二)针对教师达成的目标

(1)提高教师的理论水平,形成先进的教育理念。

(2)发挥生物学科的独特优势,探索把生产生活实际与初中生物教学有机整合的方法。

(3)探索更加适于学生发展的初中生物实验教学策略。

(4)因地制宜地搭建校内外实践平台,探索统筹学校、家庭和社会的力量,营造协调一致的良好育人环境的新模式。

六、课题研究的方法

(一)调查法

利用访谈法了解武清区初中生物教学中学生核心素养落实的现状,了解一线教师对于核心素养的重视程度和学生核心素养的发展水平,根据访谈结果确定研究方案,检测研究实效。

(二)文献资料法

利用学校图书馆和网络资源数据库进行文献检索,对关于发展学生核心素养的文献进行梳理,了解选题的研究背景和研究现状,通过文献对生物学科核心素养的概念进行界定,明确发展核心素养的理论依据,为课题研究提供参考。

(三)个案研究法

通过观察、发现、分析,解决教学实施过程中的真实问题,获取发展学生核心素养的实践经验,反思并总结研究的过程和结果,形成教学案例,并把这些宝贵经验作为改进教学方法和课题研究的实践依据。

(四)行动研究法

通过听课和观看课堂实录的方式，观察并记录教师在教学各环节的行为表现，对教师教学行为进行分析和反思，从而指导教师实践。比较教师前后教学行为的变化和教学效果，评估学生核心素养的发展水平。

七、课题研究的步骤和过程

(一)准备阶段(2019 年 12 月至 2020 年 1 月)

首先，根据"立德树人"的根本任务和团队攻坚课题的研究方向，确定选题内容和课题组成员。然后，课题组教师对国内外相关文献资料进行搜集和整理，全面深入地了解相关研究的现状。从所在学校的实际情况出发，利用访谈法与一线教师和学生进行交流，调研核心素养在本学科教学中的落实情况以及影响因素，分析开展课题研究的条件和保障。最后，对课题研究进行整体规划，完成课题申报表。

(二)实施阶段(2020 年 2 月至 2021 年 1 月)

1.课题论证

课题组成员认真学习《中国学生发展核心素养》总体框架，思考"核心素养"的内涵和外延。在此基础上，撰写学习心得，并通过微信群开展"核心素养"相关理论学习的交流研讨，明确本课题的研究目的意义和主要内容。以实用主义、STSE、建构主义等教育理论为基础，以发展学生的生物学科核心素养为目标，制定课题研究的具体方案。利用本地资源优势，选择生产实践基地和社会实践基地。课题组于 2020 年 7 月 2 日，在武清区教育中心 206 室召开开题会议，对课题的实施方案进行论证，明确各成员分工。各成员的研究任务如表 1。

表 1 课题组研究任务分工

成员姓名	主要负责内容
潘颖 许红忠	核心素养相关理论的研究以及教师教学行为与方式的比较研究
郭梓园 李雅婷	社会实践策略的实践研究
刘莹 于跃	生物实验策略的实践研究
徐笑 李莹莹 王平	课堂教学拓展策略的实践研究

2.初步实验

课题组教师根据自己的分工,从教学内容、生物实验以及课外实践 3 个方面进行探索实践。

(1)教学内容的拓展:教师转变课程观念,"变教教材为用教材教"。把教学内容与生产生活、科技进步和社会发展紧密结合,创新教材内容,尤其注重利用身边的、本地的资源丰富教学内容。如利用特殊的节日进行专题拓展;与其它交叉学科进行横向拓展;捕捉现实生活中、网络上的热门话题或包括"新冠"在内的对人们生活有重大影响的公共事件来丰富教学内容;关注生物科学技术在生产生活中的应用,在教学中探讨社会相关议题。

如结合某明星代孕弃养事件介绍试管婴儿技术;以武清区某保健品生产企业及医院被依法惩处的事件告诉学生不要轻信虚假宣传,盲目跟风,要相信科学,明辨是非;以"新冠"为例讲清传染病及其预防的知识等。

教师拓展教学内容,使学生在现实生活情境中展开学习,发展生命观念,提升社会责任意识。

(2)实验拓展的研究:在实验教学中探索创新的途径,从实验材料的选择、实验方法的更新、实验步骤的完善等方面结合实际进行改进和创新,如探究实验"种子萌发的环境条件"。在教学中有意识地抓住生成性问题,引导学生拓展探究。又如"小龙虾能否在天津等北方地区养殖?"的探究实验,把与生活联系密切的小实验作为研究的重点,教师引导学生对生活现象进行观察思考,使学生主动进行探究,提升学生科学探究的素养。

(3)实践活动的研究:利用本地资源搭建实践平台,实地考察学生家长的责任田,作为生产实践基地;选取大黄堡湿地自然保护区、南湖绿博园、京杭运河沿岸等作为社会实践基地。协调学校、家长、学生和社会的力量,组织"雍阳星汇"社团开展系列课外实践活动。利用社会资源或与家长合作,指导学生参加科技创新大

赛,进行科学研究和发明创造。通过以上方式,开辟第二课堂,探索实践育人的新模式。

①开展"美丽的家乡"系列生产实践活动:每逢春耕时节,我们带学生到生产实践基地开展"农耕体验科普实践活动"。学生在农业技术人员的指导下,体验播种、施肥等生产劳动,学习节水灌溉,无土栽培等农业技术,认识科技进步对农业发展的贡献。

在农民"丰收节"之际,笔者的团队开展了一系列的实践活动,首先是"识五谷,庆丰收"采收体验活动,学生及家长到武清区大碱厂镇兰家巷村(学生家)收割玉米,干农活,吃农家饭,做一日小农户,感受基层农民的生活。参观联合收割机工作现场和美丽新农村的变化。之后,学生调查了武清区常见农作物和经济作物以及特色作物,收集图文资料制作电子手册,印刷后分发给学生,供同学们认识了解各种农作物。在校内开展"光盘行动"倡议和签名活动以及以"节约粮食"为主题的宣传活动。

②开展"生态武清"系列调查活动:学生收集老照片,比较家乡的旧貌和新颜,了解家乡武清的环境的变化。相关教师组织学生到南湖绿博园调查生物多样性,体验绿博园的良好生态环境;电话采访大黄堡湿地自然保护区的工作人员,了解湿地公园的建设和保护的现状;沿京杭大运河进行骑行,了解大运河河道改造的成果和运河生态圈的保护情况。最后,根据调查中发现的问题向相关部门进行反映,为家乡环境保护献计献策。

③开展科技创新实践:在开展集体实践活动的同时,教师还针对学生的特长进行个别指导。潘颖、郭梓园两位教师携手学生家长,借用研究所的设备和资源,联合指导学生参加科学研究,在天津市青少年科技创新大赛中获奖。

3.阶段总结(2020 年 11—12 月)

教师对研究过程中获得的阶段性资料进行分析、汇总,撰写个人的中期总结报告,最终形成课题阶段性研究报告。

2020 年 12 月 11 日,通过腾讯会议平台召开了课题组中期总结及案例研讨大会。参会的每位教师对课题前期的研究进行了汇报和展示,并就刘莹老师的《动物的运动》一课进行了专题研讨。老师们汇报研究的过程和成果,交流并反思了实践中出现的问题,指出了实践过程中成功和不足之处。武清区生物教研员许红忠老师对本课题的研究过程进行阶段性点评和指导。课题组通过研讨,完善了实践方案,初步提出了符合生物学科特点、具有本地特色的发展学生核心素养的生物教学策略。

4.交流推广

课题组教师将研究形成的理论成果与各相关学校的实际进行整合,把发展学生核心素养的策略融入各相关学校的日常教学中,在校内进行经验的推广和应用。

课题组成员至少完成一节典型案例的课堂实录或教学设计的编写,并撰写相关的教科研论文。其中优秀的案例、论文被推荐参加各种评比或者在"武清教育"等期刊上发表,把取得的研究经验和成果在全区乃至全市内进行交流和推广。本课题的部分成果以短视频的形式在线上发布,扩大了交流的范围。

(三)总结阶段(2021年2—3月)

全面分析总结课题研究的过程和结果,对课题研究成果进行经验总结和理论提升。通过访谈对课题研究的效果即学生核心素养的发展水平进行评估。2021年3月3日,在武清区教育中心207室召开课题总结大会,分类整理课题研究的各类成果,包括教学案例、论文、课堂实录等阶段性成果以及实验记录、实践活动方案、活动实况、学生作品、访谈记录等过程性成果,撰写研究报告。同时,对徐笑老师的《开花和结果》一课进行了的展示和案例研讨。

八、课题的主要研究成果

(一)构建了由教师、学生、家长、社会组成的育人共同体

在实用主义和STSE教育理论、建构主义等理论的影响下,通过反复思考和讨论认识到:学习过程不仅需要学生和教师的参与,同样不能脱离社会生活。在研究中,笔者更加注重把课堂与生活、社会、科技发展以及实践相融合,协调学校、家长和社会的力量,全面开发学科育人资源,形成由教师(学校)、学生、家长、社会组成的育人共同体,使学生在学校—家庭—社会这个育人网络中健康成长。

通过对教师的教学行为的观察和比较以及学生和家长的反馈,笔者认为本课题研究具有一定效果,研究的目标基本达成。

1.教师的变化

为期一年的教学实验让参与课题的广大教师受益匪浅。老师们不仅对生物学科的核心素养有了更深入的认识与理解,在教育理论上得到一定提升,也积累了一些在日常的生物教学中,发展学生核心素养的策略和方法。教师的改变主要表现在以下几方面。

(1)"以学生为中心"的教育思想深入人心,在教学设计过程中更加注重"以学定教",课堂中学生的参与度明显提高。

(2)使用教材时,更加注重把教材内容和生产生活实际相融合,善于优化教材内容,不再局限于"教教材"。

(3)把书本知识和生产生活以及社会实践活动紧密结合,改变了学生光学不做,"高分低能"的状况,使学生在"学中做,做中学",提高了解决实际问题的能力。

老师们积极开展教学实践研究,取得了一些教科研成果。如教学案例、研究论文和优质展示课等。

2.学生的收获

学生在访谈中表示希望教师能够将这种教学方式和实践活动继续开展下去。学生认为教师在课堂教学中的拓展延伸对于他们学习生物学知识很有帮助,这些拓展内容可以帮助他们更好地理解课堂所学的知识,提升他们的认知水平,把学习推向深入。同时,能够让所学知识更好地服务于生活,使生活更美好,人们更健康幸福。

在实践活动中学生像出笼的小鸟,对周围的事物充满了好奇,表现出了前所未有的求知欲;学生的思维活跃,积极思考,乐于尝试,主动性大大增强。学生从中获得的情感体验是传统课堂无法给予的。

学生主动寻找身边的环境问题,提出:居民垃圾分类意识不强,缺乏垃圾分类的知识,垃圾分类效果不明显等实际问题,对此问题,学生们认为增强居民的环保意识和学习垃圾分类的知识是解决问题的关键,并纷纷表示愿意向周围群众宣传环保知识,并从自身做起抵制乱丢垃圾的行为。学生的环保意识和社会责任意识明显增强。

在老师的指导下,学生完成的作品有"武清区常见农作物和经济作物概览"的电子手册,"节约粮食"为主题的倡议书和宣传专栏等。

3.家长的认可

在反馈中,家长朋友非常认同实践活动的教育价值,希望实践活动能够持续开展。家长认多样的课内课外实践拓展活动,不仅丰富了学生的生物学知识,提升了孩子们的探究能力、创新能力、实践能力、劳动能力等综合素质,同时也让沉浸在应试教育背景下的孩子们有机会走出课堂,体验丰富多彩的社会生产生活。家长参与到实践活动中来,则有助于建立良好的亲子关系,形成教育合力。

(二)探索了适合初中农村校发展学生核心素养的策略

学科教学和德育教育都与社会生活密不可分,在现实生活背景下,我们能够更好地培养学生的应变能力和解决实际问题的能力。生物学科课程的开发与生活实际密不可分,学生在教学中获得的知识、技能和情感最终也要通过社会实践得以验证和提升。

基于以上认识,笔者提出适合初中农村校发展学生核心素养的策略:

1.基于生活的育人策略

基于生活的育人策略主要以发展学生的生命观念为追求。发挥生物学科自身的优势,通过情境创设,使学生在现实生活中学习和理解生物知识,并运用生物知识指导社会实践,学会健康生活。如,论文《彰显学科魅力,发展核心素养——基于核心素养的初中生物教学拓展的实践研究》、教学案例《消化和吸收》《开花和结果》《动物的运动》《绿色植物与生物圈的水循环》《细菌》等成果从不同角度阐述了基于生活的育人策略。

2.基于实践的育人策略

基于实践的育人策略主要以发展学生社会担当的意识和能力为目标,在社团的实践活动中,利用本土资源优势,开辟实践基地创建第二课堂,增强学生的实践能力和环境保护意识。如,"美丽的家乡"和"生态武清"等相关实践活动案例,围绕着生产劳动和生态环境问题开展活动,使社会实践与课堂教学相得益彰。

3.基于实验创新的策略

基于实验创新的策略以发展学生理性思维、科学探究等科学精神和科学素养为中心。实验始终贯彻"探究开始于发现,发现源于生活"的思想,从实际出发,创新实验的材料、装置、方案、方法等,学生手脑并用,在实验中提升自身的创新能力和生物科学素养。如实验教学案例《探究种子萌发的环境条件》《植物气孔探究性观察实验》《小龙虾抗逆性实验》等为大家提供了实验创新的范例。

研究中,老师们因地制宜地综合学校、家庭和社会的力量搭建实践平台,把生产生活、社会发展、科学技术与课堂教学相结合,形成了校内校外、课内课外协调联动的育人新模式。实验表明,学生在学习中回归生活,回归社会,有利于发展学生的核心素养,尤其是社会担当和生命观念,对实现"立德树人"的根本任务具有一定的支持作用。

(三)教科研成果

从本课题立项以来,老师们积极开展研究,在教学和指导学生方面取得了一些成绩。截止到 2021 年 3 月 25 日,课题组教师取得的相关成果共 24 项。其中论文《彰显学科魅力,发展核心素养——基于核心素养的初中生物教学拓展的实践研究》对课题研究进行了整体阐述,其他成果分别从不同侧面进行论证。

24 项成果具体情况如表 2。

表 2 课题成果

序号	作者姓名	成果名称	成果形式	获奖或发表情况
1	潘 颖 许红忠	《彰显学科魅力,发展核心素养——基于核心素养的初中生物教学拓展的实践研究》	论文	发表在"武清教育"2020 年第 5~6 期并参加"教育创新"论文市级评比
2	于 跃	《基于核心素养下初中生物实验拓展教学的有效实践》	论文	获"中国梦"论文评选国家级一等奖
3	李雅婷	《基于核心素养的初中生物社团教学实践》	论文	获"教育创新"论文评选区级二等奖

续表

序号	作者姓名	成果名称	成果形式	获奖或发表情况
4	王 平	《基于核心素养的初中生物教学实验拓展研究》	论文	获"教育创新"论文评选区级二等奖
5	潘 颖	《消化和吸收》	教学案例、课堂实录	入选"天津云课堂"
6	徐 笑	《开花和结果》	教学案例、课堂实录	获"双优课"评比区级一等奖
7	刘 莹	《动物的运动》	教学案例、课堂实录	获"双优课"评比区级一等奖
8	于 跃	《动物的运动》	教学案例、课堂实录	获"双优课"评比区级二等奖
9	李莹莹	《细菌》	教学案例、课堂实录	获"双优课"评比区级三等奖
10	潘 颖	《传染病及其预防》	教学案例	参评"领航教师培养过程"优秀案例
11	徐 笑	《第七类营养素——膳食纤维》	教学案例、课堂实录	参评"一师一优课，一课一名师"
12	于 跃	《绿色植物与生物圈的水循环》	教学案例、课堂实录	做校内展示课
13	潘 颖	《探究种子萌发的环境条件》	实验教学案例	参评武清区实验创新案例评比
14	刘 莹	《植物气孔探究性观察实验》	实验教学案例及说课视频	参评武清区实验说课比赛
15	刘 莹	《小龙虾抗逆性实验》	实验教学案例及说课视频	参评武清区实验说课比赛
16	潘 颖 郭梓园	《"识五谷,庆丰收"采收体验活动》	活动方案、活动照片和实况	在云美摄自媒体平台发布
17	郭梓园 潘 颖	《武清农作物调查》	活动方案及武清区农作物电子手册	制作成册，给学生使用
18	潘 颖 郭梓园	《南湖绿博园生物多样性调查》	活动方案、活动照片和实况	在云美摄自媒体平台发布

续表

序号	作者姓名	成果名称	成果形式	获奖或发表情况
19	潘颖 郭梓园	《"光盘行动"倡议和签名活动》	活动方案、活动照片和实况	在学校内公开展示
20	潘颖 郭梓园	《"节约粮食"主题宣传活动》	活动方案、活动照片和实况	在云美摄自媒体平台发布
21	潘颖 郭梓园	《农耕体验科普实践活动》	活动方案、活动照片和实况	发布在学校公众号
22	潘颖 郭梓园	科技创新大赛学生获奖作品《MCLK1对细胞凋亡的影响》	论文	市级一等奖
23	潘颖 郭梓园	科技创新大赛学生获奖作品《具有定时闹钟提醒功能的便携式药盒设计》	论文	市级二等奖
24	潘颖 郭梓园	科技创新大赛学生获奖作品《红绿灯拱门》	论文	市级三等奖

九、课题研究存在的主要问题及今后的设想

(一)主要问题

(1)由于疫情影响,受研究的时间和场地的限制,实验拓展的研究不够充分,研究进度不及预期。课题组成员之间的交流研讨和观摩活动多通过线上完成,形式比较单一,只能在小范围内和线上推广研究成果。

(2)由于访谈法的局限,使实验缺乏数据的支持,对研究结果不能进行定量的分析。

(3)选取了5所学校进行调研,访谈对象数量有限,样本选取的广泛度不足。

(4)对生物实验的创新和拓展不够深入,只有一些浅层的探索,取得的成果有限。

(二)今后的设想

针对以上问题的分析，今后笔者会继续对生物实验创新和实践活动进行研究。如对运河水质及生物多样性的调查；待武清区大黄堡湿地公园建成后，组织学生对大黄堡湿地的生物多样性以及野生大豆保护情况进行调查。

实验创新的研究不足的问题与生物实验开展不足有关，基础教育中学生实验的开展受到课时紧张、药品不足等条件的限制，实验的开展需要教师投入更多的经历和时间。虽然开展生物实验存在诸多困难，但是实验对于提升学生科学素养具有重要作用，生物实验是不容忽视的。因此，今后要加大力度开展生物实验，加强教师间实践经验的交流和分享，开展实验课的专题研讨。

参考文献

[1]林崇德. 21 世纪学生发展核心素养研究[M]. 北京：北京师范大学出版社,2017.

[2]周欢红. 在初中生物教学中提高学生生物学核心素养中社会责任的实践研究[J]. 教师新概念·教书育人,2019(06):61.

[3]尹建壮. 促进学生核心素养在课堂教学中发展[J]. 速度(上旬),2018(07):191.

[4]王博. 杜威德育思想对我国中小学的启示研究[D]. 哈尔滨：哈尔滨工程大学,2018.

[5]糜洛施,曹明富. 我国 STSE 教育研究文献综述[J]. 科学教育,2011(03):64-66.

[6]禹实. 建构主义理论对高校教学改革的意义和启示[J]. 中国劳动关系学院学报,2007,21(05):105-106.

[7]中华人民共和国教育部. 普通高中生物学课程标准(2017 年版)[S].北京：人民教育出版社,2017.

附录1

彰显学科魅力，发展核心素养

——基于核心素养的初中生物教学拓展的实践研究

天津市雍阳中学　潘颖

天津市武清区教师发展中心　许红忠

摘　要：在初中生物教学中突出学科的特色，把课堂教学和生产生活实际有机融合，深入挖掘本学科的育人价值。拓展教学内容，创新生物实验，丰富实践活动，形成课上课下、校内校外协调联动的学习与实践循环育人模式，发展学生核心素养。

关键词：核心素养　初中生物　教学拓展

随着课程改革的不断深化，发展学生核心素养成为教育工作的中心任务，并统领各学科教学。生物学的研究范围使它与人们的生产生活和健康联系密切，甚至关系到人口、食物、环境、能源等全球性问题的解决，与人类的未来息息相关。生物学科具有其他学科无法比拟的独特优势，是发展学生生命观念等核心素养的重要学科。

笔者以课程标准为依据，挖掘初中生物学科的育人价值，拓展教学内容，创新探究实验，丰富实践活动，把初中生物教学植根在生活实际的"沃土"之中，不断汲取"源头活水"，发挥学科的优势，发展学生核心素养。

一、广泛联系实际，丰富育人资源

拓展教学内容，把与初中生物教学联系密切的生产生活实际问题和人们普遍关注的社会问题、热点问题以及学生熟悉的身边的、本地的实例等有价值的资源有机融入教学当中，提升初中生物教学的育人功能。

（一）注重运用本地的实例丰富教学资源

组织学生深入南湖绿博园、京杭运河和大黄堡湿地保护区等本地知名景观，感受家乡的生态环境的变化,调查生物的多样性。在学习《生物多样性及其保护》一课前,带领学生采访当地村民和护鸟工作人员,调查野味餐馆和乡村集市中的"野味",了解武清区野生动物保护的措施和成果。并把武清区大黄堡湿地野生大豆的保护和教材内容相融合,具体说明保护基因多样性的重要意义。

2020年1月8日天津市武清区人民法院对被告单位权健自然医学科技发展公司及被告人束某某等12人组织、领导传销活动一案依法公开审判。传销组织的各种骗术,夸大其词甚至虚假的医药宣传让我们真假难辨,此案不仅让广大人民群众认清的权健的真面目,也提高了大家的警惕意识。那么,在寻医问药的过程中,如何辨别哪些是虚假宣传,哪些是安全可靠的药品呢?在《用药和急救》一课的学习过程中,笔者以权健公司的案件为例,鼓励学生利于网络媒体,收集了大量的辨别真伪的办法,提高了学生保护生命健康的能力和意识。

(二)结合节日进行专题教育活动

在"植树节"来临之际,组织学生身体力行体验植树种草的乐趣。以昔日"黄沙遮天日,飞鸟无栖树"的塞罕坝变成林海的故事为例,认识植被对改善环境的重要意义,了解我国植树造林的成就。进一步讨论如何合理开发和利用森林等可再生资源,使"可持续发展理念"深入人心。

在"地球环境日"之际,倡导低碳生活,绿色出行,讨论天津市实行私家车限号出行和国家大力发展新能源汽车对环境的影响,并在学生中开展争做"环保小卫士"活动,倡导学生以实际行动践行保护环境的誓言,提升学生的责任担当和环境保护意识。

(三)通过学科间横向联系,实现综合育人

借助生物学的交叉学科,尤其是物理、化学等相关学科的知识解决生物学问题。例如,用凸透镜成像实验模拟眼球成像的过程;通过物理变化和化学变化理解物理性消化和化学性消化的概念;使用物质和能量守恒概念解释细胞中物质和能量的变化等。这些学科交叉的知识点,既有助于学生理解相关生物学知识,也有助于建立学科间的联系,建立对自然界的整体认识,发展学生的大科学思维。

生物教学中除了与自然科学领域中相关学科的衔接外,还经常与人文科学相结合。如初中语文课本中著名的《植树的牧羊人》的故事就是一个难得的例子,

告诉学生植树造林可以改善环境的道理。笔者在生物教学中还大量引用古人的名言警句和古诗词,如"不涸泽而渔,不焚林而猎""橘生淮南则为橘,橘生淮北则为枳""落红不是无情物,化作春泥更护花""人间四月芳菲尽,山寺桃花始盛开""绿水青山枉自多,华佗无奈小虫何"等,这些优美的文字中都蕴含着深刻的科学道理。科学素养与人文素养相得益彰,体现了人的发展是学科育人的本质追求。

(四)挖掘历史事件、公共事件的教育价值

2020年新型冠状病毒肺炎在全球大流行给学生留下了深刻的印象,学生通过各种媒体和宣传活动,对新型冠状病毒肺炎及其预防有了全面而深刻的认识,这种亲身的经历远远胜于任何说教,是难得的教育契机。在《传染病及其预防》的学习中,以新型冠状病毒肺炎为例进行学习,学生轻而易举就理解了传染病、病原体、传染源、传播途径、易感人群等概念,对于预防传染病的措施也耳熟能详。对于新型冠状病毒肺炎的始作俑者——病毒家族也产生了强烈的求知欲,对《病毒》一课的学习也产生了浓厚的兴趣。

同时,学生对奋战在抗疫一线的英勇无畏的医护工作者产生敬佩之情,对终南山、李兰娟、张伯礼等专家在危急关头挺身而出,为国家、为人民舍身忘我、无私无畏、勇于担当的精神由衷地钦佩;对建造雷神山、火神山方舱医院的中国速度感到震惊而自豪;为一方有难,八方支援的团结而强大的祖国而骄傲。全国人民抗击疫情的丰功伟绩,不仅为生物教学提供了宝贵的教育资源,更是进行爱国主义教育,增强学生社会担当意识和能力的重要一课。

(五)关注生物科学技术在生产生活中的应用,探讨社会上与生物学有关的议题

转基因食品、试管婴儿、DNA检测技术、基因治疗等与生物学相关的产品和技术深刻影响着人类的生活和社会的进步。杂交水稻在解决人类粮食短缺的问题上功不可没;克隆人涉及人类的伦理道德的讨论。在《人的生殖》一课的教学中,笔者从学生普遍关注的女明星郑某代孕弃养的纠纷案,谈到试管婴儿技术;在《基因在亲子间的传递》一课的教学时,从电视剧《亲情》中的3个家庭抱错孩子的故事,提出DNA检测技术和亲子鉴定。学生从中深刻地体会到科学、技术与社会的相互关系。STS内容的教学,有利于学生在社会生活中,运用所学生物学知识和已经掌

握的科学思维方法,并能够将生命观念贯彻到社会实践当中,提升学生的社会担当意识和能力。

二、创新生物实验,发展学生的科学素养

生物学是一门实验科学,生物实验对于发展学生的科学探究素养和科学精神、创新能力大有裨益。在教学中,笔者除了组织好教材中的探究实验外,还注重激发学生探究的热情,在拓展实验的可行性和科学性方面进行探索,结合生活实际,提升学生的科学素养的。

(一)侧重观察和发现问题,提升探究能力

科学探究开始于发现,发现源于生活。牛顿发现万有引力,瓦特发明蒸汽机,阿基米德定律的提出等科学研究都开始于对生活中司空见惯的事情的观察和思考或从生活中收到启发。爱因斯坦说:"提出一个问题比解决一个问题更重要。"在生活中善于观察,发现并提出问题,是重要的科学素养。在科学探究活动中,我们则更加注重引导学生细心观察、思考、质疑,保护学生的好奇心和想象力,如看到过期的酸奶出现胀袋现象,引导学生探究发酵实验;看到糖拌西红柿渗出汁水,引导学生探究植物细胞的吸水和失水的实验。从生活中激发学生的探究热情,使学生感悟科学探究的过程,给学生埋下科学探究的种子。

(二)对教材实验进行改进和创新,不盲目照搬教材实验

教材中许多实验为我们留有创新和发挥的空间,发现教材实验的不足之处,并提出完善的方案,能够使学生获得更大的成就感,并且培养学生敢于创新,不迷信书本的优良品质。如:探究种子萌发的环境条件的探究实验。笔者引导学生大胆尝试,提出了新的实验方案和方法。

实验中潮湿的种子长时间保存容易发霉,洒水不及时又会影响种子的萌发。学生发挥聪明才智把泡沫板打小洞,把种子放入其中,通过泡沫上的洞,可以使种子吸到水并固定种子,种子就漂浮在水面上。

教材中的用水浸没种子的方法存在一定的局限性,使学生很容易错误地认为其变量是水的多少而不是空气,而且水中也有少量的空气(例如:鱼能在水里呼吸),所以水浸没法不能严格控制空气变量。针对这一点,学生提出并尝试了多种方法,如使用含空气更少的白开水浸没种子,并用植物油隔离空气。

在改善实验方案的过程中,学生运用已有的知识和经验,发挥了极大的逻辑思维能力、创新能力和动手能力,学生的科学探究素养得到极大的提升。

(三)创造简单方便的实验材料和用具

学生把生活中的废弃物加工、改造成实验的工具,变废为宝,化腐朽为神奇,体验创造的乐趣。

如使用饮料瓶、吸管、气球、凡士林护手霜和皮筋等简单易得的材料制作"膈肌运动和呼吸"的模型,进行模拟实验;又如用注射器作为工具探究"肺与外界气体交换"时,肺内气压的变化。用手指把注射器的针孔完全堵住,使注射器成为一个完全密闭的容器,然后用力退、拉活塞,体会注射器内气压的变化规律,概括注射器内空气容积的变化和气压变化的关系,进而理解吸气和呼气的道理。

三、开辟第二课堂,把学习与实践相结合

现在的中学生由于缺乏家务劳动和生产劳动,实践能力和生活经验相对文化知识而言是比较薄弱的。为了弥补课堂教学的不足,笔者积极争取社会和家长的支持,创建实践平台,在实践中发挥学生的才能,实现学生的社会价值。

笔者发挥农村校的优势,以学生家长的责任田作为学生生产实践基地,开展了一系列农耕体验活动。学生在生产实践基地体验了播种、收获等农业生产劳动,学习了相关的生产技术,体验劳动的辛苦和收获的喜悦;学生到农民伯伯家做一日小农户,感受基层农民的生活,参观现代化的农业生产和美丽新农村;收集作物的种子,制作武清区域传统和经济作物电子相册;在学校发起"珍惜盘中餐,我们在行动"签名活动,并制作宣传专栏,弘扬中华民族"勤俭节约"的传统美德。在实践活动中,学生更加热爱自己的家乡,增强了建设家乡,造福乡亲的责任感和使命感。

生态武清系列调查活动选取大黄堡湿地自然保护区、南湖绿博园、京杭运河沿岸等地作为生态调查实践基地,了解家乡武清的环境状况。学生先后到南湖绿博园进行生物多样性的调查活动,体验家乡良好的生态环境;采访大黄堡湿地自然保护区的负责人,了解家乡湿地公园的建设和保护的现状。学生根据调查中发现的问题给相关部门写信,为家乡环境保护献计献策。生态调查活动不但提高了学生的环境保护意识,而且为学生提供了参与建设美好家乡的机会。

总之,发展学生生物学科核心素养,不能脱离生活实际,学习和实践是培养学生不可或缺的两条渠道。把课堂教学和生产生活实际有机融合,使学生在学中做,做中思,思中悟。形成课上课下,校内校外协调联动的学习与实践循环育人模式,可以全面发展学生的核心素养,塑造全面的发展的人。

参考文献

[1]黄玲琼.核心素养视角下我国课程改革研究现状及走向[J].岭南师范学院学报,2016,37(4):65-68.

[2]俞金尧.人类学视野下的全球问题——读《人类学与当今人类问题》[J].史学理论研究,2012(04):147-149.

[3]魏成湘.在高中生物学教学中以生活实例培养学生核心素养[J].新教育,2019(32):53-54.

[4]陈密玉,杨娟.例析高中生物教学中学科交叉意识的渗透[J].福建教育,2016(22):32-33.

[5]赵占良,谭永平.聚焦学科核心素养,彰显教材育人价值——普通高中生物学教材修订的总体思路[J].课程·教材·教法,2020,40(1):82-89.

[6]张胜博.社会性科学议题在生物课堂教学中的运用[J].新课程(下),2014(12):143-144.

[7]王鹏翔.浅谈生物科学技术在生活中的应用[J].科技资讯,2018,16(20):102.

[8]王萍.高中生生物学学科核心素养现状及其提升的课堂教学策略[D].扬州:扬州大学,2018.

[9]朱梅富.科学源于生活——《科学》课堂生活重建探析[J].网络科技时代,2008(14):34-35.

[10]刘浩.在"做"中学习生物学[J].中学生物学,2014(05):25-26.

附录2

"识五谷,庆丰收"生产体验活动案例

实践课题:"识五谷,庆丰收"生产体验活动(见图1)

实践时间:2020年10月3日

实践地点:天津市武清区大碱厂镇兰家巷实践基地

指导教师:潘颖 郭梓园

参与人员:雍阳中学七年级学生

图1 活动集锦

设计思路:在农民丰收节之际,对学生进行一系列的农业知识教育和生产劳动教育,使学生在实践中更加热爱家乡、热爱劳动,逐步形成珍爱生命的观念和对社会民生的责任意识。

实践目的:

(1)通过参与劳动,亲身体验农民种田的辛苦和粮食的来之不易。

(2)认识常见的农作物,制作武清区农作物电子手册。

(3)通过与农民爷爷谈心,了解"美丽新乡村"的变化和农业现代化进程。

(4)在实践中学会如何交往,提升协作能力和劳动技能。

(5)培养学生对社会生活的积极态度,提升学生关爱生命的观念和对社会的责任感。

前期准备:

1.活动申请

选取兰家巷村作为劳动实践基地,与家长商讨活动的具体方案,确定行走路线和活动流程,形成文字资料,向学校上报出行的活动计划和实施方案。

2.活动通知

向学生下发"丰收体验活动知情同意书",介绍本次体验活动的时间、地点、流程、安全须知和出行准备。学生自愿报名,报名学生的监护人需要仔细阅读通知内容并在知情同意书上签字,上交回执。

3.出行前的教育活动

(1)每名学生至少有一名家长全程跟随,随行家长可以与孩子一起参加劳动,但不能代劳。

(2)参加活动不能迟到早退,活动过程中要遵守时间规定,按时集合。

(3)严守纪律,活动中听从老师的指导,按照规定路线和程序进行活动,不散漫,不冒险,确保实践活动安全顺利进行。

(4)学生及家长要保证通讯畅通,以便在活动期间可以随时取得联系。

(5)活动中不允许学生擅自脱离队伍单独行动,以免发生危险。

(6)注意饮食安全卫生,不随意采摘和食用野菜、野果等。

(7)注意贵重物品的保管和存放,避免遗失。

(8)出行学生需要自备防护用品:手套、帽子、长袖衣裤、防晒霜等。

活动过程:

(1)学生以家庭为单位,自行前往武清区兰家巷实践基地,准时集合,确定小组同伴,全体师生和家长合影留念。

(2)带队教师做简短的说明与指导,确保学生做好防护,家长保证通讯畅通。

(3)清点人数,带好用具及个人物品前往实践田,沿途参观村庄干净、整齐的环境和垃圾分类投放点的布置。

(4)到达实践田,在农民周爷爷的指导下采收玉米,体验体力劳动滋味,感悟"粒粒皆辛苦"的道路。之后,观看联合收割机采收的现场,了解农业现代化的推广普及情况。

(5)在老师的指导下,观察并认识农田中其他农作物,拍照留档。运用生物知识尝试给这些农作物进行分类,认识植物的6种器官。

(6)把采收的玉米运回周爷爷家中,把采到的玉米分为两类,老玉米摊开晾晒,鲜玉米一部分煮着吃,一部分烤着吃。

(7)周奶奶支起了大铁锅,给大家煮玉米,学生也来帮忙,有剥玉米皮的,有烧火的。边学习做饭,边与周奶奶聊家常。

(8)大家一起分享熟玉米,享受自己的劳动成果。在与周奶奶和周叔叔亲切交流中,倾听老辈人艰苦的生活经历,感悟美好生活的来之不易。认识到党对农村建设的巨大投入和对农民生活的关怀,感受什么是责任和担当。

(9)学生代表把礼物赠予周爷爷和周奶奶,以示感谢。大家带着满满的收获与周爷爷一家人告别,在家长的带领下返回家中。

(10)活动结束后,学生每人撰写本次活动收获与体会,收集武清区常见农作

物的相关资料,制作电子手册。

实践总结：

本次活动为学生们提供了一个参加农业生产实践的机会。在活动中,学生不仅有体力的锻炼,也有精神的感悟。在劳动中,学生掌握了简单的劳动技能,体会了"一分耕耘一分收获"的道理。学生们认识了许多常见的农作物,学会了一些基本的生活技能。在采收玉米的过程中学生学会如何与他人相处,共同完成一项任务,增强了他们团结协作的精神和合作能力。学生初步了解"美丽新乡村"建设的成果,亲身体验到农业科技进步给农民带来的便利,更加关注农业方面的相关社会议题,形成对自然的关爱和对社会民生的责任感。

实践反思：

本次实践活动对于生活在城镇的学生来说是新鲜的、有趣的,相对于繁重的文化学习压力而言,实践活动所消耗的更多是体力,使学生的心理能够得到一定放松,可以说,实践活动是对学生心理的一种减压或者说释放。

体力劳动不仅是对学生体力的锻炼,也是对学生意志品质的锻炼。现代化的生活使我们的体力劳动越来越少,尤其是孩子,家长更不舍得让他们干活,导致他们自理能力较差。脑力劳动无法代替体力劳动对学生的影响,适当的体力劳动对学生的身心健康是很有必要的。

所谓的生命观念和社会担当等素养的提升,都需要学生产生共情,学生只有身临其境中才能感同身受,所以体验教育的效果更加深刻。

我们的实践活动充分调动了学校、家长和学生的积极性,利于身边的资源创造教育的机会,发挥了由学校、学生、家长和社会组成的育人共同体的育人作用。

通过多元化作业培养初中学生生物学科核心素养的实践研究

天津市八里台第一中学 李秀园

摘 要:依据《普通高中生物课程标准》提出的学科核心素养,初中生物教师在教学活动中也应高度重视对学生进行生物学学科素养的培养。本课题对生物作业的多元化设计的研究,是基于对学生多元化作业心理的研究,研究了生物多元化作业设计的类型,教师作业批改方式和多元化作业呈现方式,对多元化作业效果的测评等内容。课题组通过教学实践的行动研究,调查研究了多元化作业对鼓励学生乐于探究、积极主动的参与,培养学生获得新知识的能力、分析和解决问题的能力以及交流与合作的能力,从而以构建学生的生命观念,培养学生的科学思维,提高学生的科学探究能力,增强学生的社会责任感等方面的育人作用,结果成效显著。

关键词:核心素养 初中生物 多元化 作业设计

一、课题研究的由来

生物学核心素养主要包括生命观念,科学思维,科学探究和社会责任感4个

方面。随着新课程改革的日益推进，作为生物教师，就应在教学的各个环节积极培养学生的生物学核心素养。作业是课堂教学的重要组成部分，是检测自己对课堂所学的知识的理解和掌握情况重要手段。因此关于初中生物作业的设计就有了更多的思考，就要大胆改革，树立新的作业观，提出提高作业布置有效性的措施，从而培养学生的核心素养，充分满足学生的成长需求。

二、课题研究的背景

随着素质教育的深入开展，生物课程标准的全面实施，体现了新时代的科学发展观、新时代学生的新思想、新时代科学技术与生活的关系等。因此就要求生物学的教学设计要符合学生的需求和社会的发展，在理论和实践上都要充分考虑每一位学生的需求，做到面向全体学生，提高他们的生物科学素养，培养他们的实践能力和创新精神。

三、课题研究的意义

生物新课程标准中明确指出：初中生物教学中要"力图改变学生的学习方式，引导学生主动参与、乐于探究、勤于动手，逐步培养学生收集和处理科学信息的能力、获取新知识的能力、分析和解决问题的能力，以及交流与合作的能力等，突出创新精神和实践能力的培养"。显然，传统的生物作业从指导思想到设置形式、评价体系、作业内容等诸方面跟新课程标准的要求有着很大的差距。也有不少老师，对作业的设计关注很少，甚至没有，对作业的布置往往是不经过思考和筛选，轻率地拿一本练习册或习题集，勾画出多少页第几题就算完成任务。长此以往，不仅增加学生的作业负担，而且浪费学生大量的时间进行重复机械地练习，久而久之，学生对作业失去了兴趣，导致学习效率低下。就初中生物学科而言，由于没有升学压力，学生对待作业的态度更是应付者多，认真完成者少。随着课程的改革与发展，传统的作业形式很难再引起学生的兴趣，已不能适应教学的需要，就要求生物教师有针对性地进行作业的创新。

四、课题研究的目标

(1)通过生物多元化作业设计的研究,鼓励学生根据自己的情况设计出既能及时巩固所学知识又在自己能力范围内的作业,尊重学生的个体差异,满足了不同层次学生的要求,使学生的个性化得到发展,作业也变得更有针对性,同时在不同程度上学生的潜能也得到了开发。

(2)通过生物多元化作业设计的研究,由于每位学生的能力是不同的,教师就可以设计不同类型的作业,供学生选择适合自己的作业,或者自主选择其他同学设计适合自己的作业,这样使他们都能全力以赴完成自己的作业,体验到学习的乐趣。

五、课题研究的内容

(1)对学生生物作业现状的调查与分析,弄清学生作业现状。

(2)通过调查分析归纳、整理初中生物作业方面存在的主要问题,研究这些现状产生的根本原因。

(3)调查了解学生学习方式和教师教学方式现状,根据其现状分析这些方式对学生学习生物学以及对其核心素养的提升有无促进作用。

(4)尝试运用不同类型的作业形式,促进学生生物核心素养的提高。

六、课题研究的原则和策略

学生个体本身是有着很大的差异,他们的学习方式也有很大的不同,在尊重他们这些差异的基础上,在设计作业时鼓励学生能够根据自己的情况自己设计相应的作业,或者选择不同类型的生物作业,这样就使得不同水平的学生都能得到

展示,在完成作业时能够感受到学习生物学成功的乐趣,发挥学生的学习主观能动性,提高生物作业的实效性,激发学生的潜能。

通过分层作业的设计,能够满足不同学生的需求,让学有余力的学生得到充分的发展,让在学习上有问题的学生也能体验到完成作业取得成功的幸福感。

生物学是一门自然科学,与我们的生活息息相关,因此生物作业的设计可以走向社区,走向田野,走向公园,走向图书馆,走进我们自己的家庭等。在完成这些作业的同时,能够体验到与他人合作交流的幸福感,查阅到相关资料的成就感,感受着大自然带给我们的喜悦之情,从而使得学生能够健康而全面的发展。

多元化作业的设计也要求教师对学生进行个性化的评价,这样才能够发现每一位学生的特长,每一位学生的闪光点,从而做到因材施教。

七、课题研究方法及过程

(一)研究方法

1.文献资料收集法

收集目前有关作业设计的研究文献、图文资料等,对文献资料进行整理和分析,并且联系自己的教学实际,进行研究运用。

2.调查研究法

通过问卷、访谈、测验,对所教班级进行实验组和对照组分类,通过不同的教学模式进行实践比较研究,得出相关的结论。对某些学生甚至某个班级进行追踪调查,获得相关的信息,整理分析,得出相应的结论。

(二)研究过程

1.准备阶段

(1)我们课题组的成员为了明确生物作业的现状和生物教师及学生是如何看待生物作业,在两个年级进行问卷调查,为课题研究提供了研究基础。

(2)调查对象和范围:本次调查问卷分成2部分:教师调查问卷和学生调查问

卷。教师卷发放 12 份,全体生物教师。学生卷发放 160 份,分别为初一、初二 2 个年级各随机抽取 80 名学生,形成调查报告(附录 1)。

2.实施阶段

通过听评课,研究讨论力求探索出适合不同学生的多元化作业的设计与评价。将个性化作业的设计在"实验的班级"(每个学校每个年级各 1 个班)课堂中进行的应用,最后形成优秀作业案例集。

八、实验研究结果

通过对所带班级初一(1)班、初一(2)班仍是按常规教学模式教学,而初一(3)班、初一(4)班则进行多元化作业模式教学发现:无论在生物学素养上还是生物学成绩上都有了明显的不同。在之前 4 个班的生物学成绩相对持平,但通过一年的实验后如表 1 和图 1 所示。

表 1　生物学成绩情况

	初一(1)班	初一(2)班	初一(3)班	初一(4)班
及格率	76.3%	80.7%	91.0%	92.3%
优秀率	37.5%	42.0%	58.4%	56.8%

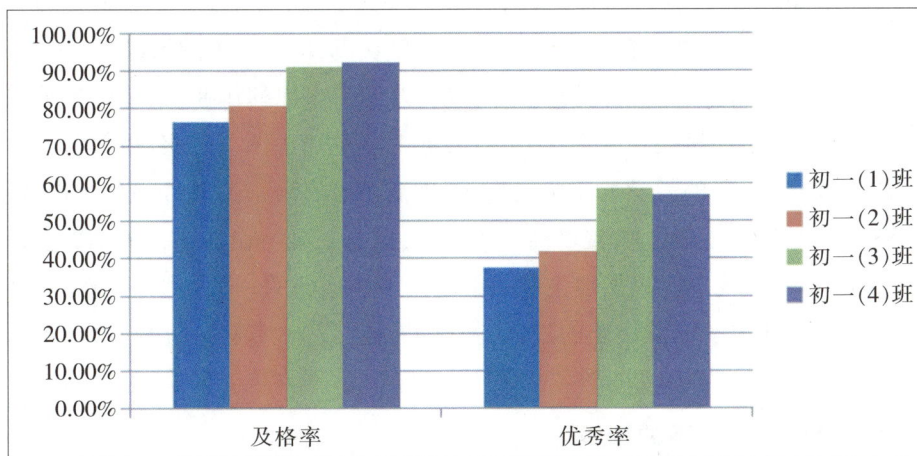

图 1　生物学成绩对比

通过以上数据可以看出,实验班级较常规班级在成绩上有了明显的提高。同时这些学生在识图能力、动手能力以及社会责任感等方面也强于常规班级的学生。

九、课题研究的成果

(一)本课题组共撰写论文5篇

其中《基于核心素养的初中生物作业多元化的设计策略》获市级教育创新论文三等奖(见附录2)。

(二)在课题组成员共同努力下编制多元化作业集

共编制了9种类型42道题(见附录3)

1.基于激趣和审美的绘画作业

中学生正处于人生的黄金时期,是人生观、价值观和审美观形成的关键时间。欣赏美、追求美是这一时期孩子的心理特征之一。绘图能力是生物学学习的基本能力之一。生物学科有着突出的特点就是识图,因此可以根据本节课所学内容,设计一些让学生根据观察到或者书中的结构图进行绘画型作业,通过绘画不仅使学生掌握了本节课的学习内容,同时提高了学生的识图能力,培养学生的绘画能力和审美能力。在强烈的兴趣驱使下,完成作业的态度认真,巩固知识的效果大大提高。

例如,在学习《关节的结构》内容后,我们设计了这样的作业:请你画出关节的结构模式图。孩子们接受任务后,马上欣赏起课本中的插图,仔细分析关节的每一个结构组成。在后来的教学检测中发现,学生能正确填写出关节各部分结构名称,写出各部分结构功能的比率较以前大大提高,完全正确率由原来的64.7%上升到了89.5%。这是传统作业只做填空和连线题所不能达到的。通过这样的作业,把枯燥的背诵记忆变成了体验快乐的过程,变成了创造美、欣赏美的过程,这不正是我们所需要的吗!

2.信息技术环境下的情境化作业

信息技术的发展和应用,其在教育教学中的作用越来越重要。应用信息技术来辅助教学,可以为学生的学习和发展提供丰富多彩的教育环境和有力的学习工具。根据这一理念,结合多媒体的直观性、形象性、互动性的优点,设计了情境化的作业。

所谓情境化作业,就是在现代信息技术环境下,借助新的教育技术和手段,结合科学的作业设计理念,用文本、图片、音频、视频和动画等形式,创设一定的情境,把作业内容植入情境之中,进而让学生在亲切的情境中完成对课程内容的思考、回忆、反馈和应用、再造与拓展,以此达到知识的再认知和能力的训练。

由于情境化作业是在多媒体创设的情境下展示信息,学生获得信息的氛围是轻松的,减少了学生对作业的畏惧心理,保持了良好的学习兴趣,作业的效果和质量都是很好的。

例如,学习《动物的行为》后,笔者设计了这样的作业:请同学们观察大屏幕,分析其中动物的行为:

(1)杂技团的猴子骑车视频。

(2)惊弓之鸟的动画故事。

……

学生们看着视频、动画,猴子的调皮行为逗得大家发笑,哀鸣的大雁让人惊叹。看着,思考着,讨论着,很快所有同学对其中动物地行为都做出了正确的判断,对动物的先天性行为和学习行为也有了更深刻、更全面的认知,区分它们更是易如反掌了。完成作业的过程是轻松愉快的,学生的兴趣是浓厚的。

3.通过实践活动完成的开放型作业

可操作性强,具有实践性和趣味性的作业,是实施科学实践教学的重要方式。通过完成作业的过程,让学生真正动眼、动口、动手和动脑,在多器官的参与下,学生进行观察、测量与制作等活动,培养了学生的操作能力、合作能力和运用知识解决问题的能力。孩子们可以充分体验知识建构和能力培养的过程。

开放型的作业主要有以下几种呈现方式。

(1)游戏型作业:游戏型作业,课堂气氛比较活跃,同时游戏的形式多种多样,学生能够在一种轻松愉快的氛围中进行学习,充分体现:心与心的互动,灵魂与灵魂的碰撞。

例如,学习《血细胞》的内容后,设计的作业是这样的:以小组为单位各组成员分别扮演血液的组成成分。

你扮演血浆,我扮演白细胞,他扮演红细胞,个子最小的扮演血小板等,就这

样孩子们为了能够表演好,再三研究确保"台词"正确,有的组还制作了面罩等。就这样孩子们在欣赏、欢笑中学到了知识,这是把知识点抄几遍所不能比拟的。

(2)调查、探究型作业:所谓调查、探究型作业,就是让学生针对某一问题,进行调查活动,通过亲自调查,认识生活中所出现的问题并运用所学知识,提出建设性的意见或建议,拿出自己的解决方案。在活动中,教师要适时引导学生从不同的方面,不同的立场,去提出新思路,拿出新方案,寻找新办法。

例如,在学习《鸟类》一节后,我们布置了这样的作业:请同学们课后询问自己的长辈,现在和他们小时候鸟的种类和数量有没有变化,为什么会有这些变化,现在和他们小时候比环境有了哪些变化。学生们接受任务后,积极进行调查活动。回到班里后进行交流,最后达成共识:我们生活的地区鸟类的种类和数量都减少了,例如,过去常见的灰喜鹊近几年几乎销声匿迹了。造成这一结果的原因有人类对农药的大量使用,污染了水源和土壤,对树木的过度砍伐使鸟儿失去了家园等。孩子们在写的调查报告中态度严肃地指出了问题的严重性,真正体会到保护鸟类对我们人类生存的重要意义。

(3)实践操作型作业:设计实践操作型作业,是学生全面理解知识内容和知识意义的重要方式。学习《植物的无性繁殖》后,我们的作业是:模拟扦插,动手能力强有条件的同学可以尝试嫁接。这样的作业比起书本上的枯燥的文字描述更让人来的痛快。古人言:纸上得来终觉浅,绝知此事要躬行。学生们反馈的意见是,读书和动手操作是两码事,只有做了,才能理解课文中关键词的确切含义。

4.知识内化的反思型作业

学生理解知识、运用知识,实际上就是知识内化的过程,作业的完成,是实现这一任务的重要途径。为此,笔者设计了相应的作业来加快学生知识的内化,其形式有如下两中。

(1)自我反思型作业:每个学生都是独一无二的,对学习内容的接受效果也必然不一样,设置反思型作业,能让学生自己找出自己的优势和不足之处,然后,结合自己的实际情况,生活经历和知识积淀,用自己擅长的方式完成作业,有利于培养学生对于生物学科的情感和爱好,为满足学生的个性化发展和可持续发展打下基础。反思型作业的形式多种多样可以文字描述,也可绘画表达。例如,学习《关注自己生命健康》的内容后,我们的作业是这样的:请结合实际,写一篇300字以上的短文,谈谈你对健康的理解。孩子们从不同的层面,不同的视角,针对不同的背景进行了思考,提出很多新鲜的想法,颇具创意,既顺利完成了作业,又关注了自己的生活,同时又加深了对课本知识的理解。

(2)自主设计型作业:传统的作业往往是单一的由老师"指定"作业内容,让学生体验不到学习主体的地位,学生的作业生活是枯燥乏味的。如果换一种方式,可能就会有眼前一亮的惊喜。由学生自己从兴趣出发,从自己的生活经验出发,自主设计生物学作业,把学习的自由和空间还给学生,这样才更具有针对性。自主设计作业给了学生发挥创造力的空间,给了学生"人人都可以创造,时时处处都可以发现"的幸福体验。

例如,学习《生态环境的保护》内容后,我们设计的作业是:请同学们为天津国家会展中心设计环境保护的标语。作业刚一布置下去,学生的兴致马上高涨起来,各抒己见,气氛相当活跃。当然,效果也非常理想。

5.基于网络环境的互动协作型作业

近年来,家用电脑和宽带网络不断地普及和发展,为人们获取信息提供了很大的方便。面对信息发达,知识爆炸的时代,通过网络学习和交流无疑是一种较为理想的方式。借助网络进行交流和学习,不再受时空限制,可以充分发挥每一个人的聪明才智。然而,面对浩如烟海的信息,学习者单靠个人一己之力很难达到好的效果,而网络的应用,又为构建学习共同体提供了可能。借助于学习伙伴的力量,通过协作来获取知识不失为一种好办法。

现在通信设备如此发达,学生们可以利用QQ、微博、微信等进行协作交流,这一方式互动性强,参与面广,兴趣浓厚,分享及时。这些特点为网络作业设计奠定了很好的基础。

在学习《动物的行为》后,我们设计的作业为:观察和探究动物的一种行为,并写出观察日记,在网上进行交流。孩子们带着兴奋的心情进行作业,有的研究小狗的行为,有的探究"毛毛虫"的蜕变,有的则研究小乌龟的游泳……,然后,他们通过QQ群进行及时交流,不清楚的问题,在网上展开讨论。有时同学还把观察日记写进自己的QQ空间,发出邀请帖,欢迎其他同学去发帖评论,去分享探究成果。

整个作业的时间持续了近一个学期,学生每天都有新发现,探究活动每天都有新进展。每一个新发现、新观点都会很快被其他同学分享。完成一次作业,全班

同学都增长了见识,丰富了知识,这是传统作业根本无法达到的。越来越多的同学在网络中体会作业的乐趣,体会现代技术的诱惑力,网络环境下的作业形式,正被人们喜悦地接受,孩子们也通过完成作业认识到网络交流的快捷方便,上网的不良习惯也有了很大的改观。

6.基于亲情和感恩的亲子合作型作业

有不少作业,学生往往自己是无法独立完成的。过去,在教师的"逼迫"下,学生硬着头皮去做,可想而知,作业的效果极差。为了打破这一局面,笔者深入研究教材和学生的学习特点,设计了吸引学生家长参与到孩子学习中来的作业,通过家长与学生的合作,调动学生的积极性,使作业的完成充满了亲情和温馨的爱。在完成作业的过程中,孩子们在家长的关注下快乐成长,体验学习的乐趣。与家长和谐沟通,平等交流,改善了很多同学对家长的态度和家长对孩子学习的认识。

例如学习《种子的萌发》的内容后,笔者设计的作业是:请同学们自己发豆芽,并用所发的豆芽为家人制作一道菜。孩子积极性高了,制作了各自设计的"大餐",由美食评委们(家长)做出评定。在整个的活动过程中,孩子们与家长真诚交流,快乐参与。孩子们释放了学习的压力,还学习于生活的本真。虽然次数不多,但足可以让孩子们记忆终生。

总之,核心素养对学生的日常生活,学习都有着积极而重要的影响。为激发学生的生物学情感,激发学习生物学知识的兴趣,最大限度地提高初中生物作业的有效性,在布置生物作业时,就要切实贯彻初中生物新课程理念,树立新的意识,设计形式多样,内容丰富,贴近生活实际,符合学生心理认知发展特点,培养学生主动学习,积极参与,勤于动手,具有创新精神和实践能力,提高学生生物核心素养的作业,从而达到学习的高效。

十、课题研究存在的问题与思考

虽说多元化作业的设计取得了一定的实效性,但是由于初二年级的学生,初三就没有生物这门学科,对后期的追踪就受到了限制,而初一的学生由于刚刚从小学步入初中,生物学这门学科是新学科,开放性的作业设计完成起内起来就显得尤为困难。因此还需要生物老师在平时的教学中加强引导。

由于地区的影响,学生的差异很大,一少部分学生的自主学习能力很差,这就要求教师一定要规范学生的学习行为,加大课题的管理力度,促进课题的实施。

参考文献

[1]江巧明. 基于核心素养的初中生物课堂教学策略[J]. 广西教育,2016(41):45.

[2]张晔. 初中生物作业创新形式的设计[N]. 发展导报,2019(022).

[3]中华人民共和国教育部. 义务教育生物学课程标准(2011年版)[S]. 北京:北京师范大学出版社,2011.

[4]王永梅. 初中生物学作业分层设计研究文献综述[J]. 科学·自然,2018(19):162.

[5]李泽菊. 高中生物教学中作业设计与批改的有效性探究[J]. 当代教育论丛,2014(06):43.

[6]孙少莉. 北师大版初中生物学教材多元化作业的设计和实施初探[J]. 中学生物学,2017,(12):61-63.

[7]李学书,黄复生. 基于课程与教学目标的作业设计研究[J]. 基础教育,2014(02):80-86.

[8]黄霖. 生物习题课教学中如何引导学生分析题目并获取信息[J]. 新课程(中),2014(06):119.

[9]吴志强. 高中生物分层作业的实践与探索——基于一次教学实验[J]. 教育研究与评论(中学教育教学),2014(09):23-27.

附录1

关于初中生物作业设计现状的调查报告

摘　要：对八里台第一中学、咸水沽第四中学、咸水沽第三中学、葛沽第三中学部分学生关于生物作业设计的调查表明：部分生物教师在作业设计这一环节将学校考核和会考成绩作为作业设计的目标，没有以培养和发展学生科学素养为宗旨来设计生物作业，这与生物课程标准要求还有较大差距，建议本校乃至本区生物教师多进行研讨，多参加相关培训学习，设计精品生物作业，实现资源共享，充分调动学生的积极性，使学生得到全面的发展，从而有效提高学习效率。

关键词：生物作业　设计现状　调查　建议

一、调查的目的

新课程改革要求教育者改变教育理念，提倡学生是学习活动的主体，课堂教学改革进行地如火如荼。生物学作为一门与学生的生活密切相关的学科，对学生的身心发展具有举足轻重的作用。初中生物学课堂作业是初中生物学课堂教学的重要组成部分，课堂作业质量的高低直接影响着课堂教学效果的好坏，影响学生主体地位的发挥，影响学生生物学素养的提高。在日益提倡学生自主发展的今天，课堂作业改革显得尤为重要。了解初中生物学课堂作业在课堂教学中的应用现状，分析初中生物学课堂作业存在的问题和问题产生的主要原因，并提出相应的问题解决建议。同时，编写教学设计，并在初中生物学课堂教学中进行实践研究。

二、调查方法与对象

本研究首先进行了初中生物学课堂作业在课堂教学中的应用现状的问卷调查和访谈，用编制的《初中生物学课堂作业现状的调查问卷》对4所中学生物学教师和部分班级随机抽取学生分别进行了访谈和问卷调查，并对调查和访谈结果进行了分析。发出问卷160份，收回160份，经过调查统计，情况如下。

三、调查结果与分析

通过对回收的问卷精确统计后,进行结果分析(见表1),调查结果表明,有不少老师对作业的设计关注很少,甚至没有,对作业的布置往往是不经过思考和筛选,轻率地拿一本练习册或习题集,勾画出多少页第几题就算完成任务。长此以往,不仅增加学生的作业负担,而且浪费学生大量的时间进行重复机械地练习,久而久之,学生对作业失去了兴趣,导致学习效率低下。就初中生物学科而言,由于没有升学压力,学生对待作业的态度更是应付者多,认真完成者少。

表1 统计表题目内容分析统计结果

调查内容	A	B	C	D	E
1.每次上完生物课,老师会布置作业吗	20%	50%	30%		
2.老师布置的生物作业形式大部分是	75%	0%	12%	0%	3%
3.你认为你现在所做的生物作业内容如何	10%	0%	40%	50%	0%
4.老师布置的生物作业内容注重哪些方面的巩固和培养	80%	10%	5%	5%	0%
5.老师布置的生物作业,你能够按时完成吗	95%	5%	0%		
6.每次生物作业,你一般花费多少时间完成	0%	10%	55%	35%	
7.老师布置的生物作业,你是如何完成的	95%	0%	0%	5%	
8.在做生物作业的时候,遇到难题,你会怎么做	65%	30%	2%	3%	
9.生物作业完成后,老师会如何处理	40%	60%	0%	0%	0%
10.你喜欢怎样的生物作业?对于生物作业你有哪些想法或建议	学生希望作业量减少,作业形式多样				

注:百分比为调查所占比例

四、建议措施

作业是巩固教学效果的重要手段,是教学活动的重要部分,教师要深入研究。随着新课程改革的推进,传统的作业形式很难再引起学生的兴趣,已不能适应教学的需要,必须进行改革与创新。康德说过:人的教育不能只是简单地、机械地接受训练,最重要的是使儿童学会思考。我们应该通过作业培养学生的良好思考习

惯。达到好的效果,则必须对作业的内容和形式进行大胆地创新。创新是一个民族进步的灵魂,是国家兴旺发达的不竭动力。这句话同样适用于作业的设计。实践告诉我们,只有创新了作业的形式和内容,才能最大限度地激发学生的学习兴趣,诱导学生的好奇心和求知欲,加速学生各种能力的培养和提高,才能使作业起到兼收并蓄的良好作用。

附录2

基于核心素养的初中生物作业多元化的设计策略

天津市八里台第一中学 李秀园

摘　要：基于新课程改革的发展要求、高中生物课程标准提出的核心素养，作为初中生物教师也应高度重视。本文通过生物作业的多元化设计，以构建学生的生命观念，培养学生的理性思维，提高学生的科学探究能力，增强学生的社会责任感。

关键词：核心素养　初中生物　作业设计

生物学核心素养主要包括生命观念、科学理性思维、科学探究能力和社会责任感4个方面。随着新课程改革的日益推进，作为生物教师，就应在教学的各个环节积极培养学生的生物学核心素养。作业是课堂教学的补充和延伸，是检测自己对课堂所学的知识的理解和掌握情况。因此，关于初中生物作业的设计就有了更多的思考，就要大胆改革，树立新的作业观，提出提高作业布置有效性的措施，从而培养学生的核心素养。

一、构建生命观念的作业设计

生命观念是生物学科核心素养的基础，不仅是教学的重要组成部分，更是认识生命，理解生命本质，解释生命现象，探究生命规律的重要途径之一。因此，教师设计开放性、趣味性的作业，充分尊重每个学生的发展特点，更好的给予学生生动而形象的生命现象，生命活动规律，构建学生的生命观念。

例如，在教授《人的生殖》这一节，生殖系统这部分内容对于处于青春期懵懂的学生来说是很敏感的，于是针对生殖系统这部分内容，笔者布置了每位同学完成微课的录制，这样既让学生掌握了生殖系统各部分结构及其功能的知识，更让学生树立正确的爱情观和人生观，形成高尚的道德情操。而后再次布置以"新生命的孕育与诞生——妈妈您辛苦了"为题写一篇文章，在使学生理解人的生殖过程

包括受精、胚胎的发育、分娩等过程的同时,得到感情的升华,感悟生命的来之不易,体会母亲十月怀胎的不易,唤起学生对父母的感恩之心。在初中生物教学中,要构建生命观念,就要逐步让学生尝试描述生物体结构和功能,并理解结构和功能相适应的观念。教师更要设计不同形式的作业,使学生认识生命的本质,尊重生命,珍爱生命。

二、培养理性思维的作业设计

理性思维是一种卓越的思维方式,也是生物学核心素养的重要组成部分。学生通过理性思维,可有效帮助他们对事物的认识和判断,并在学习和生活中会产生极大的影响。但理性思维是需要培养的,这就要求教师要积极为其创造条件。类比与推理是理性思维的常见类型之一,学生可通过熟知的事物或图片进行类比,继而得出相应的结论。

例如,《开花和结果》这一节共 2 课时,学生们对开花后会结出果实这一生物现象已经习以为常了,但是对果实是如何形成的?果实与花的结构有着怎样的联系确是很陌生的,因此在学习了"花的结构"之后,笔者发给学生一些资料,以小组为单位,根据提供的资料推测果实的各部分结构分别是由花的哪些结构发育而来的,由资料一:一朵苹果花里面有 10 个胚珠,一个苹果里有 10 粒种子,一朵桃花里面有 1 个胚珠,一个桃里面有 1 粒种子。学生由此可以推测胚珠将来发育成种子。由资料二:种子结构图和胚珠结构图进行对此,学生会发现珠被将来发育成种皮,根据重要性又可以推测,受精卵将来发育成胚。学生这样一步步的推测其实也是一个科学论证的过程。在此笔者运用了直观而感性的资料,把感性认识建树成理性认识,也增强了学生分析和解决问题的能力,强化培养了学生的理性思维。

三、提高科学探究能力的作业设计

生物新课程标准提出,倡导探究性学习。科学探究是学生主动获取新知识的重要途径。科学探究不仅能有效培养学生的观察能力、实践动手能力,更能很好地激发学生的创新精神。生物教师也应积极创造条件,开设好生物探究实验课程,以提高学生的科学探究能力。

例如,七年级上册的"探究种子萌发的条件"这一实验,由于种子萌发需要一定的时间,因此笔者将这一实验作为家庭作业,同学们的积极性非常高,并将教科书上的实验进行了改进,教材上是"拧紧瓶盖",同学们就产生了很多质疑,因此设计成盖上纱布。不仅优化了实验,同时大大激发了学生学习生物学的兴趣,调动了学生的积极性,使每位学生都能主动去探究其中的奥秘。学生在参与实验的同时,培养了科学探究能力。

四、增强社会责任感的作业设计

作为社会的一员,我们对社会就要有责任,有担当。培养学生的社会责任感是初中生物教学的重要任务之一。社会责任感也是学生适应其终身发展和社会发展所必备的品格。笔者发现,在初中生物教材中有很多课程要素可以去挖掘,去利用,从而在生物课程中对学生进行德育教育,以培养学生的社会责任感。

例如,《爱护植被,绿化祖国》一节中,教材安排了两个学生活动,其中一个是"绿化校园的设计活动"。天津市八里台第一中学为新建校,绿化方面还很不足,以此为契机,笔者让学生以小组为单位,课下通过对校园的实际考察,针对学校绿化方面,提出合理性的建议。有的小组以文字形式展示,有美术功底的甚至像一名设计师一样图文并茂的形式展示。此次活动,结合学生的生活实际,激发学生对绿化校园的热情,使学生懂得爱护植被的意义,强化学生对绿化意义的深刻认识,鼓励学生从身边小事做起,引导学生尝试运用所学生物学知识解决身边实际问题,增强学生的社会责任感。

总之,核心素养对学生的日常生活,学习都有着积极而重要的影响。为激发学生的生物学情感,激发学习生物学知识的兴趣,最大限度地提高初中生物作业的有效性,在布置生物作业时,就要切实贯彻初中生物新课程理念,树立新的意识,设计形式多样,内容丰富,贴近生活实际,符合学生心理认知发展特点,培养学生主动学习,积极参与,勤于动手,具有创新精神和实践能力,提高学生生物核心素养的作业,从而达到学习的高效。

参考文献

[1]江巧明.基于核心素养的初中生物课堂教学策略[J].广西教育,2016(41):45.

[2]石高荣.生物学教学中学生理性思维的培养[J].中学生物学,2017(11):76-77.

[3]蒋杜林.基于高中生核心素养培养的生物学科学素养的思考[J].中学生物学,2015(10):9-10.

[4]中华人民共和国教育部.义务教育生物学课程标准(2011年版)[S].北京:北京师范大学出版社,2011.

[5]尚建伟.初中生物有效布置作业初探[J].生命世界,2010(12):104-105.

附录 3

初中生物作业设计案例集

类型一：情境化作业

案例 1：第一单元第一章第一节《生物的特征》

观看相关教学材料，指出其中展现的哪些是生物，哪些是非生物，并说明你判断的理由。

案例 2：第四单元第一章第二节《人的生殖》

完成微课的录制或以 "新生命的孕育与诞生——妈妈您辛苦了" 为题写一篇文章。

案例 3：第五单元第一章第一节《腔肠动物和扁形动物》

观看视频（可扫描图 1 的二维码），指出其中的腔肠动物。

图 1 案例 3 对应视频

案例 4：第五单元第一章第五节《两栖动物和爬行动物》

观看 "小蝌蚪找妈妈" 的动画片（可扫图 2 的二维码），说出青蛙的发育过程。

图 2 案例 4 对应视频

案例 5：第六单元第三章《保护生物的多样性》

观看视频（可扫图 3 的二维码），了解我国生物多样性的现状，与同学讨论其保护方法和措施。

图 3 案例 5 对应视频

类型二：实践型作业

案例 6：第一单元第一章第二节《调查周边环境中的生物》

以小组为单位调查我们的校园，写一篇校园生物分布情况的调查报告。

案例 7：第三单元第一二章第一节《种子的萌发》

自己发豆芽，并用自己所发豆芽为家人做一道菜。

案例 8:第三单元第一二章第二节《植株的生长》

教师准备好种子,学生选择自己喜欢的植物进行种植,观察并记录。

案例 9:第四单元第二章第三节《合理营养与食品安全》

课外调查 2~3 种食品包装上的内容,思考如何杜绝垃圾食品。

案例 10:第五单元第二章第二节《先天性行为和学习行为》

去动物园观察动物的一种行为,或观察家中小动物的一种行为。

案例 11:第五单元第四章第一节《细菌和真菌的分布》

观察发霉的食物或水果,思考怎样才能使食物和水果发霉?

案例 12:第五单元第四章第三节《真菌》

制作孢子印

案例 13:第六单元第一章第一节《尝试对生物进行分类》

试着对家中的物品进行分类,并说出分类的依据。

案例 14:第六单元第二章《认识生物的多样性》

在校园或去公园查看有哪些树木进行了挂牌,并认识它们。

类型三:制作模型型作业

案例 15:第二单元第一章第二节《植物细胞》

根据你所了解的植物细胞的基本结构,试着制作植物细胞的结构模型。

案例 16:第四单元第三章第二节《发生在肺内的气体交换》

参考书中演示实验的装置,制作模型,了解肺是如何与外界进行气体交换的。

案例 17:第四单元第四章第三节《输送血液的泵——心脏》

根据你所了解的心脏的基本结构,试着制作心脏的结构模型。

类型四:图表制作型作业

案例 18:第二单元第二章第三节《植物体的结构层次》
用图表的形式比较植物和动物的结构层次。

案例 19:第二单元第二章第三节《藻类、苔藓、蕨类》
用图表的形式比较 3 种植物的生活环境、形态结构、与人类的关系、生殖方式等。

案例 20:第四单元第五章《人体内废物的排出》

试列表比较血浆、原尿和尿液的差别。

案例21:第五单元第四章第二节《细菌》

画出细菌的细胞结构图,列表比较它与动、植物细胞的异同点。

类型五:探究型作业

案例22:第三单元第二章第三节《开花和结果》

根据教师所给材料观察花的结构与果实的结构(或自己查阅相关资料),推测它们之间的关系

案例23:第三单元第五章第二节《绿色植物的呼吸作用》

探究家庭中粮食或水果的保存方法及原理。

案例24:第五单元第一章第二节《线形动物和环节动物》

捉1~2条蚯蚓并对其进行观察(注意保持其成活)。

案例25:第五单元第一章第四节《鱼》

试着养鱼,并写出对其运动和呼吸的观察日记。

案例26:,第五单元第一章第六节《鸟》

观察家鸡(或一种鸟)或者图片,说出其适于飞行生活的特点。

类型六:画图型作业

案例27:第二单元第一章第三节《动物细胞》

观察动植物细胞模型,并绘制动植物细胞结构图

案例28:第三单元第二章第三节《开花和结果》

观察一种花,并绘制花的结构图

案例29:第三单元第六章《爱护植被,绿化祖国》

以小组为单位,课下通过对校园的实际考察,针对学校绿化方面,提出合理性的建议。以文字形式展示,有美术功底的可以像一名设计师一样图文并茂的形式展示。

案例30:第四单元第六章第一节《人体对外界环境的感知》

以"爱护眼睛"为主题,制作一份手抄报。

案例31:第四单元第七章第三节《拟定保护生态环境的计划》

以"爱护环境"为主题,制作一份手抄报。

案例32:第五单元第一章第三节《软体动物和节肢动物》

试画出蝗虫外观图。

案例33:第五单元第二章第一节《动物的运动》

画出关节的结构示意图,指出各部分的名称和功能。

类型七:反思型作业

案例34:第四单元第一章第三节《青春期》

以"青春期撞上更年期"为题,写一篇文章。

案例35:第四单元第三章第一节《呼吸道对空气的处理》

讨论:为什么不要随地吐痰?

案例36:第四单元第六章第一节《人体对外界环境的感知》

以"爱"为主题,写一篇关于关爱聋哑人的倡议书。

案例37:第四单元第七章第二节《探究环境污染对生物的影响》

谈一谈人类生活对生态环境有哪些影响,以"爱护环境,人人有责"为题,写一篇倡议书。

类型八:亲子合作型作业

案例38:第四单元第二章第三节《合理营养与食品安全》

尝试与家长合作设计一份午餐食谱并与同学们进行交流。

案例39:第五单元第一章第四节《鱼》

帮助爸爸(妈妈)杀鱼并认真观察鱼的内部结构,用"鱼"学做一道菜。

案例40:第五单元第四章第五节《人类对细菌和真菌的利用》

帮助爸爸(妈妈)制作馒头(米酒、泡菜),了解其制作的过程和关键步骤。

类型九:游戏型作业

案例41:第三单元第一章第二节《种子植物》

以小组竞赛形式,背诵有关种子植物的诗句。

案例42:第四单元第四章第一节《流动的组织——血液》

请同学们分小组进行课本剧的创作与表演,用自己的行为展示出各类血细胞的功能。

第二部分

探索有效的教学方式

基于学案导学模式培养初中生生物学科核心素养的教学实践研究

天津市第二中学　吕炎

摘　要: 本文以培养初中学生生物学科核心素养为目标,运用学案导学的策略和方法进行实践研究,编写了《基于生物学科核心素养的初中用导学案》和《基于学案导学培养学生生物学科核心素养的评价方案》,通过行动研究和案例研究总结归纳了基于生物学科核心素养的学案导学策略。本研究采用准实验法,通过问卷调查结果的对比分析,从学生学习自主性和生物学科核心素养发展水平上检验了研究成果的实效性,使研究更具可靠性和说服力。旨在为教师进行基于核心素养的教学设计和教学实施提供可参考的建议,提升教师的专业技能和理念创新。

关键词: 生物学科核心素养　学案导学　实践　策略

一、引言

在新一轮展开的教育课程改革中,尤为突出的一点是对学生发展核心素养提出了更高的要求,强调在各个学科的新课程标准中要结合学科特点全面落实学生发展核心素养。由此,生物学科核心素养则成为中学生物课程体系中最为核心的部分,在新课程标准中应发挥着至关重要的作用。如何在生物课堂教学中有效落实学科核心素养,在教授学生知识的同时,促使学生成为全面发展的人,使其拥有人文底蕴和科学精神,学会学习并能健康生活,勇于实践创新和责任担当,是新时代生物教育教学中应给予关注和深入研究的内容。但在目前初中生物课堂教学中,教师重知识技能的传授,轻学生综合素质发展的现象仍然广泛存在。而且关于学科核心素养的研究大多数集中在核心素养内涵的理解和剖析上,基于学生已有的生物知识、技能和态度观念,从生物课堂教学实际出发,开展落实生物核心素养的具体方法和策略的研究较少,尤其是以培养学生生物学科核心素养的学案导学教学模式很少涉及。加之普通导学案存在着设计不合理、忽视学生主体性、缺乏灵活性等问题,受传统教学思想的影响还比较严重,教师对于与生物科学技术有关的个人与社会问题关注程度不高,认为问题情景的设计可有可无,评价学生生物学习水平的主要方式还是考试和检测。然而有效的评价应是教师了解教学过程、调控教和学的行为、提高教学质量的重要手段,应该以学生发展为本,聚焦学科核心素养。因此,如何设计体现生物学科核心素养的导学案,并制定在初中生物课堂上进行学案导学的策略是十分必要的研究课题。本课题旨在研究编写符合生物学科核心素养的学案,通过课堂教学的实践找到有助于培养学科核心素养的导学形式和方法,从而解决目前存在的问题。作为团队攻坚项目"基于生物学科核心素养的课堂教学的实践研究"的子课题有一定的研究价值,是从学案导学的角度出发研究在课堂教学中如何培养学生生物学科核心素养的方法,符合团队攻坚的主方向,为课题研究增添了新的视野,丰富了课题研究的内容。

二、重要理论基础

(一)"学案""导学"及"学案导学"

1."学案"

是在素质教育的指导下,教师根据教学内容、学生的认知水平和心理特点,设

计出适合学生在整个学习过程中使用的学习方案。学案是引导学生自学、教师教学的一种学习资料，是让学生学会控制自我学习计划的练习形式。"学案"不同于"教案"，"学案"的对象是学生，而"教案"的对象是教师，学案更能有助于学生主动参与课堂、积极思考等良好学习习惯的培养。

2."导学"

是教师通过某种方式或者利用一定的学习材料引导学生学习。导学的方式多种多样，可以是课前教师创设的学习情境，也可以是教师抛出的一个问题，或者以学案的形式进行导学，导学最主要的功能是起到引导学生自主学习。

3."学案导学"

"学案导学"是以"学案"为载体，以教师指导为模式的一种教学模式。通过学生自主学习，师生合作完成学习任务，培养学生自主学习能力，提高教学效率。它体现了以教师为主导，以学习为导向的教学原则。"学案导学"能显著提高教学效果，培养学生的自主学习能力，改变了传统意义上的"教"和"学"。

(二)生物学科核心素养

生物学科核心素养是依托生物课堂教学，在学生学习生物学课程的过程中逐步形成和发展起来的，《普通高中生物学课程标准(2017年版)》中将"生物学学科核心素养"定义为"学生通过学科学习而逐步形成的，在解决真实情景中的实际问题时所表现出来的价值观念、必备品格和关键能力"。生物学科核心素养的具体内容包括生命观念、科学思维、科学探究和社会责任。

1.生命观念

是指对观察到的生命现象及其相互关系或特征进行解释后的抽象。这是一个经过实证研究的想法或观点。理解或解释相关事件和现象的性质和能力。学生应在更好地理解生物概念的基础上形成生命观念，如结构与功能、进化与适应、稳定与平衡、物质与能量。我们可以用生命的概念来理解生物的多样性和统一性，形成科学的自然观和世界观，引导和探索生命活动的规律，解决实际问题。

2.科学思维

指尊重证据和事实，倡导严谨务实的求知态度，运用科学的思维方法理解事物,解决实际问题的思维习惯和能力。学生在学习过程中应逐步发展理性思维,如运用归纳与概括、演绎与推理、模型与建模、批判性思维等基于生物学事实与证据的方法,探索和解释生活现象与规律,检验或论证生物与社会问题。

3.科学探究

是指发现现实生活中的生物问题、观察、提问、设计实验、实施程序、交流和讨论特定生物现象结果的能力。在探索过程中,愿意并且善于团队合作和创新。

4.社会责任

是指在生物知识的基础上,参与个人和社会事务的讨论,做出合理的解释和判断,努力解决生产和生活中的生物学问题的能力。学生应能以造福于人类的态度和价值观,关注与生物学有关的社会问题,参与讨论和合理解释,识别迷信和伪科学,形成生态意识,参与环境保护实践,积极传播健康生活的知识和关心他人的生活,结合当地资源开展科学实践,努力解决现实生活的生物学问题。

三、研究目标

(1)设计编写以生物核心素养为培养目标的初中生物教材用导学案,对比分析与普通导学案的区别,明确基于核心素养的导学案的构成要素,解决现阶段学案使用中遇到的问题。

(2)结合不同核心素养导学案的特点在课堂教学实践中进行"学案导学"的案例研究。

(3)明确基于学案导学方式培养学生生物核心素养的评价方法。

四、研究方法

本研究采用了文献法、问卷调查法、案例研究法、行动研究法和实验研究法。从学生核心素养、生物学科核心素养等相关内容的概念入手归类分析,为研究提

供科学依据;通过问卷调查实施实验前测和后测,为研究提供数据支持和事实依据,也为编写基于生物学科核心素养的初中用导学案确立方向;结合案例研究和行动研究探讨在课堂教学中适合培养学生生物学科核心素养的学案导学模式,并设计体现生物学科核心素养的学案导学评价方案。

五、研究成果

(一)设计编写《基于生物学科核心素养的初中用导学案》

基于生物学科核心素养的初中生物教材用导学案与以往使用的普通导学案,虽然在要素构成上有类似之处,但内涵不同,旨在达成的培养目标是不同的。现在被应用比较广泛的普通导学案主要起到课堂教学形式的载体,侧重对基础知识的落实、对概念的梳理,"拿来主义"的运用于教学过程,缺乏对学生学习方式的指导。但是设计体现生物学科核心素养的导学案,目的在于能积极促进学生自主探究,进行研究性学习,是以培养学生收获价值观念、必备品格和关键能力为出发点。不仅使学生知道学的是什么,同时还能知道为什么。而且在使用时也更加灵活多变,以目标为导向,以高效学习为宗旨,促进学生能把学习内容转化为内在能力,通过探究活动收获解决实际问题的方法。

1.设计原则

(1)学为主体的原则:新课程改革提倡面向全体学生,突出以学生为主体,因此在设计体现生物学科核心素养的导学案时也应该从学生角度出发,从使用到评价都应该坚持学生本位的思想,为学生服务。导学案设计时要给足学生探究的空间,鼓励学生通过观察、对比、提问,并对问题做出假设后设法解决问题。

(2)导为主线的原则:在尊重学生为主体的同时,设计体现生物学科核心素养的导学案时教师需要帮助学生明确每节课的学习目标,因为只有目标明确,学生才能逐渐学会安排设计自己的学习计划。教师要指导性的把每节课的学习重点和具体方法整合其中,帮助学生在自主学习的过程中不偏离方向。因此在教学实践中,开展一个新知探究时,教师可以通过情境创设、启发设疑来给学生提供方向和参考,引导学生迁移生活经验解决实际问题。

2.构成要素

基于生物学科核心素养的初中生物教材用导学案,可以由以下4部分组成:学习目标、课前预习、新课探索、课堂检验和收获(见表1)。也可根据实际情况进行适当调整。

表1　导学案设计的构成要素

构成要素	导学意图
学习目标	学习目标是导学案设计的出发点,也是最终检验效果的落脚点。因此在设计每节内容导学案的学习目标时,必须在结合具体内容和学业质量要求的基础上充分契合课程标准中对生物学科核心素养内涵的界定,以整体的课程目标为导向。使学生达成树立生命观念,形成科学思维的习惯,掌握科学探究方法和思路,勇于承担社会责任的目标
课前预习	课前预习目的是使学生熟悉教材内容,初步形成对重要概念(教材中的黑体字)的理解,为在课堂上实施探究活动提前做好准备。需要注意的是为了达到在学习知识的过程中提高学生生物学科核心素养就要打破原有普通导学案设计上的固化模式,把原来"预习案"中的知识填空变换新的形式,结合生活经验、图文资料或者调查活动等,让学生在积极准备的过程中激发思维热情,获取主动探究的动力,培养学习兴趣为科学素养的形成打下坚实的基础
新课探索	新课探索是一堂课的灵魂。教师如何根据本节课的教学目标,依据本节课希望达成的生物学科核心素养精心设计探究内容是十分重要的。可以通过情境的创设,在教学过程中积极的起到指引作用让学生充分体验探究的快乐,获取满满的成就感,对探索力和创造力的培养以及科学严谨和终身学习力的形成有积极的促进作用
课堂检测和收获	课堂检测和收获是对一节课学生学习收获的一种验收,有知识层面的也有能力技能和情感态度价值观方面的。在课堂小结后利用5~10分钟的时间进行针对性反馈,力求全面地评价学生,通过灵活多样、开放综合的题目帮助学生巩固所学,体会所悟。充分开发生物课程资源,利用网络媒体、信息技术、家庭和社会资源等帮助课堂教学的实施和延展。除了完成知识体系的建构以外,也要关注学生提出问题、解决问题、迁移生活经验的能力提升以及甄别是非、科学评价和聚焦热点等社会责任感的培养

3.设计体系

对初中生物教材的各章节内容进行重新划分和组合,从"生命观念""科学思维""科学探究"和"社会责任"4个角度进行整理(见表2~表5),以达到重点培养某一核心素养的目的。设计的科学性、合理性和可行性,直接决定基于生物学科核心素养的学案导学案教学模式的效果,因此要求教师要在设计编写导学案之前熟悉教材内容,明确课程标准的要求,做好学情分析,并结合生物核心素养的培养方向设置合理的教学目标,以此为依据设计导学案。

表2　基于生命观念的生物学科核心素养初中用导学案学习目标渗透点

	七年级上册	七年级下册	八年级上册	八年级下册
结构与功能观	渗透点:13 举例:植物细胞和动物细胞的基本结构与功能;藻类、苔藓和蕨类植物结构与功能;叶片基本结构与功能等	渗透点:11 举例:生殖系统的结构;动脉、静脉、毛细血管的结构与功能相适应;反射弧的结构与功能相统一等	渗透点:11 举例:各种动物的结构及其功能相适应;运动系统的各器官的结构与功能相适应;细菌的结构及其功能等	渗透点:8 举例:鸟卵的结构和功能;生物的性状是由基因控制的,还受到环境的影响;人体的三道防线等
进化与适应观	渗透点:3 举例:了解周边的生物种类及其生存环境;非生物因素对生物的影响;藻类、苔藓和蕨类植物的进化与环境的关系	渗透点:1 举例:从猿到人的进化历程	渗透点:5 举例:各种行为是为了更好地适应生存环境;生物组成群体能够更好地使种群生存,社会行为的特征等	渗透点:5 举例:青蛙生殖和发育过程;生物进化的原因和自然选择学说;建立珍爱生命,健康生活的理念等
局部与整体观	渗透点:4 举例:生态系统的组成;不同的生态系统与生物圈;绿色植物制造的有机物养育了生物圈中的其他生物等	渗透点:5 举例:心脏跳动的动力促进血液体循环和肺循环,从而保证人体每个细胞的养料供给和废物排出;神经系统各个器官的协同配合	渗透点:1 举例:生物之间相互依存	渗透点:2 举例:个体生命结束,通过生殖种群的生命延续;基因是有遗传效应的 DNA 片段,位于染色体上

续表

	七年级上册	七年级下册	八年级上册	八年级下册
稳态与平衡观	渗透点:5 举例:生态系统的自动调节能力是有限的;植物生长需要多种无机盐;生物圈的调节能力是有限的等	渗透点:8 举例:只有人体的营养均衡,才能实现人体的健康;地球能够承载的人数是有限的等	渗透点:2 举例:生物与环境相互依存,形成相对稳定的状态——生态平衡;细菌和真菌在自然界中的作用等	
物质与能量观	渗透点:1 举例:线粒体与叶绿体的能量转化	渗透点:1 举例:线粒体与叶绿体的能量转化	渗透点:1 举例:生态系统中的物质循环伴随着能量的传递	

表3 基于科学思维的生物学科核心素养初中用导学案学习目标渗透点

教材章节		渗透点数目	举例
七年级上册	第一单元	渗透点:6	学会科学观察的一般方法;能够描述生物及其生存环境的特征,相互关系,提出科学问题;通过阅读、处理图文资料能够做出假设推理,提高获取信息和分析比较、归纳总结的能力等
	第二单元	渗透点:5	观察使用显微镜;关注科学与技术相互促进的关系;通过辩证分析、演绎推理理解细胞分裂、生长与生物体生长的关系并说出细胞分裂过程中染色体变化的结果等
	第三单元	渗透点:6	对比分析藻类、苔藓和蕨类植物的形态特征与生活环境;概括总结影响种子萌发的环境条件和自身条件;通过海尔蒙特的实验反驳植物生长的营养是从土壤中吸收等
七年级下册	第四单元	渗透点:18	学会辩证思考和科学分析人类的起源问题;对比分析男孩女孩青春期发育的特点;辩证的理解呼吸道对空气的处理是有限的;对比血浆原料和尿液成分及含量的差异;归纳与概括出尿液的形成过程;分析归纳环境污染对生物的不良影响,形成环保意识等

续表

教材章节		渗透点数目	举例
八年级上册	第五单元	渗透点:11	比较屈肘和伸肘时骨骼肌的变化;对比分析先天性行为和学习行为;总结细菌和真菌分布的广泛;归纳概括细菌、真菌在食品制作、保存、利用等方面的作用等
	第六单元	渗透点:4	通过对植物分类、动物分类和微生物分类的讨论交流,归纳概括生物分类的依据;通过分析造成生物多样性面临威胁原因的相关资料,归纳概括保护生物多样性的方法等
八年级下册	第七单元	渗透点:10	通过对比分析家蚕和蝗虫的发育差异,建立完全变态和不完全变态发育的概念;通过对比分析蛙卵和鸡卵的不同,总结出卵对不同环境的适应;通过演绎与推理,分析豌豆杂交实验过程,推理定律中的实质,从而掌握假说-演绎法;归纳生物进化的方向,尝试解释生物进化的原因等
	第八单元	渗透点:6	分析归纳传染病流行的特点,分析预防传染病的具体做法属于哪项预防措施;归纳概括安全用药与急救的措施;正确地评价自己的健康状况等

表4 基于科学探究的生物学科核心素养初中用导学案学习目标渗透点

教材章节		渗透点数目	举例
七年级上册	第一单元	渗透点:2	尝试提出问题:生物种类与环境中(水、光)的关系;体验探究的一般过程,学习控制实验变量和设计对照实验
	第二单元	渗透点:3	掌握植物细胞装片的制作方法;动物细胞涂片的制作;利用显微镜观察单细胞生物
	第三单元	渗透点:9	实验法观察单子叶与双子叶植物的结构;实验设计:探究种子萌发的环境条件;学习设计单一变量,设立对照组,制定实验计划等
七年级下册	第四单元	渗透点:6	探究实验:测定某种食物中的能量;设计"馒头在口腔中的变化"的探究实验,让学生在实验中自己发现问题,解决问题,总结得出结论;模拟实验:构建肺部呼吸运动模型;模型探究:通过心脏模型的观察,掌握心脏的结构;探究实验:测定反射速度,进一步强化探究实验的步骤等

续表

教材章节		渗透点数目	举例
八年级上册	第五单元	渗透点:9	通过对蛔虫和蚯蚓的观察,培养学生的观察能力;通过设计蚂蚁通讯的实验,培养学生设计实验的能力;探究检测不同环境下细菌、真菌的生存情况等
	第六单元		
八年级下册	第七单元	渗透点:1	通过对比分析家蚕和蝗虫的发育差异,学会对提出的问题进行评价
	第八单元		

表5 基于社会责任的生物学科核心素养初中用导学案学习目标渗透点

教材章节		渗透点数目	举例	教科片资源
七年级上册	第一单元	渗透点:2	关注周边生物的生存环境:建立生物圈概念,树立环境保护意识,初步形成人与自然和谐发展的观念	2
	第二单元	渗透点:5	认同科学研究与技术发展相互作用;认同细胞学说是19世纪自然科学的三大发现之一,树立唯物主义世界观;了解我国在克隆技术方面的研究、应用成果,以及克隆技术的意义等	5
	第三单元	渗透点:6	关注生物圈中各种绿色植物及其生存状况,确立生物与其生活环境相适应的观点,培养爱护环境,保护植物的观念等	9
七年级下册	第四单元	渗透点:15	思考人类理智发展和运用改造自然的能力;树立关爱他人的观念,认同无偿献血的观念;培养学生珍爱生命的情感,构建生物学知识源于生活,提高学生生物学素养等	18
八年级上册	第五单元	渗透点:7	尝试解决合理利用与保护鱼类资源的生物学问题;爱鸟护鸟人人有责;既关注与病毒有关的疾病,又认同病毒可以为人类造福等	8
	第六单元	渗透点:3	通过生物分类,了解生物的多样性,激发学生保护生物,保护环境的意识;形成保护生物多样性的意识并落实到行动上等	3

教材章节		渗透点数目	举例	教科片资源
八年级下册	第七单元	渗透点:8	联系生活中扦插和嫁接的实例,让学生感受科学技术在生活中的广泛应用;丝绸之路的了解,了解中华民族的历史;引导学生关注转基因生物和转基因食物的安全性,树立社会责任感等	8
	第八单元	渗透点:3	认识到人类对传染病的预防不可懈怠;正确认识疾病,自觉培养健康生活习惯,树立珍爱生命的意识;建立健康生活的习惯和意识,树立珍爱生命的意识	4

依据上述设计体系,结合教材内容和学习目标渗透点,课题组设计编写《基于生物学科核心素养的初中用导学案》(案例见附录一)

(二)编写《基于学案导学培养学生生物学科核心素养的评价方案》(简称《方案》)

中国学生发展核心素养的核心目标是培养全面发展的人,如何实现初中生物教材核心素养(生命观念、科学探究、科学方法、科学思维、社会责任),促进学生的全面发展,科学客观的评价方案尤为重要。初中生物教材划分为 8 个单元,为了促进学生通过生物课程学习,实现核心素养的核心目标,《方案》设计了 8 个单元的学习主题持续性评价方案,并附基础知识评价单,问题解决评价单,目标达成评价单,以"1+3"形式全面综合的对学生的表现做出科学和客观的评价。

1.主题持续性评价方案

每单元的学习主题持续性评价方案由评价目标(包括:生命观念评价;科学探究、科学方法、科学思维评价;社会责任评价)、评价任务、评价标准和评价方式 4 个方面组成。持续性评价方案的设计原则,首先确定评价目标,然后再进行评价的整体规划,最后再根据评价目的,设计相应的评价工具。需要遵循评价方式多元化、评价主体多样化、评价内容素养化、评价过程持续化、评价结果客观化的多重原则,以确保评价工作的有效性。特别强调的是,评价目标是评价方案的重要依据,因此,评价目标要根据学习目标来制定,评价目标与学习目标要保持高度一致,需要从生物学科核心素养的角度进行呈现,主要包括生命观念、科学思维、科学探究和社会责任4个方面(见表6)。在评价内容方面,不能仅仅局限在对知识的评价,还要对学生素养发展的其他方面进行系统的评价。例如,学生的科学思维水平、生命观念的达成情况、科学探究能力的变化等。对于评价内容的选择,要根据学习目标来确定,二者保持一致,以对学生的学习表现进行综合性的评价。

表6 主题持续性评价方案样表

	评价目标	评价任务	评价标准	评价方式
生命观念评价				
科学探究 科学方法 科学思维 评价				
社会责任评价				

2.评价工具

(1)基础知识评价单(见表7):此工具单是在单元预习之前下发,学生课前完成。前提条件是,教师要利用课堂时间对学生进行1~3次规范指导,重点关注学生阅读文本的方法,而不仅仅是为了完成此工具单。在"基础知识评价单"上的学习目标、重难点和重要概念是针对整个学习内容的,而不仅仅是一课时的目标,其目的是为了给学生进行自主学习作导向,具有整体性和全程性。

表7 基础知识评价单样表

班级: 组名: 姓名:			
【基础知识】			
类别	主要内容	掌握程度	备注
学习目标			
重点难点			
重要概念			
备注			

【多元评价】				
自我评价	同伴评价	小组长评价	课代表评价	任课教师评价

(2)问题解决评价单(见表8):教师在课前备课时开发"问题解决评价单",科学、准确、规范地写出本单元所要解决的问题。学生在课前领到这张工具单后,在课前自主探究学习时完成,也可以在课前小组内探究后完成问题解决。课中可以继续开展小组讨论来解决问题。对于课前学生实在不能完成的问题,由教师在课中给予规范讲解,学生利用这个工具单进行详细记录。

表8　问题解决评价单样表

班级：　　　　组名：　　　　姓名：				
【教师预设问题】主要是呈现探究性、原理性问题,由教师预设				
问题1：				
问题2：				
问题3：				
……				
【多元评价】				
自我评价	同伴评价	小组长评价	课代表评价	任课教师评价

(3)目标达成评价单(见表9):这张工具单是在完成单元学习后下发,由学生在课后完成。针对初中学生对生物学科的认知特点,便于学生的自我评价和合作评价。

表9　基础知识评价单样表

班级：　　　　组名：　　　　姓名：				
【目标达成】				
类别	数量	完全掌握个数	没有掌握个数	没有掌握的原因
重要概念				
技能实验				

续表

类别	数量	完全掌握个数	没有掌握个数	没有掌握的原因
课后练习				
自我评价				

【多元评价】

自我评价	同伴评价	小组长评价	课代表评价	任课教师评价

(三)结合课堂实践明确基于生物学科核心素养的学案导学策略

依据生物学科素养中"生命观念、科学思维、科学探究、社会责任"的目标,结合初中生物学科特点和学生身心发展规律,立足"学生本位"的教育思想,在尊重学生的个体差异,依据现有知识水平和认知能力,尝试在初中生物课堂教学中进行学案导学的课例研究,并结合课例总结出有助于培养学生生物学科素养的学案导学策略和方法。

1.概念构建策略

有助于生命观念的树立。生物课程的教学是以概念的教学为基础逐渐深化和系统化,所以概念教学是教学活动不可缺失的部分。刘恩山提出生命观念的建立要以概念性知识点学习为基石,将事实性资料呈现给学生以概括次位概念,多个次位概念组合形成重要概念,最后形成生命观念。高中新课程标准在内容要求中用陈述句总结了学生需要理解的生命观念及其具体描述,在初中生物课程标准所含的 50 个重要概念中也从结构与功能观、进化与适应观、物质与能量观等角度做出了描述,因此运用概念图进行教学能促进生物学概念的有效建构,帮助学生建立概念体系,也有助于对学生生命观念的培养。

有助于科学思维的培养。"科学思维"指尊重证据和事实,倡导严谨务实的求知态度,运用科学的思维方法理解事物,解决实际问题的思维习惯和能力。常用的方法包括:归纳与概括、演绎与推理、模型与建模、批判性思维、创造性思维。从本质上说,科学思维属于一种认知方式,通过演绎、归纳、比较、推理等科学方法形成,是树立生命观念的重要手段,也是形成生物学科核心素养的主要内容。依据初中课程标准归纳对科学思维提出的具体要求,很多重要概念的构建对培养学生的

科学思维都有着重要的作用。例如表10：

表 10　重要概念的构建对应培养学生的科学思维举例

科学思维方法	举例初中课标中的具体要求	有关重要概念
归纳与概括	(1)阐明细胞是生物体结构和功能的基本单位 (2)阐明光合作用合成有机物是地球上有机物最终来源 (3)概述生物体的各种组织是由细胞分裂分化形成的 (4)概述生态系统的组成 (5)概述开花和结果的过程 (6)概述绿色植物为许多生物提供食物和能量	动植物细胞基本结构 植物的光合作用 植物的呼吸作用
演绎与推理	(1)解释生命起源和生物的适应性 (2)解释基因控制生物的性状,形成生物的多样性,培养学生的演绎归纳能力	生命的起源和进化的历程 自然选择学说 生物的多样性(动植物分类) 基因控制生物的性状
模型与建构	(1)通过模型建构理解并概述食物的消化和营养物质的吸收过程 (2)通过模型建构描述人体血液循环系统的组成	吸气呼气运动模型 血液循环模型 小肠壁消化模型 骨、关节、肌肉模型 能量流动金字塔模型 平衡膳食宝塔模型
批判性思维	针对生物学热点话题,运用所学过的生物观点和科学原理,对社会上的敏感话题阐述自己的观点	克隆技术 转基因技术 健康的生活(吸烟和酗酒) 安全用药(抗生素滥用)
创造性思维	初步大胆尝试设计自己的观点,从实践中解决社会问题	传染病预防 吸毒危害 生物圈二号

　　概念图是概念构建的具象,通过概念图可以为学生搭建"脚手架",帮助其整理资料,形成图式—整合和顺应新知识—嵌入并同化新概念—在记忆中平衡新旧知识—修正与巩固,形成新的图式。实施策略的基本思路如下：

（1）导学环节：利用导学案中的课前预习部分，联系旧知识，自行构建概念图示，目的在于引导学生在旧知识概念图的基础上搭建新的内容，使新旧知识达成有机联系。

（2）新课探究：依据学生的前概念情况，结合生命观念培养方向侧重的学习目标，教师设计相应的教学活动，通过导学案辅助推进，搭建支架，帮助学生理清生物概念的含义以及概念间的联系，达到对概念的顺应和同化，最终从认知水平上达到平衡，进而构建新的核心概念。

（3）评价反馈：利用评价方案中的知识性评价单和问题解决性评价单对概念构建的情况进行评价，并通过绘制概念图的形式反馈学生的学习情况。

2.合作探究策略

通过教学实践发现合作学习是进行科学探究的最佳形式，尤其在实验探究活动中尤为适用。教师可以把学生分成不同小组，根据不同任务，有计划地引导学生自主发现问题、设计实验、预测实验结果以及实证过程，分工、合作、交流完成整个学习任务，旨在提高学生的实验操作技能和发展科学探究能力，促进学生对科学知识的理解，培养学生的情感态度和价值观。实施策略的基本思路如下。

（1）教师提示：简要讲述探究活动中所涉及的基础知识，布置任务，进行分组。

（2）小组活动：下发探究活动方案单，引导学生进行小组合作学习。结合具体的学习目标，可以对不同的小组分配不同任务的活动单，鼓励学生分工记录，并积极参与组内讨论，交流表达分享经验。

（3）评价反馈：可以通过小组展示活动单的填写情况检测学生对学习内容的掌握情况，还可以结合评价方案中的评价表对学生的学习情况进行综合反馈。

3.STSE 渗透策略

STSE 是科学（Science）、技术（Technology）、社会（Society）、环境（Environment）的英文缩写。STSE 教育思想是对 STS 的延伸。初中生物课标实施建议中强调要落实科学、技术和社会相关素材的教育。因此，初中生物教材中专门设置了与章节知识相关联的科学技术社会专栏，其目的就是使学生学会关注和讨论相关社会问题，培养学生的社会担当意识，进而使其具备生物学科核心素养所提出的"社会责任"。实施策略的基本思路如下。

（1）教学内容和学情分析：先从教材内容角度分析、挖掘适合进行"社会责任"培养的 STSE 渗透切入点，从生活经验出发给学生提出相关的预习问题。然后基于学情判断 STSE 渗透切入点的可行性和困难，以此作为学习目标、问题设计的依据。

（2）STSE 渗透学习：从科学、技术、社会、环境角度找到教学中的相关内容，开展相互渗透式学习，分析明确彼此关联的学习内容，再借助科教片、微视频、纪录片等媒体资源，编制生成二维码，让学生进行在线观看，并结合导学案中设计的相关问题进行思考。

（3）评价反馈：可以通过导学案中课堂收获环节设计的开放性问题的完成情况进行评价，也可以结合问题解决单和目标达成单进行综合性的评价。

六、分析与讨论

（一）研究对象

样本选取天津市第二中学、天津市汇森中学、天津市第七十八中学和天津市第九十三中学的七、八年级部分学生为实验对象，对实验班和对照班进行实验检测和对比分析。

（二）测量工具

基于准实验研究法，利用学生问卷调查《学习自主性情况调查》《初中学生生物学科素养发展情况》对教学实验研究进行前后结果检测。

（三）结果及分析

1.通过对《学生学习自主性调查问卷》的结果统计，得出实验基本情况

（1）大部分学生在使用学案一段时间后，学习自主性有了一定程度的提高，例如：第 1 题，我从来不制定学习计划，反正一切听从老师的安排。不符合该观点的实验班学生比例由原来的是 60.59% 提升到 64.74%；第 3 题，我们的学习是由老

师决定的,我不知道怎样学习。符合该观点的实验班学生比例由原来的21.18%下降到16.75%。

(2)通过《学生自主性学习调查问卷》对学生的学习自主性情况进行调查,对前测和后测成绩进行统计分析(见表11)。研究采用独立样本 t 检验判断使用基于生物学科核心素养的学案导学教学策略对培养学生学习自主性的影响。

表 11　传统教学模式与学案导学教学模式学生学习自主性测验成绩

	班级	成绩
实验前测	实验班(传统教学模式)	67.94±8.389a
	对照班(传统教学模式)	68.02±8.711a
实验后测	对照班(传统教学模式)	68.06±9.273a
	实验班(学案导学教学模式)	69.03±8.854c

使用学案导学模式进行教学前,对比实验班和对照班学生学习自主性测验成绩无显著差异。在使用学案导学模式进行教学一段时间后,实验班与对照班其学习自主性测验成绩呈现差异,进一步比较其均值发现,使用学案导学教学策略的学生其学生学习自主性测验成绩高于传统教学模式的学生。综合来看,通过对学生学习自主性测验成绩进行显著性分析,在使用学案导学进行教学后,实验班与对照班呈现显著差异。

2.通过对《初中学生生物学科素养发展情况》的调查统计,得出实验基本情况

(1)通过实验前测发现,七八年级学生在生命观念方面的水平较其他3个方面有一定优势,而科学思维、学科探究和社会责任方面都存在一定的差距,由此也能看出这与之前教学中重知识、轻能力有关,尤其是学生的社会责任感意识是4个方面水平中最弱的,也暴露出以往教学中忽视德育培养的问题。此外,八年级学生在生物学科核心素养水平上略优于七年级,这与八年级接受了一年的初中生物学习有一定的关系,也与学生的年龄特点、心理特质和阅历积累有一定的关系。但是七、八年级学生在社会责任水平上都相对较弱,应该引起我们在后续的教学研究中的重视。依据数据总体分析得出,七、八年级实验班和对照班的起始生物学科核心素养水平基本持平。

(2)通过实验后测发现,七、八年级学生的实验班使用学案导学策略进行教学

一段时间后，从生物核心素养的 4 个方面可以看出，与前测数据相比较，实验班后测数据表现出一定的优势；而实验班与对照班相比，较之前也表现出更为明显的优势。也就是说在利用学案导学策略教学后，学生学科生物核心素养水平有一定程度的提高(见图 1)。

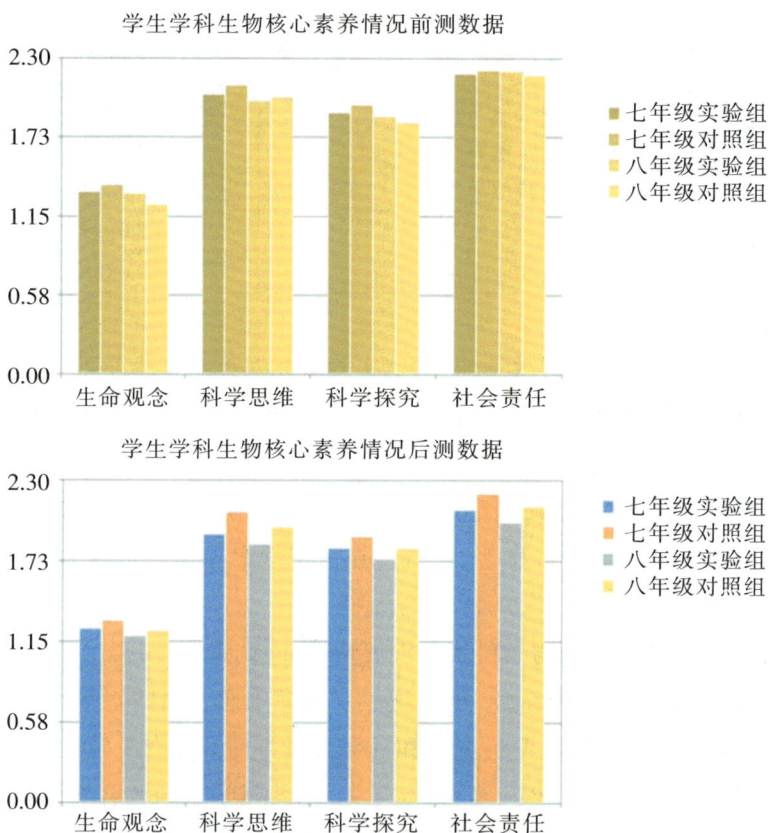

图 1　七、八年级学生生物学科核心素养情况分析(实验前测和实验后测)

综上所述，通过对学生学习自主性、生物学核心素养的调查以及对问卷成绩前测、后测的对比分析，可以得出设计编写以生物核心素养为培养目标的初中生物教材用导学案，有利于培养学生的生物学科核心素养。其中，在核心素养 4 个方面中，生命观念方面的水平在后测中较其他 3 个方面表现出更为明显的优势，这与学生在教学过程中更容易接受概念性知识有关,而思维习惯、探究能力以及社会责任感则需要教师有计划、有目的地去引导和培养。因此,除了导学案的设计编写以外,为了培养学生的生物核心素养,还应该切实做到"以学生为主体",对学生的学习态度、学习方式、学习习惯等情况进行调查分析,再根据学生特点对教学过程进行设计。

七、研究结论

(1)本研究将生物学科核心素养与学案导学教学模式相结合,在理论研究的基础上落实培养目标,基于普通学案及导学方式中存在的问题,通过编写符合生物学科核心素养的学案,致力于课堂教学实践,探索出有助于培养学科核心素养的导学形式和方法,立足多元化的评价机制,对初中生物课堂教学效果发挥着积极的作用。《基于生物学科核心素养的初中用导学案》的编写是将初中生物教材的各章节内容进行了重新地划分和组合,以"生命观念""科学思维""科学探究"和"社会责任"4个角度为基点,遵循以学生为主体,导学为主线的设计原则,明确了导学案的构成要素(学习目标、课前预习、新课探究、课堂检测和收获),对以往导学案的编排进行了一定的改造和创新,因此具有推广价值和实践价值,也对基于培养学生生物学科核心素养的学案导学模式的探索起到了基础性作用。

(2)基于生物学科核心素养的学案导学策略在初中生物课堂教学实践中秉承着"学生本位"的思想,充分考虑了学生现有的知识水平和认知能力,尊重学生的个体差异,站在学生的立场上侧重突出学生将要学习的内容和方式,尝试从生物核心素养的4个方面利用"概念建构策略""合作学习策略"和"STSE渗透策略"进行教学实验,提高了课堂教学的有效性,提升了学生的生物学科核心素养水平。

(3)本研究中编写的《基于学案导学培养学生生物学科核心素养的评价方案》结合初中生物教材八个单元的划分方式设计了相应学习主题的持续性评价方案,同时附有基础知识评价单、问题解决评价单和目标达成评价单。该评价方案从表现性评价和检测性评价分别设计不同方向的评价表,遵循了评价方式多元化、评价主体多样化、评价内容素养化、评价过程持续化、评价结果客观化的多重原则,

以确保评价工作的有效性。兼顾了学习目标达成和学生素养发展,起到了对学生学习表现的综合性评价和客观性评价作用。

(4)问卷调查分别从学生和教师层面就学习自主性、学生生物学科核心素养发展水平以及目前学案导学的设计和使用情况进行了调查分析,利用准实验研究法,对实验前测和后测中实验班和对照班的情况进行比较,初步检验了实验研究的效果。spss 数据统计分析得出实验后测中实验班和对照班在学习自主性和生物学科核心素养发展水平上存在差异,为研究成果提供了科学依据,使得本研究的结果具有说服力和可靠性。

(5)开展基于学案导学培养学生生物学科核心素养的课堂实践研究,更新了教师的教育观念,明确了要基于学生最近发展区设计教学,并通过大量的课例实践大大提升了自身的专业技能和理念创新。规避了以往在使用导学案进行教学中遇到的很多问题,对灵活运用学案导学的形式起到了积极的实践意义。

八、思考与展望

由于时间有限,又受疫情影响,在研究过程中也遇到了一些困难,使得整体的进度略显紧张,例如:后期的教学实践研究时间上比较匆忙,因此关于培养学生生物学科素养的学案导学模式的研究主要是基于实际教学案例的总结,总结梳理出教学设计中学案导学的具体思路,偏向案例研究。还没有上升到具体的操作模式,有待更加深入地研究。

同时,经过讨论和分析,得出需要进一步研究的问题。

在基于核心素养导学案实施学案导学的课例研究中发现,由于每一节中渗透核心素养的方面可能会比较多,有时在 4 个方面都会有所涉及,如果只单独突出某一个方面的培养目标的话就比较零散,相对来说很难集中达到培养目的,所以需要结合教学内容进行选择,每节教学内容更适合哪些核心素养的培养和导学,进而制定具体的策略。

以核心素养为基础的导学案侧重于突出学生将要学习的内容和方式,教师在认真钻研课本的基础上,充分考虑学生现有的知识水平和认知能力,尊重学生的个体差异,站在学生的立场上,为学生设计了以核心学科素养为基础的导学案。因此教师不能够只依赖导学案,如何将学案导学与信息化教学相结合达到相得益彰的作用也是需要思考的内容。

参考文献

[1]赵加琛,张成菊."学案教学"的理论与实践[J]. 教育探索,2002(02):42-44.

[2]卢秋宏. 基于化学核心素养"小组合作型"导学案设计与应用研究[D]. 哈尔滨:哈尔滨师范大学,2017.

[3]皮亚杰. 发生认识论原理[M]. 北京:商务印书馆,1997.

[4]王健. 深度学习:走向核心素养.学科教学指南.初中生物[M]. 北京:教育科学出版社,2019.

[5]张晓宇. 基于核心素养的有效学习与学业评价策略.初中生物[M]. 长春:东北师范大学出版社,2018.

[6]刘恩山,曹保义. 普通高中生物学课程标准(2017 年版)解读[M]. 北京:中华人民共和国教育部,2018.

[7]中华人民共和国教育部. 普通高中生物学课程(2017 年版)[S]. 北京:北京师范大学出版社,2017:1-88.

[8]裴新宁. 概念图及其理科教学中的应用[J]. 全球教育展望,2001(08):47-51.

[9]刘恩山. 中学生物学教学论[M]. 北京:高等教育出版社,2009.

附录1

《基于生物学科核心素养的初中用导学案》案例

一、侧重体现生命观念的生物核心素养导学案

生物的基本特征

	1.结构与功能观:生物的基本特征;区分生物和非生物
	1.机器人能用乐器演奏优美动听的曲子,有的还能做操、跳舞、踢足球,甚至还能与人交谈。你觉得机器人是生物吗?说出你的理由 2.什么是生物
	观察并思考以下问题: 1.小麦和海豚的营养方式有什么区别 2.鲸产生的水柱说明是进行的哪种生理活动?该生理活动的意义是什么 3.人体出汗和排尿的意义是什么 4.动、植物对外界刺激做出的反应有何不同 5.生物的繁殖方式都相同吗 6."种瓜得瓜,种豆得豆"及"一猪生九仔,连母十个样"分别体现了生物的什么特征 7.病毒是怎样的生物?举例说出你所知道的病毒 知识梳理: 生物生活需要_____,生物能进行_____,生物能排除身体产生的_____,生物能对外界刺激作出_____,生物能生长和_____,生物都有遗传和_____的特征。在结构上,除病毒外,其他的生物都是由 构成,它也是生物结构和功能的基本单位
	1.下列各项属于生物的是(　　) A.恐龙化石　　　B.逐年增粗长高的小树 C.鲜艳的绢花　　　D.溶洞中长出的石笋 2.手触到含羞草时,它的小叶会立刻合拢,说明它会(　　) A.呼吸　　　B.害羞　　　C.怕光　　　D.对刺激做出反应 3."离离原上草,一岁一枯荣",这种生命现象说明生物体具有哪个特征(　　) A.呼吸　　　B.排出体内废物　　　C.对刺激作出反应　　　D.生长和发育

续表

评价	4.运用所学知识,将下面的两列文字连线,建立一一对应的关系 北极熊捕食海豹　　　　　　　对刺激作出反应 向日葵朝向太阳　　　　　　　生长 猫产下幼患　　　　　　　　　营养 人体排汗　　　　　　　　　　繁殖 蘑菇从小长大　　　　　　　　排泄
	问题解决评价单 【教师问题】 1.珊瑚是生物吗?为什么 【多元评价】

自我评价	同伴评价	小组长评价	课代表评价	任课教师评价

二、侧重体现科学思维的生物核心素养导学案

腔肠动物和扁形动物

	1.通过对活体水螅和水螅切片或者挂图的观察,培养学生的观察能力 2.通过涡虫切片或者挂图的观察,培养学生的观察能力 3.通过对水螅、水母、海蜇等腔肠动物和涡虫、绦虫、血吸虫等扁形动物的图片观察,归纳概括腔肠动物和扁形动物的主要特征,培养学生独立思考、分析问题和归纳总结的能力 4.通过对比,模型建构等方法,区别辐射对称和两侧对称
	1.水螅的生活环境、体形、捕食方式、体型结构、消化方式 2.腔肠动物的常见动物和主要特征 3.涡虫的生活环境、体形、捕食方式、体壁结构、消化方式 4.扁形动物的常见动物和主要特征

1.观看视频,比较水螅与涡虫在下列各方面的特点,并填充在表格中

	水螅	涡虫
生活环境		
运动		
捕食		
形态(对称方式)		
结构		
消化		

概括归纳:

腔肠动物的主要特征:＿＿＿＿＿＿＿＿,＿＿＿＿＿＿＿＿,＿＿＿＿＿＿＿＿。

扁形动物的主要特征:＿＿＿＿＿＿＿＿,＿＿＿＿＿＿＿＿,＿＿＿＿＿＿＿＿。

2.比较分析:腔肠动物与扁形动物的主要特征

(1)填表:

项目 \ 动物		腔肠动物	扁形动物
代表动物		＿＿＿、＿＿＿等	＿＿＿、＿＿＿等
不同点	生活环境	大多数生活在＿＿＿中	大多数生活在＿＿＿中
	体形	＿＿＿对称	＿＿＿对称
	体壁	＿＿＿胚层	＿＿＿胚层
	典型特征	体表有＿＿＿	身体背腹＿＿＿
相同点		有＿＿＿无＿＿＿	
		既能进行＿＿＿生殖,也可进行＿＿＿生殖	

(2)体型比较

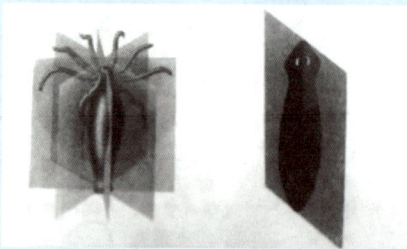

左图:＿＿＿对称

右图:＿＿＿对称

1.腔肠动物体壁中央有(   )

A.体腔   B.肠腔   C.消化腔   D.胃腔

2.下列关于扁形动物的叙述不正确的是(   )

A.涡虫、血吸虫、华支睾吸虫是扁形动物

B.身体左右对称,身体内的消化器官较发达

C.有口无肛门,食物和食物残渣都由口进出

D.大多数寄生在人和动物体内

3.下列有关腔肠动物和扁形动物的说法正确的是(   )

A.海葵、海蜇和水母等动物属于生活在海水中的腔肠动物

B.海葵、海蜇和涡虫、绦虫等腔肠动物结构简单,有口无肛门

C.海葵和海蜇等动物的结构虽然简单,但却具有内胚层细胞围成的消化腔

D.海葵和珊瑚虫等动物的结构虽简单,但种类庞大,是动物界的第二大类群

4.人喜欢吃生鱼片等食物,你认为不将鱼煮熟直接食用是否安全?为什么

基础知识评价单

【基础知识】

类别	主要内容	掌握程度	备注
学习目标	1.腔肠动物和扁形动物的生活环境和生活习性相适应的形态结构特征 2.水螅与获取食物和运动相适应的特征 3.腔肠动物和扁形动物的主要特征 4.腔肠动物和扁形动物在自然界的作用及与人类的关系		
重点难点	腔肠动物和扁形动物的形态结构特点,以及与人类生活的关系		
关键问题	辨证看待动物与人类生活的关系,利用生物圈中的其他动物造福人类		
重要概念	根据动物在形态结构等方面的特征,可以将动物分为不同的类群,各个类群的动物具有不同的特征,与人类的生活有着密切的关系		
备注			

【多元评价】

自我评价	同伴评价	小组长评价	课代表评价	任课教师评价

三、侧重体现科学探究的生物核心素养导学案

生物与环境的关系

学习目标	1.体验探究的一般过程,学习控制实验变量和设计对照实验

| 课前预习 | 你认识鼠妇吗?试着从花坛里捉几只,想想它们的生活环境有什么特点?观察并记录鼠妇的生活环境。 |

捕捉地点	只数	环境条件	观察到的现象	你的疑问

新课探究

探究活动:《探究光对鼠妇生活的影响》

1.提出问题:(　　　　　　　　　　　　　　　　　　　)

2.作出假设:(　　　　　　　　　　　　　　　　　　　)

3.制定计划

(1)实验器材:10只鼠妇、湿土、铁盘(或塑料盘、纸盒)、纸板、玻璃板

(2)实验装置:在铁盘内铺上一层湿土,以横轴中线为界,一侧盖上纸板,一侧盖上玻璃板。这样两侧就形成了阴暗和明亮两种环境

(3)实验步骤:

①向装置两侧中央各放入5只鼠妇,静置2分钟

②每分钟统计一次明亮处和阴暗处的鼠妇数目,统计10次。将统计的结果填写在下表中。

环境	2min	3min	4min	5min	6min	7min	8min	9min	10min	11min
明亮										
阴暗										

4.实施计划:按照上述实验方案做实验。实验过程中要认真观察,如实记录

5.实验结果:(　　　　　　　　　　　　　　　　　　　)

6.实验结论:(　　　　　　　　　　　　　　　　　　　)

7.表达交流:向全班同学汇报你们小组的探究过程和结果。计算出全班各组数据的平均值。对全班平均值进行分析得出的结论,与你们小组的结论一致吗?如果不一致,请分析原因

注意:做完试验后,别忘了把鼠妇放回适合它生存的自然环境中

续表

	探究方法: • 科学探究的一般过程是:(　　　　　　　　　　　　　　　　) • 在研究一种条件对研究对象的影响时,所进行的除了这种条件不同以外,其他条件都相同的实验,叫作(　　　　　　　　　　　　　　　)
课堂 检测 和收 获	1.在进行实验研究时,为了增强实验的说服力,一般还应同时设计(　　) A.分组实验　　　B.重复实验　　　C.独立实验　　　D.对照实验 2.在做了"探究影响鼠妇分布的环境因素"实验后,请你回答下列问题: (1)同学们在捕捉鼠妇时会发现,它们经常躲在什么的地方 (2)根据鼠妇的生活环境,你提出的问题是: (3)实验时所用鼠妇的数量是不是越多越好? 为什么 (4)不符合假设时,应该怎么做(　　) A.放弃实验不再探讨此问题　　　　B.修正实验结果以符合假设 C.重新提出假设再进行实验　　　　D.不再做此实验直接提出结论 (5)在设计实验时,注意了使鼠妇的生活环境除外都保持相同,形成(　　　　　　　　　　) (6)实验中用了10只鼠妇而不用1只,为什么 (7)实验完毕后,用过的鼠妇应怎样处理
评价	目标达成评价单 【目标达成】

类别	数量	完全掌握个数	没有掌握个数	没有掌握的原因
概念性知识	8			
书后练习	课后练习题 1~5题			
自我评价				

【多元评价】

自我评价	同伴评价	小组长评价	课代表评价	任课教师评价

四、侧重体现社会责任的生物核心素养导学案

两栖动物和爬行动物

学习目标	1.认识到保护两栖动物的重要性 2.尝试找出部分爬行动物灭绝的原因,寻求解决办法
课前预习	搜集调查青蛙的栖息环境,目前出现的很多三条腿的畸形蛙可能是由于什么原因导致的
新课探究	1.播放科教片:《两栖动物》 　引导学生思考:由于某些两栖动物具有食用药用价值,大量被人类捕杀,我们要怎么保护它们? 2.观看腾讯视频《120秒看懂动物灭绝史》 　引导学生思考:包括爬行动物在内的很多野生动物的灭绝是人类活动的结果,人类不能和野生动物和谐共处,例如捕杀食用野生动物可能会感染野生动物携带的病毒,给人类带来灾难,对于野生动物保护你的态度是什么? 如何保护他们,你有什么建议?
课堂检测和收获	"稻花香里说丰年,听取蛙声一片"。这句古诗对青蛙及其与农业生产的关系作了生动的描述。为什么现在稻田里听不到蛙声了呢?
评价	问题解决评价单 【教师问题】 近几年,许多地区惊现5条腿,甚至6条腿的青蛙,请你分析一下畸形青蛙产生的原因? 我们应该怎么去做? 【多元评价】

自我评价	同伴评价	小组长评价	课代表评价	任课教师评价

附录2

探索基于核心素养导学案培养
"生命观念"的初中生物教学策略

天津市第二中学 吕炎 张扬

摘 要：生物学课程改革以提升学生核心素养为目标,作为其中的重要组成部分,生命观念不仅在生物教学中有着突出的地位,还能体现出学科的育人价值。基于此,本文以生命观念作为研究对象,从生命观念的概念角度出发,探究其中的内涵,结合核心素养导学案的设计,提出基于这一理念提升初中生物教学水平的有效策略,从而为学生营造出良好的育人环境。
关键词：生命观念;初中生物教学;实验教学;生命结构

生物学科是研究生命现象和生命活动规律的科学,在教学中贯彻生命观念是由学科性质决定的。本文论述基于导学案方式培养学生"生命观念"的教学模式,学生以导学案为依托,在探究生命现象与规律的同时,需要从个人情感上热爱生命,尊重生命,在学习生物学科知识的基础上,追求人与自然的和谐统一。

一、生命观念理论概述

从生命观念来探讨初中生物学科,学生在感受知识内涵的同时也会对生物的生命进行思考,感悟生命的价值。通过对生命现象的观察,慢慢掌握各种生命迹象的变化规律,通过实验验证,了解生命观念对生物教学的意义。简单来说,生命观念的形成需要学生在教师的引导下自我理解,自我感悟,在思考的过程中加深对学科知识的认知,也为之后的学习奠定基础。在生物学科教学中,生命观念会贯穿整个课程内容,充分反映学生对生物学主题与概念的认识。无论是教师的教学引导,还是学生的主动学习,学生在教学实践中都会得到生命观的渗透。可以是结构与功能观的内容,也可以是进化与适应观的内容,各类观念的出现是层层递进、交替存在的。观念的形成为学生认识生命现象、发现生命规律、解决生物学科问题提供帮助,从而提升学生生物学科的核心素养。

二、基于"生命观念"的初中生物教学策略

1.引导学生尊重生命、敬畏生命

(1)充分认识人类生命的神奇:当学生开始学习生物学科,学生就会普遍感受到,生物课程的独特之处,它能够带领自己感悟大自然的神奇,探索生命的奥秘。在实验课中,学生可以看到细胞的分裂与分化,也能看到细胞的长大,从刚刚完成细胞分裂开始,一直到最终的衰竭死亡,这些来自生命的现象生生不息,循环往复。立足于学生对学科和大自然的好奇心,教师应将生物教学与实践相结合,利用导学案引导学生主动发现自然界的神奇现象,透过现象看到本质,感悟生命的价值与意义,学会去尊重生命。比如教师在讲解人体生殖内容时,在对上一部分的内容进行总结的基础上,对人类起源与发展做出概述,引导学生了解自己作为个体生命,生命的开始与人体生殖系统相关。学生在了解生殖系统的结构与功能时,教师可以应用多媒体设备,以动画的形式为学生展示受精卵的发育全过程。再引导学生利用导学案中的图示(见图1)理解精子进入卵细胞后,细胞发生分裂并形成胚泡,内部的细胞继续分裂与分化,最终形成胚胎,胚胎再发育为胎儿最终分娩。这样的基于学案导学的生命观念教学模式使学生可视化的感受了生命的神奇与伟大,尊重生命,同时对生命报以敬畏的情感。

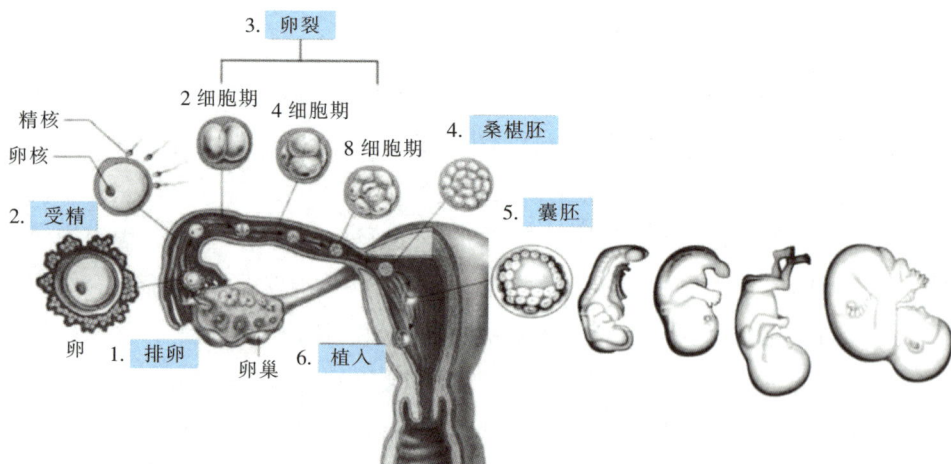

图 1　受精和胚胎胎儿发育过程

结构与功能观是生命科学的最基本观念,基于这一概念,在设计导学案时可以对结构与功能观进行内容整合,比如教师引导学生对藻类植物与苔藓植物、蕨类植物等内容进行观察,学生通过观察,逐渐对生命观有所感悟(见表1)。这些观察内容广泛,不仅涉及人体结构,也涉及植物与动物的结构构造,基于"结构与功能观"的观察实验将为学生接下来的探究实验与模拟实验奠定基础,也对学生生命观念的形成起到促进作用。

表 1　孢子植物的特征和经济意义

植物类型	常见植物	形态结构特点	生殖方式	经济意义
藻类植物		无_____的分化		食用药用鱼饵 95%氧气来源于它
苔藓植物	泥生(葫芦藓、地钱)水生(钱苔)石生(黑藓)腐生(悬藓)	假根、茎叶内无	孢子生殖	监测空气污染的指示植物
蕨类植物		根茎叶体内有		遗体变成煤

(2)探究自然生命的现象:生物教学应是充满生机与活力的,教师应从生物学理论中发掘生命的意义,为学生渗透生命观念,引导学生从实验研究中探索生命发展规律,亲身感悟知识结构的形成过程,从实践中提升观察能力于实验操作能力。这样的教学方式可以有效激发学生的主观能动性,提升学生课堂积极性。因此,教师应重视初中生物实验教学的教学方式,让学生离开实验室,走入自然,从大自然中看到生命规律,进而培养生命观念。学生一边参与课堂实验,一边观察周围的环境,教师通过布置调查任务式的导学案,引导学生走进自然。表2和表3为调查式导学案,以《调查周边环境中的生物》一节为例展示。

表2　调查校园生物及其生活环境

调查人：	班级：	调查时间：	天气：
调查路线 和方法	(如需抽样调查标明具体位置和样本大小)		

☆调查用具：

　观察用具：＿＿＿＿＿＿＿＿＿＿＿＿＿＿＿＿＿＿＿＿；

　测量用具：＿＿＿＿＿＿＿＿＿＿＿＿＿＿＿＿＿＿＿＿；

　记录用具：＿＿＿＿＿＿＿＿＿＿＿＿＿＿＿＿＿＿＿＿；

　其他：＿＿＿＿＿＿＿＿＿＿＿＿＿＿＿＿＿＿＿＿＿＿

☆调查中可能遇到的难题和解决办法：

　①＿＿＿＿＿＿＿＿＿＿＿＿＿＿＿＿＿＿＿＿＿＿；

　②＿＿＿＿＿＿＿＿＿＿＿＿＿＿＿＿＿＿＿＿＿＿；

　③＿＿＿＿＿＿＿＿＿＿＿＿＿＿＿＿＿＿＿＿＿＿

☆调查过程中的注意事项：＿＿＿＿＿＿＿＿＿＿＿＿＿＿＿＿

＿＿＿＿＿＿＿＿＿＿＿＿＿＿＿＿＿＿＿＿＿＿＿＿＿＿＿

在调查中,你又发现了哪些想要进一步探究的问题?

表3　调查报告评价表

姓名	全程积极参与 (25分)	认真观察记录 (25分)	爱护生物环境 (25分)	善于发现问题 (25分)	总分
自评					
组长 评价					

2.结合生活实际,引导学生珍惜生命

学科教学如果脱离生活实际,学科知识都无法与现代教育教学要求相符。生物学科也是如此,教学中,教师应将课程内容与学生的生活实际紧密结合,让学生从熟悉的场景中感悟生命意义,体验生命价值。如今科技飞速发展,人们的生活日新月异,信息化是当今时代发展的大趋势,网络资源中包含大量优质教育资源,为了多元化多角度生活化的呈现教学内容,在导学案中设计嵌入"二维码",学生通

过扫码即可观看教师筛选的与教学内容相关的网络资源。例如教师为学生讲解传染病和疾病预防的内容时，引入科教小视频《病毒是如何分类的，新冠病毒又是哪一种》(如表4)学生一边观看视频，一边感受传染性疾病对人体生命的巨大威胁。学生在了解课程主题后，教师以新型冠状病毒肺炎疫情为例，围绕着学生的日常生活，为学生讲解常见的传染源和传播途径，并针对新型冠状病毒肺炎预防措施展开分析，让学生意识到自己身边就有潜在的威胁，积极、科学地做好防疫工作，维护自身以及他人健康。同时，学生会将猪心和青蛙的心脏结构进行对比，了解不同生物的进化和适应情况，完成导学案中的列表比较，只有通过自己动手，学生才会了解生命观念在课程学习中的意义，进而珍惜生命，为生命观念中的稳态与平衡观、物质与能量观的实现奠定基础。

表4 《传染病及预防》部分导学案

课前预习	新冠肺炎的病因是什么？传染病为什么能够传染
新课探究	科教小视频：《病毒是如何分类的，新冠病毒又是哪一种》 导学案引导学生思考： 新冠目前在全球肆虐，我们国家可以说是诺亚方舟一样的存在，身在我们伟大祖国是多么幸福，对于如何预防新冠，你做到了哪些

3.总结实验成果，发现生命的多样性

总结实验成果，分析个体生命后，学生应该从整体角度上对生命的形态加以分析，从而对自然界万物产生热爱之情。学案设计及教学实践中，教师需要寻找有效的方式为学生展示生命的多样性，再定期为学生总结生命系统。比如在讲解哺乳动物的时候，教师可以播放《动物世界》《Discovery》节目的相关画面，让学生看到自然界的真实生命形态，了解动物界"适者生存，物竞天择"的生存方式。学习植物时，教师可以为学生讲解知识结构，对藻类植物、苔藓植物、蕨类植物和种子植物进行初步了解，利用导学案理清知识脉络，深化对植物生命多样性的理解。教师

可以玉米或小麦植物为例,通过学案中的图片、说明等帮助学生理解种子萌芽、植物生长、开花结果以及衰竭死亡的过程,通过有效的总结帮助学生建立知识结构,从中强化生命观念,拓展生物视野。也正是因为不断的实验与总结,学生对生物和生命观有了逐层递进的了解,明确生物有共同的结构基础,绝大多数含有细胞结构,病毒无细胞结构但也离不开细胞;生物有共同的自我更新机制,也就是新陈代谢,包括物质变化和能量转化,都以 ATP 作为直接能源物质。

总而言之,初中生物教学通过导学案方式,深入贯彻生命观念,引导学生意识到生命的重要性,在尊重生命、敬畏生命的同时,懂得热爱生命、珍惜生命的道理。学生以导学案为依托积极参与到教学活动中,通过亲身体验,感悟生命的活动过程,通过生物学习养成良好的生活习惯,关爱身体健康。在生物教学中,通过导学案将生命观念植入课堂,引导学生了解人与自然的和谐统一的重要意义。

参考文献

[1]王剑锋.论高中生物教学中渗透和提高生命观念素养的策略[J].中国校外教育,2019(11):21–22.

[2]张荣霞. 浅谈在生物教学中培养生命观念[J]. 学周刊,2019(08):108.

[3]陈丹. 基于"生命观念"的初中生物实验教学策略研究[J]. 科学大众(科学教育),2017(11):29.

以科学史为依托发展初中生生物学科核心素养的实践研究

天津市第二十五中学　高英

摘　要:随着课程改革的不断深入,提出了以核心素养为宗旨的育人目标,生物学课程从生命观念、科学思维、科学探究和社会责任等方面发展学生的学科核心素养。生物科学史中不仅有大量有趣的故事,更有构思巧妙的科学实验和曲折的科学探索过程。这些故事不仅会激起初中学生对生物学科的兴趣,使学生获得生物学重要概念,感受科学的本质,同时还能为培养学生的生物学科核心素养提供了有力的素材,具有丰厚的教育价值。

关键词:生物科学史　生物学科核心素养

一、选题背景及意义

(一)课题由来

在《普通高中生物学课程标准(2017 年版 2020 年修订)》中明确提出,生物课程的基本理念中,要以核心素养为宗旨,着眼于学生适应未来社会发展和个人生

活的需要,从生命观念、科学思维、科学探究和社会责任等方面发展学生的学科核心素养,充分体现课程的学科特点和育人价值,是本课程设计宗旨和实施中的基本要求。这虽然是高中课程标准的改革,但是我们也可以预见初中教学随之而来的变化,作为长期从事初中生物教学的一线教师,就要思考如何在初中生物起始阶段培养学生的生物学科核心素养,做到培养目标的连续性,达到理想的教育效果。

(二)课题界定

生物科学史是以生物科学产生和发展的过程为轮廓,以科学发展历程中带有重大转折作用的课题及事件为主线,用翔实的资料论述科学家们的创造性劳动,生动地描述他们进行科学探索的思维过程和方法,同时也对生物学发展的逻辑和社会历史背景等重大问题做出评价。学习生物科学史能够使学生沿着科学家探索生物世界的道路,理解科学的本质和科学研究的思路和方法,学习科学家献身科学的精神,这对提高学生的生物核心素养是很有意义的。生物科学史蕴含着巨大的教育功能,并能助推生物学科核心素养的培养。因此,笔者结合教育教学中的实际情况,以"以初中生物科学史为依托发展学生生物核心素养的实践研究"为课题进行研究。

二、基本概念界定

(一)生物科学史

科学史是客观规律、事实等发现的历史。生物科学史即生物科学发展的历史,包括生命现象的探究过程,也包括生物学相关科学技术、方法的发展历程,还包括科学家研究生命现象时所持有的观点和态度的更替等。生物科学史是以生物科学产生和发展的过程为轮廓,以科学发展历程中带有重大转折作用的课题及事件为主线,用翔实的资料论述科学家们的创造性劳动,生动地描述他们进行科学探索的思维过程和方法,同时也对生物学发展的逻辑和社会历史背景等重大问题做出评价。

(二)生物学科核心素养

2014 年 3 月教育部发布的《关于全面深化课程改革落实立德树人根本任务的意见》中明确提出,"教育部组织研究提出各学段学生发展核心素养体系,明确学生应具备的适应终身发展和社会发展需要的必备品格和关键能力。"在 2017 版的高中生物学课程标准中,明确提出以发展学生的核心素养作为课程理念和课程目标。学科核心素养是学科育人的集中体现,使学生通过学科学习而逐步形成的正确价值观、必备品格和关键能力。生物学科核心素养包括生命观念、科学思维、科学探究和社会责任。

三、研究设计

(一)研究的内容

通过对初中生物 4 册教材的分析解读,通过教育教学的实践,以生物科学史为依托,利用教学案例分析对生物核心素养中生命观念、科学思维、科学探究和社会责任 4 个方面培养的促进作用,并对教学策略进行整理研究。

(二)研究的方法

1.文献研究法

通过文献检索,查阅近年来关于生物学科核心素养以及生物科学史教学的相关研究,明确相关核心概念。分析归纳研究内容和方向,为本文的研究提供一定的理论基础。

2.案例分析法

结合教育实践,通过对典型教学案例的描述,对科学史教学中具有的核心素养培育价值进行分析、探讨和总结具有价值的教学策略。

四、研究成果

(一)人教版初中生物学教材科学史知识梳理

表1　初中人教版生物学教材中的科学史内容

人教版 生物学 七年级上册				
序号	所在章节	呈现形式	主要内容	核心素养主要体现
1	1.2.3	科学·技术·社会	生物圈Ⅱ号	生命观念、社会责任
2	2.1.1	想一想,议一议	罗伯特·虎克发现细胞	生命观念
3	2.1.1	科学·技术·社会	人类探索微观世界不可缺少的工具——显微镜	社会责任
4	2.1.3	科学家的故事	施莱登、施旺与细胞学说	生命观念
5	2.1.4	资料分析	小羊多莉的身世	生命观念、科学思维
6	2.1.4	科学·技术·社会	克隆哺乳动物	社会责任
7	3.5.1	想一想,议一议	海尔蒙特实验	科学思维
8	3.5.1	正文	普利斯特利的实验	科学思维
人教版 生物学 七年级下册				
序号	所在章节	呈现形式	主要内容	核心素养主要体现
1	4.1.1	正文	"人猿同祖"理论的提出	生命观念
2	4.1.1	科学家的故事	我国科学家与北京猿人	社会责任
3	4.1.2	科学家的故事	"试管婴儿之父"荣获诺贝尔奖	社会责任
4	4.2.1	正文	坏血病——维生素C缺乏症	科学思维
5	4.2.1	科学·技术·社会	"第七类营养素"——膳食纤维	社会责任
6	4.4.1	科学·技术·社会	干细胞和造血干细胞研究	生命观念、社会责任
7	4.4.3	科学家的故事	血液循环的发现	生命观念、科学探究
8	4.4.4	正文	血型的发现	生命观念
9	4.5	科学·技术·社会	血液透析和肾移植	社会责任

续表

序号	所在章节	呈现形式	主要内容	核心素养主要体现
10	4.6.1	科学·技术·社会	角膜移植、角膜捐献和人造角膜	社会责任
11	4.6.4	资料分析	甲状腺激素和胰岛素作用的研究	科学思维、科学探究
12	4.6.4	科学家的故事	王应睐组织我国科学家率先合成结晶牛胰岛素	社会责任

人教版 生物学 八年级上册

序号	所在章节	呈现形式	主要内容	核心素养主要体现
1	5.2.3	科学家的故事	珍妮·古道尔和黑猩猩交朋友	社会责任
2	5.3	科学·技术·社会	动物与仿生	科学思维
3	5.4.2	正文	细菌的发现：列文虎克	生命观念
4	5.4.2	正文	巴斯德的实验	生命观念、科学思维
5	5.4.4	科学·技术·社会	以菌治虫（苏云金杆菌）	社会责任
6	5.4.5	科学·技术·社会	"超级细菌"尽在咫尺	社会责任
7	5.5	正文	病毒的发现	科学思维
8	5.5	科学·技术·社会	狂犬病和狂犬病病毒	社会责任
9	6.1.2	科学家的故事	林奈和双名法	社会责任

人教版 生物学 八年级下册

序号	所在章节	呈现形式	主要内容	核心素养主要体现
1	7.1.1	科学·技术·社会	植物的组织培养	社会责任
2	7.2.1	资料分析	转基因鼠的启示	科学思维
3	7.2.2	正文	减数分裂的发现	生命观念
4	7.2.3	正文	孟德尔的豌豆杂交实验	科学思维
5	7.2.3	科学·技术·社会	中国拥抱"基因世纪"	社会责任
6	7.2.4	正文	性染色体的发现	生命观念
7	7.2.4	正文	性染色体上决定性别基因的发现	生命观念
8	7.2.5	科学家的故事	袁隆平与杂交水稻	社会责任
9	7.3.1	资料分析	米勒模拟原始地球条件的实验	科学探究
10	7.3.3	正文	分析生物进化的实例	生命观念
11	7.3.3	正文	达尔文的自然选择学说	生命观念、科学思维

序号	所在章节	呈现形式	主要内容	核心素养主要体现
12	7.3.3	科学家的故事	达尔文和他的进化思想	生命观念
13	8.1.1	科学·技术·社会	人类与传染病的斗争(牛痘接种)	社会责任
14	8.1.2	科学家的故事	李时珍与本草纲目	社会责任

如表1所示笔者对义务教育阶段人教版生物学4册教材进行梳理,将其中涉及的生物科学史素材进行整理,并对其核心素养的主要体现进行了分析。通过梳理发现,初中生物科学史中,对核心素养的4各方面都有涉及,很多科学史素材具有多个维度的教育价值,这都需要教师在教学中精心设计,通过教学途径发挥科学史培育科学素养的最大化价值。

同时我们也看到,在初中阶段,科学史的呈现形式上,主要集中在正文(见表2),

表2 初中人教版教材生物科学史数量分布表

呈现形式	想一想,议一议	正文	资料分析	科学·技术·社会	科学家的故事	合计
七年级上册	2	1	1	3	1	8
七年级下册	0	3	1	4	4	12
八年级上册	0	3	0	4	2	9
八年级下册	0	6	2	3	3	14
合计	2	13	4	14	10	43

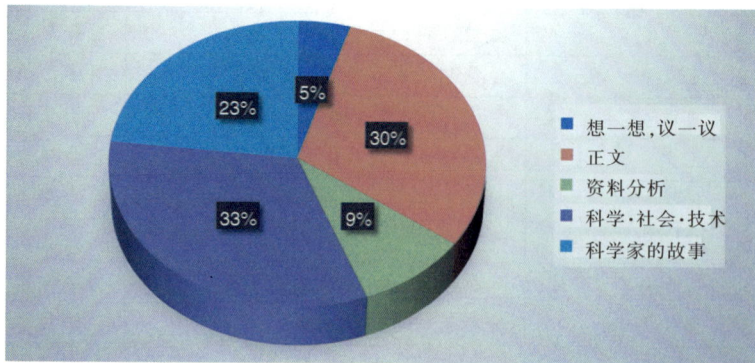

图1 初中生物科学史呈现形式分布

正文中的科学史主要体现的是生命观念和科学思维,教材中的科学史在助推概念构建形成生命观念中起到了很大的作用,同时科学史中的研究过程分析也为培养学生科学思维的能力提供了帮助。

我们从图1数据中发现,初中生物科学总体史呈现形式主要集中在"正文""科学·社会·技术"和"科学家的故事",这也符合初中生年龄特点,也符合初中生物教学的课程目标。其中"正文"占了30%,通过正文的学习使学生初步了解科学发现的过程,教师利用科学史的教学能够更好地帮助学生构建概念,培养学生形成生命观念,为学生进入更深层次的学习打下基础。在四册教材科学史的呈现形式中,"科学·社会·技术"和"科学家的故事"共占比56%,反映了通过初中的生物学科的学习,除了掌握一定的科学知识,具备一定的科学能力,更重要的是作为义务教育的最后阶段,培养学生的社会责任感,感悟科学家们的人格魅力,学习科学家们追求真理、坚定信念、崇尚科学、不畏艰难的科学精神,认同科学家们为人类进步所做的巨大贡献,帮助学生更好地生活和参与社会事务。

(二)初中生物课堂教学中生物科学史运用的案例研究

1.科学史助推概念构建,领悟生命观念

"生命观念"是指对观察到的生命现象及相互关系或特性进行解释后的抽象,是人们经过实证后的观点, 是能够理解或解释生物学相关事件和现象的意识、观念和思想方法。生物科学史在初中教学中发挥着独有的作用,在学习生物科学史时不仅可以使学生了解科学家实事求是、勇于探索的科学精神,还可以在这个过程中构建概念,从而进一步形成正确的生命观念,如结构与功能观、进化与适应观、稳态与平衡观、物质与能量观等。

在七年级上册第二单元《细胞是生命活动的基本单位》一章中,学生通过观察实验了解了细胞的基本结构,但是对于结构的功能还是通过教师讲授获得,而栏目:科学家的故事"施莱登、施旺与细胞学说",从罗伯特·虎克1665年首次发现细胞,到细胞学说的建立,简单的描述了细胞结构与功能的一致性,在细胞的结构与功能教学中起到了助推作用,培养学生初步具有细胞结构与功能相适应的观念,促

进结构与功能观的形成。

如表3,在八年级上册第五单元第四章《细菌和真菌》细菌的发现教学中,充分利用科学史,预习与课堂讨论相结合,让学生了解虎克发现细菌的过程,知道细菌十分微小,形态多种多样。同时通过巴斯德的实验,领悟科学家严谨的科学态度,使学生理解细菌不是自然发生的,而是由原来已经存才的细菌产生的,帮助学生初步形成稳态与平衡观、进化与适应观。

表3 "细菌的发现"教学过程示意

教学内容 (含核心素养体现)	教师活动	学生活动
细菌的发现 小组活动,讨论交流 视频提升 通过小组讨论、交流,一同分析问题,解决问题 利用视频资料,使学生对鹅颈瓶实验的过程有直观了解,并深刻体会科学家实事求是、勇于探索的科学精神,助推生命观念的形成 引导学生分析巴斯德实验设计的巧妙之处和历史性突破。培养学生分析推理能力,通过科学史的了解,渗透情感教育,培养稳态与平衡观的核心素养	教师指导学生自学,阅读书 71~72 页细菌的发现的科学故事,结合老师发给的资料,根据提示问题,小组讨论交流 讨论题: 1.谁发现了细菌?你认为他能发现细菌至关重要的一点是什么 2.谁证明了细菌是哪儿来的?他是如何证明 (教师播放视频:《巴斯德鹅颈瓶实验的故事》,帮助学生分析实验变量、实验结论等) 3.你认为他们为什么会获得成功	学生活动:小组合作,阅读资料,交流讨论 列文虎克,制造了显微镜 认识到显微镜在细菌发现中的重要作用,同时认同技术进步对科学发展有巨大的推动作用 巴斯德 鹅颈瓶实验 观看视频 观看视频进一步了解鹅颈瓶实验的过程,体会科学家的艰辛。在教师引导下分析实验,得出结论 阐述巴斯德的其他贡献 明确科学的新发现是建立在缜密的思维和精细的实验基础上的。同时也要敢于创新,不断进取的精神 了解细菌的发现史,渗透情感教育,培养核心素养

续表

教学内容 (含核心素养体现)	教师活动	学生活动
阶段性小结 归纳"问题系统"中相关知识,促进概念的形成,领悟生命观念	教师引导学生:现在我们知道,谁发现了细菌?谁证明了细菌从哪里来的	巩固所学,释疑解惑: 列文·虎克(荷兰) 巴斯德(法国)

预习资料:

资料1:细菌的发现

迄今30多亿年前,微生物就悄悄地出现在地球上了。然而,当时谁也不认识它。直到300多年以前,一个荷兰人才第一次涉足这个神秘的微生物王国,他的名字叫列文虎克。

列文虎克出生在荷兰德尔夫特的一个贫穷的家庭,他从小非常热爱大自然,也非常爱动脑筋,喜欢向大人们提出各种各样的问题,并且追根问底。

16岁那年他在一家杂货铺里当学徒。白天,他忙着干活,一到晚上,他就借着灯光读自己喜欢的书。杂货店的隔壁是一家眼镜店,他一有空就向师傅们学习磨制镜片的技术。

后来,列文虎克回到了自己的家乡,他利用空余的时间又拾起了自己的爱好,使劲地磨制镜片,甚至夜里还磨个不停,像着了迷似的。经过无数次的研究,他终于做出了世界上第一台可以放大近200倍的显微镜。

1671年的一天,列文虎克从附近的一个池塘里取回一些水,放在显微镜下进行观察。突然,他大叫起来:"天哪,我看见活物了!瞧,它们在游泳呢,它们玩得多欢呀!"他简直有点儿不敢相信自己的眼睛,世界上难道会有这么小的生灵?别是我看花了眼吧!他使劲地揉揉眼睛,又仔细地观察起来。

列文虎克就这样每天继续观察着、记录着。1676年列文虎克给当时的科学权威机构——英国皇家学会写了一封信,信中这样写道:"我看到了神奇的小生物,你们可以把100万个这样的小生物放到一粒沙子上;在一滴水珠里,可以容纳270万个这样的小东西!……"他的这份研究报告,轰动了英国皇家学会,一时间,

列文虎克的名字传遍了整个欧洲。人们从四面八方赶来,围着显微镜,边看边嚷,仿佛是一群淘气的孩子,欢呼雀跃。列文虎克成了第一个看到细菌和第一个绘制细菌图的人。

成功的喜悦,并没有使好奇心强的列文虎克冲昏头脑。相反,更加促进他那锲而不舍的探索精神。他将自己的观察报告继续不断地寄往伦敦。他成为了有史以来第一个发现微生物的人,他的发现开辟了人类征服传染病的新纪元。

资料2:巴斯德简历及主要贡献

• 巴斯德(Pasteur,Louis),1822年12月27日生于法国。巴斯德一生进行了多项探索性的研究,取得了重大成果,是19世纪最有成就的科学家之一。

• 1880—1889年成功研制出鸡霍乱疫苗、狂犬病疫苗等多种疫苗,其理论和免疫法引起了医学实践的重大变革。

• 巴斯德的工作还成功地挽救了法国处于困境中的酿酒业、养蚕业和畜牧业。巴斯德发展了在饮料中杀菌的方法,后称之为巴氏消毒法(加热灭菌)。

• 巴斯德还提出了防止手术感染的方法。

• 他的科学研究奠定了工业微生物学和医学微生物学的基础,并开创了微生物生理学,被后人誉为"微生物学之父"。

在科学史的教学中,关注生命观念的育人价值,在课堂教学中,使学生通过对概念的构建,形成对生命现象的认知,同时激发学生热爱生命、热爱生活的情感。

2.科学史的实证研究方法,培养科学思维

"科学思维"是指尊重事实和证据,崇尚严谨和务实的求知态度,运用科学的思维方法认知事物、解决实际问题的思维习惯和能力。生物学史,尤其是重大生物学现象和规律的研究历程,从问题提出到假设和实验验证,以及结构分析等无不渗透着科学思维(如表4)。

表4 科学史培养科学思维案例

教学内容 (含核心素养体现)	教师活动	学生活动
古代史实，设疑引入 通过古代实例的分析，使学生对我国古代医学有认同感，增强民族自信心	话题引入：古时候人们用蚂蚁来验证某人是否得了哪种疾病？为什么采用这种方法 进一步明确：糖尿病人血液中血糖含量很高	学生思考、回答：糖尿病人的尿液中含有大量的糖
演绎历史，培养思维 通过重温科学研究历程的小组活动，使学生认同实事求是的科学态度、一定的探索精神和创新意识是推动人类进步的不竭动力。通过对问题的思考和交流，使学生对这些方面获得有价值的体验和感受。"亲历"实验历程。分析实验，习得方法，感悟升华，培养学生归纳、概括、推理的核心素养	质疑：我们前面学习了，糖是人体重要的供能物质。是什么原因使得糖尿病人血液中的葡萄糖不能及时的被吸收和利用呢 引入：为了解开这个谜团，科学家们是怎样研究糖尿病的呢 播放视频。指导学生观看视频，并结合教材107页资料3，重温科学家的研究思路 学生活动：我当小小科学家！——温科学研究历程	通过质疑引导学生思考，理性探寻糖尿病的成因 观看视频，带着问题去重温科学研究历程

　　"海尔蒙特、普利斯特利的实验""小羊多莉的身世""转基因鼠的启示""甲状腺激素和胰岛素作用的研究"，以这些科学史为素材，通过得当的教学组织，引导学生理解科学家的实证研究过程，基于事实进行逻辑推理可以培养学生归纳与概括的能力、演绎与推理的能力，促进学生批判性思维和创造性思维的发展，以培养学生的科学思维的能力。

　　在胰岛素的调节作用的教学中，通过一系列问题串的设置，重温探究的历程，教师从科学探究的各个环节入手，层层分析，创设问题，引导学生构建胰岛素调节功能的概念。①发现问题：狗切除(胰腺)后，尿液中出现了(葡萄糖)，还出现了糖尿病人的症状。②作出假设：(胰腺)对控制血糖含量有作用。③进行实验：结扎正常狗的(胰管)，与病狗进行(比较)。④实验结果：胰腺大多萎缩，只有(胰岛)或者，并且尿液中没有(葡萄糖)。⑤实验推测：(胰岛)会分泌一种能调节(糖)的吸收和

利用的物质。⑥进一步实验:从狗的胰岛中提取了(胰岛素),用于治疗患糖尿病的狗,获得成功。⑦实验结论:胰岛素是由胰岛分泌的。胰岛素能调节糖的吸收和利用。分析完探究过程后,再提出问题:在研究过程中,用到了什么科学探究方法?(对照实验)同时引导学生分析探究实验中单一变量是如何设置的?

通过引导学生对科学探究历程的分析,强化了学生对对照实验原则和单一变量原则的理解,然后引导学生对探究实验进行评价,自己尝试得出结论。在学习的过程中,学生尽管没有亲自动手探究,但是通过重现历史、问题引导等方式感受到了当时科学家们实验研究的方法和过程,培养归纳、概括、推理的能力,从而进行了一次完整的科学思维和科学方法训练。

3.科学史揭示探究历程,提升探究能力

"科学探究"是指能够发现现实世界中的生物学问题,针对特定的生物学问题,进行观察、提问、实验设计、方案实施以及对实验结果的交流与讨论的能力。生物科学史中蕴含着大量的科学家的研究方法,在教学中可以非常有效地为学生创设探究榜样,习得方法,并在实践中加以延展,培养学生的科学探究能力,在历年来的教改中也都比较提倡探究性学习(如表5)。

表5　科学史提升探究能力案例

教学内容 (含核心素养体现)	教师活动	学生活动
巴斯德鹅颈瓶实验 利用视频资料,使学生对鹅颈瓶实验的过程有直观了解,并深刻体会科学家孜孜以求的科学态度 引导学生分析巴斯德实验设计的巧妙之处和历史性突破。培养学生分析推理能力,培养学生的逻辑思维、发现问题解决问题的能力,提升探究意识,培养核心素养	提问: 谁证明了细菌是哪儿来的?他是如何证明 教师播放视频:《巴斯德鹅颈瓶实验的故事》,帮助学生分析实验变量、分析探究过程、并引导学生得出实验结论等	学生观看视频,并认真思考问题 巴斯德 鹅颈瓶实验 观看视频进一步了解鹅颈瓶实验的过程,科学探究的过程,体会科学家的艰辛。在教师引导下分析实验,得出结论

在"甲状腺激素作用的发现"科学史的学习中,引导学生通过资料分析,明确科学探究的一般过程。科学家们首先将蝌蚪的甲状腺破坏,结果蝌蚪停止发育,再长也就是大的蝌蚪。再向饲养缸内滴加几毫克甲状腺激素,结果又能发育成青蛙。接着,科学家又做了第三组实验:向正常蝌蚪的饲养缸中滴加几毫克甲状腺激素,大家可以预测一下结果吗?(提前发育成小青蛙)这个实验研究的是什么激素?(甲状腺激素)它是由哪种内分泌腺分泌的?(甲状腺)通过这组试验,可以得出甲状腺激素具有什么功能?(学生回答)——调节蝌蚪的发育。通过动画展示,结合问题引导,学生能够很快推论出甲状腺激素的功能,构建概念的同时科学思维也得到了训练。在此基础上,引导学生去发现科学家实验设计的不足,并设计实验给予补充,这样就可以很好地培养学生的逻辑思维及发现问题、实验设计能力,同时培养了学生敢于质疑权威的科学精神。同时可以利用技能训练设计对照实验,来验证甲状腺激素的作用,在探究中不仅培养了学生团队合作能力还提高了探究能力。

4.科学史推动社会进步,形成社会责任

"社会责任"是指基于生物学的认知,参与个人与社会事务的讨论,做出理性解释和判断,解决生产生活问题担当和能力。"STS"和"科学家的故事"中都蕴含着大量的生物科学史素材,将这些科学史素材适时运用到教学中,可以在潜移默化中起到提升学生社会责任素养的目的。

"科学家的故事"——王应睐组织我国科学家率先合成结晶牛胰岛素,在教学中使学生认识到我国科学家的优秀成果,学习科学家造福人类的态度和价值观,树立民族荣誉感和使命感。同时进一步追问学生:"胰岛素能口服吗?"使学生了解目前胰岛素只能注射,激发学生的社会责任感,参与社会事务、努力学习、投身科研的使命感(如表6)。

利用科学史的学习,引导学生要向科学家学习,对问题做出理性解释,辨别迷信和伪科学,如"达尔文的进化论"教学中,达尔文比较明确地指出,人类和其他动物一样是进化来的,并推测人类与大猩猩和黑猩猩有亲缘关系。当时许多科学家坚信神创论,因此,达尔文进化思想的支持者与神创论观点的支持者展开了激烈的争论。关于人类起源的辩论发生在1860年6月牛津大学大不列颠学会的一次会议上,争论的焦点是达尔文的《物种起源》一书。达尔文的观点在这次辩论中最终获得

了胜利。后来,达尔文在比较了人类和类人猿的相似处之后提出,人类和类人猿是由共同的祖先进化来的。通过资料使学生了解那段历史,了解科学家坚持真理,拒绝迷信的科学态度,培养学生理性的分析问题,寻求科学的解释,杜绝迷信。

"生物圈Ⅱ号"的失败让我们清楚地认识到生物圈只有一个,培养学生形成生态意识,参与环境保护中来,保护我们的地球,保护我们的家园。"第七类营养素——膳食纤维""血液透析和肾移植""角膜移植、角膜捐献和人造角膜""人类与传染病的斗争(牛痘接种)"这些科学史知识,可以帮助学生明白关爱生命、健康生活的重要性,要做健康生活的亲历者和宣传员。

"科学家的故事"中提到了很多科学家:王应睐、珍妮·古道尔、林奈、袁隆平、李时珍、达尔文等,这些科学家都是学生学习的榜样,就像抗击非典的钟南山院士一样,可以利用榜样的力量教育学生,培养学生的社会责任感。

表6 胰岛素教学案例

教学内容 (含核心素养体现)	教师活动	学生活动
胰岛素的作用拓展 进行知识迁移、构建知识体系 通过口服胰岛素的相关问题,激发学生投身科研探究的使命感 通过使学生关注健康,认同生活方式对健康的影响,培养良好生活习惯的意识。并积极做家庭的健康生活宣传员,加强参与家庭和社会事务的能力,对待事物能做出理性解释和判断,促进担当精神的核心素养培养	扩展延伸——提问:胰岛素能口服吗 现在科学家正在积极研制口服胰岛素,希望同学们努力学习,能为人类的医疗事业做出贡献 教师小结:既然糖尿病还不能治愈,那么,预防就尤为重要!希望大家养成良好的饮食和生活习惯,远离这种富贵病	利用知识迁移,胰岛素是一种蛋白质,引导学生思考回答:蛋白质在胃中被胃蛋白酶消化,失去降低血糖的作用 获得社会责任感的认同 领悟生活方式对健康的影响

(三)科学史教学助推学生生物核心素养的教学策略

1.设疑引趣,追溯历史,科学史的引入策略

生物科学史中有大量有趣的故事、精彩的科学实验和曲折的科学探索过程。

这些故事具有很强的趣味性,会激起学生对生物学科的兴趣,把这种兴趣转变为求知、探寻真理的心理行为,利用科学史中的故事来创设情境,巧妙地设问、追问,让学生置身于相应的历史情境中,感知科学家们的现实生活,这样可以很大程度地调动学生学习的热情,起到事半功倍的效果,还能使学生体会到科学家的研究思想和研究方法。

例如:在进行胰岛素的调节功能教学时,利用古代典故创设疑问情景引入,"古时候人们用蚂蚁来验证某人是否得了消渴症(即糖尿病),你知道是什么原因吗?"通过对古代中医诊治过程的分析,使学生初步认识糖尿病,并激发学生对病因探究的欲望。

在进行光合作用的发现的教学时,可以从呈现亚里士多德的观点切入,"2000多年前,人们受古希腊著名哲学家亚里士多德的影响,认为植物体是由'土壤汁'构成的,也就是植物生长发育做需要的物质都来自于土壤。"让学生判断这一观点是否准确,创设良好的探究情境,激发学生的探知欲望。

利用科学史创设情境,可以有效激发学生的兴趣,将原本枯燥、抽象的科学概念转变为生动形象的探究故事,同时通过教师巧妙的质疑,使学生身临其境,更能在潜移默化中学习科学家的优秀品质和科学精神。

2."媒体手段"策略,重温科学史

利用投影片和录像片等形式提供史料,介绍生物科学史和成就,再现科学发现的历史,引导学生进行自主探究式学习,体会科学探究的过程和方法,与此同时,向学生渗透思想教育。多媒体能全面调动学生的多种感官参与学习,充分激发学生的学习积极性和参与性,有效地助推核心素养的培养。

例如:在进行胰岛素的功能的教学时,可以利用录像片介绍科学家发现真理的事实,教师让学生观看视频"班廷发现胰岛素",学生看后初步知道胰岛素的发现过程。教师利用视频将问题具体化、形象化,即"通过观看视频,你知道是谁提取出了糖尿病人体内缺少某种物质吗?这个物质是什么?"(答:班廷、胰岛素)学生顺理成章的将胰岛素与糖尿病联系起来。

进行基因的显性和隐性的教学时,其中孟德尔的豌豆实验经过整整 8 年的不懈探索,其理论知识抽象难懂。在教学中充分利用投影片介绍孟德尔的豌豆杂交实验过程,提供产生理论的事实,然后结合图解,由现象到本质地分析豌豆的遗传

特点,归纳定义有关生物术语,力求变抽象为具体。帮助学生实现由特殊到一般,由现象到本质,由感性上升到理性认识的飞跃,最后科学地导出遗传基本规律,理解基因的显性与隐性,培养科学思维能力和生命观念。

3.“推理探究”策略,再现科学史

推理探究的策略是指教师将生物科学史中与生物学概念的形成有密切联系的资料转化为各种生物学问题,创造一定的问题情境,让学生在问题的探究中学习生物学概念。再现科学家的科学研究历程,引导学生以一系列的科学史素材为支撑,开展基于史实素材的推理式探究活动。这样不仅可以让学生知晓概念的来龙去脉,有效促进概念的理解与构建,还有利于使学生深刻地体会科学研究的过程、方法和精神。“生长激素的发现”“小羊多莉的身世”“转基因鼠的启示”“血型的发现”等都可能以问题串的形式再现科学历程,在推理探究中习得概念,提升科学素养。

4.德育为重,延伸升华,科学史的拓展策略

任何科学的重大发现都是科学家在“敢于质疑,不断创新,勇于求真”的科学精神指导下取得的,科学史的介绍可以潜移默化的感染学生。教学中,教师通过声情并茂的言辞来渗透伟大科学家们坚毅求真的精神和品质,可以有效引导学生向科学家们学习,树立热爱科学,不畏艰辛的科学态度和科学品质,并内化到自身的学习和生活中,有助于学生养成积极乐观的心态。这正是新课程所提倡的“关注学生情感、态度与价值观”理念的要求。

例如在进行细菌发现的教学时,笔者为学生提供了列文虎克发现细菌的科学小故事,以及巴斯德简历及主要贡献的简报,同时会提出这样的问题让学生思考“通过对细菌的发现过程的了解,你认为列文虎克发现细菌至关重要的一点是什么?人们为什么称巴斯德为‘微生物学之父’?你认为列文虎克和巴斯德为什么会获得成功?”在学生的思考交流中,对科学发展的艰辛历程和科学家们勇于探索充满了认同,同时也对学生进行了潜移默化的情感、态度和价值观的教育,发展了学生的核心素养。

在进行胰岛素功能的教学中,教师与学生共同分析——目前对于需要胰岛素治疗的病人,只能通过注射的方式获得胰岛素的原因;此时有学生提出:将来会研

究出能口服的胰岛素吗？教师对学生这种大胆的设想给予肯定(随着科学的不断进步,我坚信这是可以的,希望有你的参与!)激发学生投身科研探究的使命感!同时指导学生运用获得的科学概念指导生活,健康的生活,实现了社会责任的素养培养。

生物科学和技术的迅猛发展对社会和经济的发展也起到了至关重要的作用,通过科学史的介绍,让学生充分体会生物在生活中的实用性,使学生主动把学习知识和服务社会联系起来,从而形成正确的科学价值观,更好的生活。

五、成果及课例

在 2020 年抗击新型冠状病毒肺炎疫情期间,承担天津市"停课不停学 学习不延期"春季学期七年级生物学精品课程资源建设任务。课题名称为《人的生殖》和《激素调节》,并在其中运用生物科学史进行教学。《激素调节》教学设计见附录。

六、反思

因本人的能力有限, 依托生物科学史发展生物核心素养的研究还有很多不足,所用的实例也不够充实,还可以进行对照教学,量化比较,以实验数据为依托,可以更直观的看到生物科学史教学对于发展学生生物科学素养的作用。

在初中生物教学的过程中,生物科学史具有其独特的教育价值,以初中生物科学史为依托可以更为有效地发展学生的核心素养。而教材中不同的科学史的教育价值侧重又有所不同,这还需要教师认真研读生物科学史,提升自己的生物科学素养,选取合适的材料,运用适当的手段,使学生身临其境感受科学探索的魅力与过程,习得科学方法,体悟科学思维,形成一定的生命观念和这会责任。

参考文献

[1]戴小祥.以生物史为鉴.培养科学精神[J].文理导航(上旬),2011(08):56-57.

[2]中华人民共和国教育部.普通高中生物学课程标准(2017年版2020年修订)[S].北京:人民教育出版社,2020.

[3]乔治·萨顿.科学的生命——文明史论集[M].北京:商务印书馆,1987.

[4]玛格纳.生物科学史[M].李难,崔极谦,王水平,译.天津:百花文艺出版社,2002.

[5]马小明.例谈生物科学史在提升学生学科核心素养中的应用[J].生物学教学,2019,44(07):8-9.

附录

《激素调节》教学设计

一、设计理念

1.教学设计重在引导学生主动参与

内分泌腺的概念、种类和举例说明人体激素参与生命活动的调节等教学内容的教学展开都是以学生活动为主,通过观察图片、观看视频、分析资料、讨论、合作重温科学探究实验、小组交流展示等活动,激发学生的学习兴趣,引导学生主动参与、分析和解决问题,获得新知识,转变学生的学习方式。

2.注重面向全体学生

教学活动的设计注重学生活动为主,如:科学家研究"胰岛素功能"的过程,给学生充足的时间,让学生充分去思考、分析,得出结论,进行交流,而不是不简单的把科学家研究的成果呈现出来。教师扮演"引"和"导"的角色。这样处理适应了不同学生的发展,也为能力较强的学生提供了能力发展的空间,使学生能力得到提升。

3.核心素养的完成

在教学过程中,无声的渗透学科德育。通过教学环节的组织,潜移默化地进行育人。使学生学会做人,培养学生正确的人生观,积极向上的精神。

二、教学分析

人体生命活动的调节是由内分泌系统和神经系统共同完成的,本节内容主要讲述的是内分泌系统与激素调节的知识,教材以生长激素等几种主要激素的调节作用为例,着重说明激素对生长、发育、生殖、新陈代谢等基本生命活动具有重要而显著的调节效能。通过学习这部分知识,使学生对生命活动调节有一个完整的认识。

三、教学目标

(1)能说出内分泌腺的特点,了解人体主要的内分泌腺的位置和功能。

（2）能说出生长激素、甲状腺激素、胰岛素对人体生理活动的调节作用。

（3）通过资料分析的形式，重温科学探究的历程，获得研究激素功能的基本方法。

（4）能举例说明激素调节与神经调节的关系。

（5）通过重温人类对胰岛素的探究历程，培养学生乐于探索、勇于探究的科学态度，增强合作学习的意识，促进学生的科学思维素养和科学探究素养的提升。

（6）通过分析、讨论糖尿病的危害和预防，增强学生关注健康、珍爱生命的意识，养成良好的生活习惯，培养学生为人类服务的社会责任感和使命感，促进社会责任素养的提升。

三、教学重点

内分泌腺的概念、种类和功能。

能够举例说明人体激素参与生命活动的调节及分泌异常时的表现。

四、教学难点

激素的调节作用学生比较生疏，难以理解，成为本节教学的难点。

难点突破：通过课前学生搜集、整理资料、课上展示交流的形式使学生对激素调节有了感性认识，课上利用图片、视频资料等形式，通过引导、讨论归纳出这些激素的调节作用。

五、教学前准备

教师：制作课件、搜集相关视频、图片、资料等。指导学生小组活动的开展。

学生：课前分小组搜集和整理资料。

六、教学过程（见表1）

表1 教学过程示意

教学内容	学生活动	教师的组织和引导
观察图片,激情引趣,导入新课: 复习提问,质疑引入	思考 积极发言:原来这些患者发病的原因都是由于激素的异常分泌引起的 激发兴趣,期待新课	创设情景:出示相关图片 质疑:这些都是一些患者的图片,它们为什么会患有这些疾病? 今天我们就一同学习第四节《激素调节》 进一步引入:什么是激素呢?激素是如何调节人体的生命活动呢?
提出质疑,激发学生探究意识,确定学习目标		我们前面介绍了神经系统能调节人体的生命活动,那么,神经调节与激素调节是怎样的关系呢?谁主谁次呢?
一、内分泌腺分泌激素 1.内分泌腺的特点	观察思考 学生根据教材自查,尝试分辨图片,掌握本质 腺体中有导管,分泌物经导管排出腺体,这种叫作外分泌腺。如我们前面介绍过的消化腺都是外分泌腺	设置疑问,指导学生解答: 首先,激素是由内分泌腺分泌的,那么,什么是内分泌腺呢? 1.请你查阅教材,在学案中将概念补充完整 2.尝试分辨下列图片,找出内分泌腺 其次,哪个是内分泌腺呢?理由是什么? 导言:激素是由内分泌腺分泌的,那么人体有哪些内分泌腺呢
2.内分泌腺的种类	(学生课前预习,课上识图抢答,考察掌握情况) 学生抢答,调动学生积极性	课前给同学们留了预习作业,自主学习,识图速记人体主要的内分泌腺和其分泌的激素 现在就来考考你的眼力,我们来识图抢答,看你还认识这些内分泌腺吗?准备好了吗 教师鼓励:大家的表现都很棒

续表

教学内容	学生活动	教师的组织和引导
		引言:人体的内分泌腺共同构成了人体的内分泌系统,当人体的内分泌失调时就会患病,我们这节课就主要来探究3种激素的功能及其异常时的表现。下面先来看一种疾病——糖尿病
二、几种激素的功能 1.胰岛素的功能及异常表现	学生思考、回答:糖尿病人的尿液中含有大量的葡萄糖 学生活动:我当小小科学家 ——重温科学研究历程,小组交流知识升华 学生小组活动,探讨交流	古典引入:古时候人们用蚂蚁来验证某人是否得了消渴(即糖尿病),你知道是什么原因吗? 那么,科学家是怎样研究糖尿病的呢? 指导学生活动:分析教材107页资料3,填写学案,一起来重温科学家的研究思路。然后,通过小组交流,讨论下列2题: 1.科学家在研究糖尿病时用到了哪些方法? 2.你认为为什么班廷为此获得了诺贝尔奖?这对你有什么启示? 教师巡视、指导。
胰岛素能够调节糖在体内的吸收、利用和转化 当胰岛素分泌不足时会患糖尿病	代表发言 观看视频,视觉刺激,巩固新知 小组展示交流: (学生汇报) 领悟生活方式对健康的影响	小结: 播放视频。 指导小组展示交流: 课前我们分小组搜集资料并做了整理,制成了演示文稿,我随机抽出了一组来做汇报交流,其他各组的作品我会在课下展示出来。 教师小结: 既然糖尿病还不能治愈,那么,预防就尤为重要!希望大家养成良好的饮食和生活习惯,远离这种"富贵病"

续表

教学内容	学生活动	教师的组织和引导
	知识升华 思考回答	课外扩展,知识升华:你认为将来会研究出能口服的胰岛素吗?随着科学的不断进步,我坚信这是可以的,希望有你的参与 (激发学生投身科研探究的使命感)
	(观看视频) 学生回答:垂体 学生回答:生长激素 学生回答:生长发育	图片引入:大家看这幅图,谁是哥哥?谁是弟弟? 提问:他们患病是由于哪种器官的异常?垂体分泌什么激素?所以,生长激素的功能是:调节人体的……(生长发育)
2.生长激素的功能及异常表现: 生长激素能促进人体的生长发育 生长激素幼年分泌过少——侏儒症 生长激素幼年分泌过多——巨人症	知识扩充 学生思考回答:注射生长激素	质疑:对于侏儒症患者,我们有什么治疗措施呢? 早期每周注射几毫克的生长激素,可使生长速度显著增快,追上正常人。(1mg=1/1000g) 测量血液中所含有的激素水平时,所用的测量单位一般是以每100mL血液中含有的微克来计算(1μg=多少克?)
	学生思考回答:百万分之一	这样的浓度仅相当于在一个装满水的标准游泳池中滴入一滴墨水的浓度 质疑:让你用一个字来形容激素,是什么?——少
	学生感悟:少	所以激素的作用特点是:含量少,作用大。 质疑:刚才大家看了视频,你觉得这对兄弟患者的智力怎么样?

教学内容	学生活动	教师的组织和引导
	学生悟出:这些患者除了外形与正常人有差异外,别的一切正常,能上学,能与正常人交往、结婚、生育后代。相信你一定愿意与他们交朋友	联系实际,指导生活: 了解了有关生长激素的功能,有的同学可能会想了,我对自己的身高不是很满意,我想长得更高。我也来注射生长激素可以吗? 其实要想长高,还是有秘诀的,我给大家提供2条信息
	阅读信息,思考 学生回答:充足睡眠、适量运动、科学营养	根据信息提问:看看你是不是能从中领悟出秘诀来
	学生欣赏、接出词句	引言:下面让我们来欣赏辛弃疾的《西江月》,看看你能接出词句吗 明月别枝惊鹊,清风半夜鸣蝉。稻花香里说丰年,_____
	学生回答:听取蛙声一片	这首词的意境很美。在这首词中提到了蛙,这种动物的幼体叫什么?
	学生回答:蝌蚪	知识铺垫:蛙的成体和幼体形态上有很大差异,关于蛙的发育我们初二还会学到 科学实验的探究:科学家利用蛙的发育特点,做了下面的实验。课件展示实验
3.甲状腺激素的功能及异常表现	观看课件,分析实验	提问:这是一组什么实验?
	学生回答:对照	提问:通过这组对照试验,可以得出甲状腺激素具有什么功能?
	学生回答:调节蝌蚪的发育	接着,科学家又做了第三组实验,大家可以预测一下结果吗? 引入:甲状腺激素还有什么功能呢?下面请小组做展示交流
甲状腺激素能够调节人体的生长发育、促进神经系统兴奋性	学生思考、回答:提前发育成小青蛙	

续表

教学内容	学生活动	教师的组织和引导
呼应课开始的质疑,学生小结	学生积极回答。指导生活 知识回顾、学生讨论回答:激素是内分泌腺分泌的;通过血液循环运输起作用;可以调节人体的生命活动;激素量很少,但作用很大;分泌过多或过少都会使人患病	质疑:怎样预防大脖子病呢? 呼应课开始的质疑,教师提问:三种代表激素我们都介绍完了,现在你知道什么是激素了吗?激素有什么作用呢?
三、激素调节与神经调节关系	学生观看视频 学生回答:神经调节 小结:人体的生命活动主要受到神经系统的调节,但也受到激素调节的影响。在神经系统的调节控制下,激素通过血液循环也参与调节人体的生命活动	激素调节与神经调节之间是什么关系呢?(播放视频) 教师提问:激素调节与神经调节谁主谁次呢?(神经调节) 教师指导得出小结
课堂反馈	游戏——角色扮演:我当小医生 游戏方法:①组长领取病历卡;②小组会诊,查明原因及诊断;③还回病历卡,批阅诊断	教师组织游戏 展示小组诊断结果,给予激励性评价
课堂总结	根据提示问题自己完成小结 学生交流发言	提示问题: 本节课你知道了哪些新知识? 其中哪些知识可以指导我们的生活? 教师根据学生发言,给予评价

七、作业设计

课后延伸:

(1)制定一份糖尿病人一日三餐的食谱。

(2)实验设计:探究甲状腺功能(材料、步骤等)。

八、板书设计(见图1)

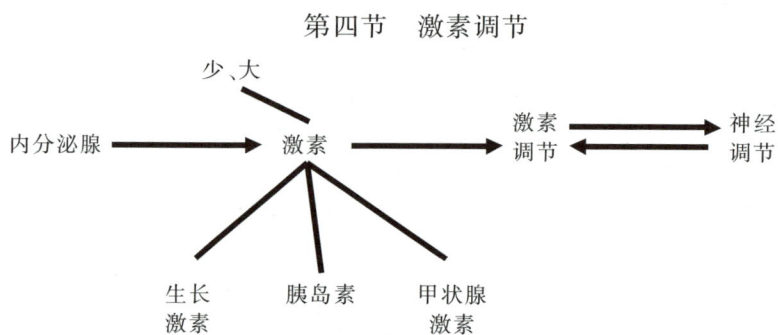

图 1　板书设计示意

利用教材中的活动栏目培养学生生物学科核心素养

天津市红桥区泰达实验中学　闫敬

摘　要:生物学科核心素养是学生核心素养的重要组成部分,培养学生的核心素养是当下教育研究的重点。作为一线教师,培养学生核心素养的主要途径是通过教学实践活动,教学中最常用和最重要的工具之一就是教材,教材是设计教学实践活动最重要的依据之一。人教版义务教育生物教科书中设计了大量的实践活动栏目,是精选易得适切性很高的课程资源。本研究侧重在教学实践中深入而高效的挖掘这些活动栏目的育人价值,在课堂实践中运用情境诱导、方法引领、综合实践等教学策略开展教学活动,改善学生的学习行为,促进学生的思维发展,帮助学生建构重要的生物学概念,从而推动学生生物学科核心素养的发展。

关键词:生物学科核心素养　活动栏目　实践研究

一、研究的背景和目的

生物学科核心素养是学生发展核心素养的重要组成。利用生物课程教学发挥

学科育人价值，发展学生的生物学科核心素养是一个逐步积累和螺旋上升的过程。依据初中学生的身心发育特点，研究课堂教学实践，着意培养学生树立正确的价值观，发展综合能力，养成优良品格，逐步发展学生的生物学科核心素养，加强学生的素质教育，才能适应学生终身发展和社会不断进步的需求。因此，本次团队攻坚研究的方向定为"基于生物学科核心素养的课堂教学的实践研究"。

基于此研究方向，结合教学实际，笔者注意到教学中对教材的应用上存在一些问题，教师对教材的研究和使用重视程度不够，偏重于从网络等各种渠道开发相关的课程资源。实际上，作为学生手中最权威、最重要的学科学习工具，教材中就有丰富的活动栏目，是适切性很好的课程资源，恰当的应用对培养学生生物学科核心素养具有不可替代的作用，因此在团队攻坚的大方向下具体开展子课题"利用教材中的活动栏目培养学生生物学科核心素养的实践研究"。

当然，在实际的备授课过程中开发课程资源是有必要的，可以从教材内外的各种渠道进行搜集，然而面对这些资源更应该重视筛选以及应用的时机和形式。来源于网络和生活中的很多资源都存在科学性或争议性的问题，需要进行分辨和再加工。其实，最容易被忽视的教材中就设置了形式多样的活动栏目，是教师和学生最容易获得的课程资源，这些课程资源经过了大量专家和一线教学的实践论证，是优中选优而精选出来的活动案例，值得我们在备授课过程中深入挖掘。

通过实践研究，探讨高效和深度利用教材中活动栏目的有效策略和方法，引导学生从参与活动中提升能力、习得概念、发展生物学科核心素养。

二、研究的理论依据

（一）核心概念的界定

1.生物学科核心素养

学科素养是学生核心素养在特定的各种学科中的具体体现，是各个学科独特育人价值的一种集中体现，客观来说是指学生学习了某一门学科以后，内化后形成的带有学科特点的重要观念、思维方式、综合能力、情感认同和责任意识。生物学核心素养也是如此,是指学生在生物学课程学习过程中逐渐发展起来的,在解决真实情境中的实际问题时所表现出来的必备品格和关键能力,是学生通过学习生物学课程内化的带有生物学科特性的品质。其包括4个要素:生命观念、科学思维、科学探究和社会责任。

2.活动

心理学范畴的活动是以实现预定目的为特征,受目的和动机系统制约的行动。人对客观现实的积极反映、主体与客体的关系都是通过活动而实现的。人的心理、意识是在活动中形成和发展起来的。通过活动,人逐渐获得对周围世界的认知,形成各种性格品质和意识形态;同时,活动本身又受人的心理、意识的调节。因此,参与活动有助于人获得思维能力,形成价值观念,产生情感认同,认识并融入周围世界。

(二)理论基础

利用教材中的活动栏目开展教学活动,从根本上来说,仍然是以学生所能达到的认知和能力水平为基础,辅助学生进行概念建构,在建构过程中进一步深化认知,提升能力,发展学科核心素养,这一过程符合建构主义学习理论。

按照建构主义的学习理论,学生的学习是通过一定的情境即社会文化背景,借助教师、学习伙伴等他人的帮助,利用相应的学习资料,进行意义建构。"情境""协作""会话"和"意义建构"是学习环境中的4大要素。教材中精心设计的活动栏目创设了大量有意义的教学情境,通过观察与思考、资料分析、探究、实验、课外实践、技能训练等等形式,引导学生和他人进行"协作""会话",逐步进行"意义建构",进而发展核心素养。

建构主义提倡学习是主动建构的过程,在教师指导下的、以学习者为中心的学习,既强调了学习者是参与建构和获取认知的主体,同时也没有忽视教师的指导作用,教师是学习者进行意义建构的帮助者、促进者,而不是知识的传授者与灌输者。因此,在利用教材中的活动栏目开展教学活动的过程中,应当注意教师自身与学生在活动中所处的角色,在活动中学生才是真正的参与者和执行者,教师应处于学生学习的帮助者和促进者的位置,为学生参与活动提供必要的支持,避免代替学生完成活动或直接传授活动的结果结论。

三、研究的内容和方法

(一)研究内容

从培养学生的生物学科核心素养的角度深入,探讨在教学实践中利用教材中活动栏目的策略和方法。研究的主要内容包括以下几方面。

(1)对教材中的各种活动栏目进行统计、归纳、分类,对照生物学科核心素养所包含的 4 个方面,分析各个活动栏目可以与哪些核心素养的培养相关,为实际的教学设计提供思路和依据。

(2)在课堂教学实践中着意选取相应的活动栏目进行深度开发,结合课标中要求学生掌握的基本生物学概念,从概念建构和发展核心素养的角度设计教学环节中的各种教学活动,积极进行实践研究,及时进行反思和总结。

(3)汇总实践研究中的结果和结论,整理提升,提炼为具有实践意义的教学方法和策略。

(二)研究方法

1.文献分析法

组织课题研究小组的教师学习建构主义学习理论,查阅与课题相关的研究论文和文献,为课题研究提供理论依据和实践研究方法的参考。

2.案例分析法

跟踪记录不同教师、不同班级的教学实践情况,结合教学实践进行案例分析,研究活动栏目的有效利用方法,总结有效的教学策略。

四、研究思路和步骤

(一)研究思路

依据概念建构的过程,从学科核心素养的角度,对教材中的活动栏目进行归纳分类,为课堂实践提供理论基础。结合各种活动栏目的特点和教学的实际需求制定计划,以课例分析为载体,以行动研究为主要的研究方法。在研究过程中,结合一线教学实践的优势,对不同的活动栏目进行研究,设计嵌入各个课堂教学环节,并进行实践、反思、交流,多角度分析、研究、归纳,发掘有利于培养学科核心素养的教学策略。验证研究结论,分析利用活动栏目开展教学实践中,教师的教学行为和学生的学习过程的对比变化,对发展学生生物学科核心素养的推动作用,总结分析有效的利用教材中活动栏目培养学生生物科学核心素养的方法。

(二)研究步骤

1.项目起始阶段(2019.10)

与攻坚项目的指导教师和团队攻坚小组的其他成员研讨确立项目研究的内容、目的和意义,同时结合自己教学实践中的想法,初步确立自己的子课题研究方向和题目。

2.项目论证阶段(2019.11—2019.12)

基于子课题的研究内容和方法进一步与指导教师探讨,同时与周围其他同学科教师成立子课题的研究小组,组织课题组成员学习相关的建构主义教学理论,查阅和整理相关文献资料,进行开题论证并撰写开题报告。

3.项目开展阶段(2020.01—2021.01)

(1)整理归纳了人教版4册教材中的活动栏目种类和内容。从生物学科核心素养的4个维度分析各种栏目侧重的育人价值,与培养学生生物学科核心素养的关系。

(2)开展相关的教学实践研究。分别采用线上和线下形式进行了课堂教学的

实践研究，探索并总结利用教材中的活动栏目培养学科核心素养的教学策略，收集相应的案例。

4.项目结题阶段(2021.02—2021.03)

(1)梳理、总结利用活动栏目培养学生生物学科核心素养的教学策略。

(2)整理相关的精选教学案例，并进行相关的案例分析。

(3)撰写研究报告，提交研究成果，准备结题工作。

 # 五、研究成果

(一)人教版初中生物教材全部活动栏目的分类整理(见表1)

表 1　活动栏目分类

栏目内容	数量	培养生物学科核心素养的主要体现
"想一想,议一议"(每节1个)	81	引出概念,发展科学思维,渗透生命观念
"观察与思考"	23	体验科学探究,构建概念,发展科学思维
"资料分析"	26	领悟科学探究,渗透生命观念,发展科学思维
"调查"	2	体验科学探究,发展科学思维,培养社会责任
"探究"和"模拟探究"	15	体验科学探究,发展科学思维
"实验"和"演示实验"	23	体验科学探究,发展科学思维
"制作"和"模拟制作"	3	体验科学探究,构建概念,发展科学思维
"设计"	4	设计科学探究,发展科学思维,培养社会责任
"拟定计划"	1	体验科学探究,培养社会责任
"技能训练"	21	发展科学思维,培养科学探究能力
"课外实践"	11	科学探究活动,培养社会责任
"科学家的故事"	10	培养社会责任,发展科学思维,渗透生命观念
"科学技术社会"	26	
"与生物学有关的职业"	10	培养社会责任
"生物学与文学"	2	渗透生命观念,培养社会责任
"生物学与艺术"	1	

(二)教材活动栏目培养学科核心素养的教学策略的实施

从上表中可以看出,教材中设置的活动栏目形式多样。围绕着学生应当形成的重要概念和培养学生的生物学科核心素养开展活动。综合各册教材,依据教学内容和学习阶段的不同,有些活动栏目在每个章节中都有涉及,例如"想一想,议一议";有些活动栏目在不同学段中有梯度设计,例如"探究"活动,从单一变量一组对照实验,到多变量多组对照实验,到独立设计探究计划等,符合学生的认知规律。

按照活动栏目的育人特点可以将这些栏目进行分类,依据建构主义学习理论的学习观和学生的认知规律,策划相应的教学策略,指导学生建构生物学重要概念,提高学生自主和合作学习的能力,逐步发展生物学科核心素养。

1.概念的引出——情境诱导策略

课标指出义务教育阶段的生物教学应当关注重要概念的学习,而概念的形成需要丰富的、有代表性的事实提供支撑。位于每节内容之前的"想一想,议一议"栏目就是基于事实,提出问题,引出本节将要学习的概念。在教学设计中可以此创设情境,诱导学生产生疑惑,或依据自己已有的概念进行分析,诱发认知冲突,激发学生的学习兴趣,为逐步渗透生命观念和培养科学思维铺路。

例如,通过生活经验和学习学生知道,绿色植物拥有庞大的根系,通过根和根毛将水分吸收进入植物体内,但是往往自动理解为这些水分都会留在植物体内进行利用,对于吸收进入植物体内的水分绝大多数会散失到大气中并不了解也不理解。教师可以借助分布在两个章节中的"想一想,议一议"栏目创设情境,诱导学生深入思考。

(1)据统计一株生长良好的黑麦的根约有 1 400 万条,全部连接起来长达600km,共有 150 亿条根毛,全长 10 000km。所有根的总面积是茎和叶总面积的130 倍,这对黑麦的生活有什么意义?

(2)一株玉米的一生中大约需消耗 200kg 以上的水,其中只有 2.2kg 作为植株的组成成分和参与各种生理过程,那么其余的水到哪里去了? 这些水对植物有什么意义?

学生通过前一个"想一想,议一议"的讨论以及相关学习获得认知,知道绿色植物庞大的根系可以吸收大量的水分进入植物体内。那么这些水被植物体如何利

用呢?进一步通过后一个"想一想,议一议"引发学生的认知冲突,植物所需要的大量的水中,真正能够留在植物体内被利用的量只有很少的一部分,那么大量的水去了哪里?难道散失到植物体外了吗?散失这么多的水分对植物有什么意义?是不是一种浪费?这些问题随着"想一想,议一议"所提供的真实情境,与学生生活中的认知产生矛盾冲突,诱导学生沿着这些问题的引领展开探究,逐步建构植物蒸腾作用的重要概念。在学习的过程中渗透了生物体结构与功能相适应的生命观念,也发展了学生基于事实,提出问题、分析、推理的科学思维。

2.概念的建构——方法引领策略

通过"想一想,议一议"引出了概念,如何据此一步步建构概念呢?概念是对事物的抽象和概括。针对义务教育阶段的学生感性思维更发达的认知特点,课标建议可以用描述概念内涵的方式来传递概念,确定概念教学的深度和广度,这样更符合学生的年龄特点和认知能力。那么如何才能引导学生描述出概念的内涵呢?教材设置了一系列的栏目,通过科学的方法引领学生参与概念的建构,逐步学习描述概念的内涵。

"观察与思考""资料分析""调查""探究""实验""制作""技能训练"这些栏目就是指导学生在解决具体问题的过程中学习各种科学的研究方法,如获取信息、分析、比较、总结、归纳、合作、交流等。在利用这些方法解决具体问题的过程中逐步建构基本概念,渗透生命观念,同时培养学生的科学思维。

例如,建构变态发育的概念。利用教材中的"观察与思考"活动,引导学生比较蝴蝶、家蚕、蝗虫的发育过程,总结归纳昆虫变态发育的不同类型,引导学生描述变态发育的概念。结合概念内涵,进一步引导学生思考,昆虫在生物圈中种类和数量众多、分布广泛,强大的生存能力与它的变态发育有关吗?在生产生活中有不少给人类带来危害的昆虫,根据它们具有变态发育的特点,你能提出哪些有效的防治方法呢?关于昆虫的生殖和发育,你还有哪些问题吗?结合技能训练"对提出的问题进行评价",将学生提出的问题记录下来,组织讨论交流,哪些问题更有探究的价值。将有探究价值的问题留给学生进行独立或小组形式的自主探究。

在教学过程中利用活动,引导学生学习建构概念的方法,经历建构概念的过程,运用科学思维由浅入深,培养学生的观察能力、多角度比较的思维能力、归纳总结的能力、分析应用的能力、综合探究的能力,并在活动中逐步培养学生的结构与功能观、进化与适应观等生命观念。

3.概念的应用和延伸——综合实践策略

依据课标要求和学生的认知特点,通过方法引领,可以引导学生初步构建概念,从概念的学习中发展学生的生物学科核心素养,还需要多方面的综合实践来推动,在实践中应用概念解决实际问题,既训练了学生的科学思维,也可以逐步培养学生的社会责任。

"设计""拟定计划""课外实践""科学·技术·社会"这些都属于应用概念综合实践的栏目。有些是要求学生亲自参与的综合实践,考查学生的概念应用能力,有些是重要概念的延伸,引导学生关注在生产生活等综合实践中生物学概念的应用。

例如结合全球新冠疫情的实际情况,应用健康的概念,引导学生"设计"隔离期间健康生活的 1 周,鼓励学生根据健康生活方式的各个方面,设计安排 1 周的作息时间和具体活动内容。在疫情蔓延的特殊时期,设计家庭日常防疫的措施步骤,包括外出、归家、居家 3 个方面,等等。将所学的生物学知识和思维方法用于指导生活,综合评估并指导自己解决生活中的实际问题。在实践中,引导学生关注社会热点,参与讨论,理性分析,辨别相关信息的科学性,尝试解决现实生活中的实际问题,逐步发展学生的科学思维和社会责任等学科核心素养。

此外,在概念教学的过程中,应用以上这些教学策略时,还可以利用教材中的课外栏目作为课程资源,依据不同学生的兴趣点,调整教学环节和事实性材料,因材施教,从而满足不同学生的学习需求。如"科学家的故事""与生物学有关的职业"可以设计角色扮演的形式,发挥部分学生的表演特长,让学生在表演中体会科学概念的构建过程,学习科学家的思维方法和严谨的科学态度,产生一定的职业认同感,提升学生的社会责任意识。"生物学与文学""生物学与艺术"则可以引导部分学生发挥文学特长和艺术天赋进行相关创作,激发学生的情感共鸣,发展学生的核心素养。

(三)实践成果

1.学生学习行为的表现

(1)学生学习方式的转变,更乐于知识的迁移应用:学生对于生物学知识的学习不再局限于死记硬背,而是更多地关注生活中遇到的与生物学相关的实际问

题,并尝试运用相关的生物学知识和基本概念进行解释和解决,从中受益并享受学以致用的成就感。

例如,在学习人体所需的营养物质时,学生不再局限于教材中表格内容的记忆,在教师的引导下搜集大量相关营养物质缺乏症的各种资料,在课堂上分享交流,并对照症状对自己和同学进行检测诊断,在班中发现了有佝偻病症状的同学,体会到生物学知识可以指导自身健康成长,也能造福他人。在学习青春期身体和心理变化时,对照自己的身体变化和心理活动积极参与讨论,评估自己的发育情况,能够科学的解释某些生理现象,对身边的同学能多一些关爱和理解,这也是社会责任增强的体现。

(2)学生思维方式的转变,从关注现象到积极思考背后的原因:在"观察花的结构"实验活动中,学生通过观察无意中发现洋桔梗盛开的花朵和凋谢的花朵中子房的大小差异明显,推测花朵凋谢后子房还会继续发育成为果实。进一步猜想,未开放的花苞也应当在结构上与这两朵有明显差异,于是学生自发动手解剖了花苞,并与其他两朵进一步比较,发现花苞中的柱头和花药并未裂开,可见传粉的过程需要花粉成熟,花药裂开散出花粉,雌蕊柱头裂开表面粗糙并带有黏液,才能捕获到花粉。学生亲自动手制作了3种标本材料,从观察现象到推测原因,在活动中自主探究,认同生物体结构和功能相适应。学生在参与活动的过程中,经历了科学探究的过程,培养了科学思维的能力,获得了一些生命观念,逐步发展了自己的生物学科核心素养。

2.教师的研究成果

(1)结题报告《利用教材中的活动栏目培养学生生物学科核心素养的实践研究》。

(2)撰写论文《初中生物教学中利用教材中的活动栏目培养学生的核心素养》(附录1),在2021年天津市教育创新论文评比获市级三等奖。

(3)教学实践课例共9节,其中7节为本人执教,包括《昆虫的生殖和发育》《了解自己,增进健康》《健康的生活专题复习》《认识生物》《植物细胞与显微镜观察》《动物细胞与显微镜观察》《单细胞生物》(见附录2),2节为指导教师,包括《植株的生长》《绿色植物与生物圈的水循环》。全部入选为天津市2020春季和秋季基础教育精品课程资源。

六、研究展望

(一)不足之处

由于时间所限和疫情影响,加之教材中活动栏目的种类又比较多,既包括课堂教学中的活动,又包括课后实践的活动,如何将它们有机整合起来,在短时间的实践研究中探索的教学策略还不够完整和系统,需要进一步提炼形成更为完整的教学模式。

(二)进一步研究方向

教材中的活动栏目是一类课程资源,培养学生的生物学科核心素养是教学实践的目标,教学实践体现育人的过程和价值,不仅应当基于学科的特点,还应当关注学生的综合发展。由于学生的个体差异,同样是参与活动,实践的广度和深度差异明显,可以拓展研究对活动的开展形式进行分层设计,以满足不同学习能力学生的学习需求,这样有利于更多学生的有效参与。

参考文献

[1]中华人民共和国教育部.普通高中生物学课程标准(2017 年版 2020 年修订)[S]. 北京:人民教育出版社,2020.

[2]罗少功. 学校课外体育活动理论研究[D]. 郑州:河南大学,2013.

[3]严云芬. 建构主义学习理论综述[J]. 当代教育论坛,2005(15):35–36.

[4]陈威. 建构主义学习理论综述[J]. 学术交流,2007(03):175–177.

[5]史桂梅. 初中生物学课堂教学中学生活动的设计策略[J]. 生物学教学,2017,42(01):27–28.

[6]吕淑杰. 初中生物课堂教学中学生活动的设计策略[J]. 理科爱好者(教育教学),2020(05):162–163.

[7]金鹏飞.活动引入 概念传导——利用"活动单"促进初中生物概念教学的研究[J].新智慧,2020(14):75-76.

[8]吴佳平.核心素养视域下的初中生物概念教学[J].新智慧,2020(22):55+58.

[9]黄良.开展"活动教学",激活生物课堂[J].教育观察(下半月),2016,5(08):113+121.

[10]谭永平.生物学学科核心素养:内涵、外延与整体性[J].课程·教材·教法,2018(08):86-91.

附录1

初中生物教学中利用教材中的活动栏目培养学生的核心素养

天津市红桥区泰达实验中学　闫敬

摘　要：培养学生的生物学素养需要长期而连续的过程。教科书是教学的重要媒介，也是学生学习的重要工具。教科书中的活动栏目为教学提供了丰富而科学的课程资源，善加利用，能够有效地培养学生的生物学素养。本文从生命观念、理性思维、科学探究和社会责任4个维度，举例说明了如何有效利用教材中的活动栏目发展学生的生物学核心素养。

关键词：初中生物；核心素养；课堂教学；活动栏目

在义务教育生物学课程标准和普通高中生物学课程标准的基本理念中都强调重视培养学生的生物学科核心素养。在最新版《普通高中生物学课程标准》中具体说明生物学科核心素养包括生命观念、科学思维、科学探究和社会责任。学生核心素养的形成是一个长期而逐渐发展的过程，因此高中生物课程标准也为义务教育阶段的生物课堂教学指明了方向。作为初中教师，也应当在课堂教学的实践中着意培养学生的生物学科核心素养，而课堂教学实践是离不开活动的，应当围绕核心素养设计教学实践活动。

在课堂教学中设计各种相应的活动，可以使学生通过活动习得知识、体验过程、获得方法、发展思维、形成观点、养成品格。在人教版义务教育教科书中就设置了许多活动栏目，包括"想一想，议一议""观察与思考""资料分析""调查""实验""探究""模拟制作""设计"等，需要学生动脑、动手亲身实践或合作探究。这些栏目围绕着重要的生物学概念设计，符合大部分学生当下的认知特点，为课堂教学提供了丰富而科学的课程资源。教科书是开展课堂教学的重要依据资料，也是学生进行学习的重要工具。善加利用教科书中的这些活动栏目既契合了课标"教学过程重实践"的基本理念，还能够在活动中逐步培养学生的生物学核心素养。因此，钻研教科书对概念的表述方式，挖掘活动栏目的育人价值和呈现方式，在课堂教学中值得教师好好思考。

一、利用教材中的活动栏目设计教学活动，逐步帮助学生形成生命观念

新版的高中生物课程标准对生命观念进行了具体解析，说明它是指能够对观察到的生命现象以及表现出的关系或特性进行解释，是抽象性的想法或观点，这些而这些观点又是经实证的，形成了这些观点就能够理解和解释实际问题中的相关事件和现象。义务教育课程标准中要求教师帮助学生形成一系列重要的生物学概念，这些概念与生命观念的解析有着重要的联系。显而易见，这两个阶段的课程标准要求呈递进式的关系，符合不同年龄阶段学生的认知特点。生命观念的形成是在逐步建构概念、完善概念并理解的基础上进一步升华和抽象，内化为学生自己的想法和观点，并运用相应的观念解决实际生活中相关的生物学问题。

初中阶段的学生学习过程是以形象思维为主，需要以大量的事实性和现象性的实例为基础，逐步建构概念。教材中的"想一想，议一议"栏目中提供了大量有趣的、丰富的生活实例，在课堂教学中可以利用这些实例搭设情境开展活动。例如：在《植物体的结构层次》一节中设计活动，邀请学生品尝番茄果肉的不同部位，描述口感和口味，展示番茄果实不同部位细胞的显微照片，请学生说出果实中不同部位细胞的形态结构特点，推测这些细胞的主要功能。在这一活动过程中，学生调动各种感官参与活动，逐步理解植物的器官（如果实）是由不同的组织细胞构成的，这些细胞的形态结构与它们的功能是相适应的，从而逐步建构组织、器官的重要概念。在《植株的生长》一节开篇，提供了一株生长良好的黑麦的根的数量和表面积的相关数据，引导学生通过分析数据，了解植物根的结构特征，分析根和根毛的功能，体会根的生长对植物生活的意义，为建构相关概念（植物的生存需要水和无机盐，植株的生长中根的生长过程等）提供了重要的事实性依据。在教学过程中，学生基于这些事实、现象建构概念，同时在分析中逐步形成生物体结构和功能是相适应的生命观念。

二、利用教材中的活动栏目进行思维训练，逐步引导学生发展科学思维

科学思维是多种思维方式的综合，涵盖的思维活动种类多样，既包括客观严谨的科学态度，也包含运用科学的思维方法分析问题和解决问题的能力。初中阶

段的学生尽管感性思维更发达,更习惯于通过感性认识直观的了解事物,分析和解决问题,但这一时期也是从感性思维为主逐步发展形成理性思维的重要阶段。通过活动,训练培养学生科学的思维习惯,发展科学思维的能力,对学生的学习和生活乃至终身学习和发展都是非常重要的。

人教版教材中设置了大量与思维训练相关的活动,包括"观察与思考""资料分析"以及"科学方法""技能训练"等栏目。从具体的实例入手,引导学生全面细致、实事求是的观察、调查、实践等,搜集典型的事实性资料,在这些过程中,发现问题、提出问题,运用比较、归纳、推理、数据分析、计算、评价、分类等多种思维方法进一步深化感性认识,更加客观深入的了解事物,分析和解决问题。例如:《生物的进化历程》一节,教材中设置了"资料分析"的活动,引导学生将不同年代地层中的化石种类纵向比较,按时间推断不同种类生物在地球上出现的早晚顺序;将现存生物的形态结构和组成成分进行横向比较,推断这些现存生物的亲缘关系,经过分析总结,就可以初步归纳推断出生物进化的大致历程。这一系列的活动,基于事实和证据,训练学生运用比较、归纳、推理等科学的思维方法,逐步概述生物进化的主要历程,在学习过程中发展了学生的科学思维,也引导学生逐步形成进化与适应是相互作用的生命观念。

三、利用教材中的活动栏目开展探究性学习,逐步形成科学探究的能力

科学探究是贯穿于初高中生物课程标准要求中的重要培养任务之一,是学科核心素养的重要组成。在人教版初中教材中明确设立了"探究"这一活动栏目,在各册教材中均有分布,总数达到了 15 个,每册教科书中都有 3~4 个"探究"活动。

这些精心设计、巧妙安排在各册教材中的"探究"活动,一方面通过具体的案例按照一般步骤详细的指导学生进行探究性学习;另一方面遵循学生的认知规律,由简单到复杂,从模仿到自主设计,逐步将各种思维训练和科学方法融入"探究"活动的过程中,使学生在一次次的探究活动中由简到繁,从模拟到独立设计,逐步培养能力、发展思维、不断提高科学探究的水平。

我们来看看七年级上册教材中各个"探究"活动的设置顺序和变化。第一个"探究"《非生物因素对某种动物的影响》,是以具体实例和学生熟悉的生活情境为依托,非常详细地介绍了科学探究的过程和方法,让学生初步了解探究,在探究过

程的每一步都有明确的指导。新方法的掌握都是从模仿开始,在其他的探究活动中学生就可以模仿这一探究方案,设计相应的、科学的探究计划。这次探究活动中,还渗透了控制单一变量(光照)、设置对照实验(明亮和阴暗)、增加重复次数(多个小组同时进行实验)、减少偶然性的处理(使用多只实验动物,多次统计)等科学方法,学生通过分析、小组讨论、阅读、合作实验等过程有效的发展了科学思维。第二个"探究"《种子萌发的环境条件》,从前面的单一变量一组对照实验发展为多变量多组对照实验的探究方案。在教学中,可以先训练学生模仿第一个"探究"活动设计单变量的对照实验,然后通过学生的表达和交流,引导学生逐步尝试改进和简化实验步骤,设计多变量多组对照的实验方案。在这次"探究"活动,还进一步指导学生如何区分对照实验中的实验组和对照组,以科学方法的形式详细介绍了实验组和对照组在探究计划中的作用。显然,第二个"探究"比第一个有所深入。第三个"探究"《测定种子的发芽率》中又引入了抽样检测、数据收集和计算、重复实验取平均值这些新的探究方法,从定性分析开始向定量分析过渡,训练了学生基于数据分析和推理的科学思维。本册教科书中的最后一个"探究"《二氧化碳是光合作用必需的原料吗?》则是验收学生探究能力的一次活动。以学生自主开放式设计探究方案的形式,仅仅提供了一些必要的提示性资料,让学生通过独立思考和小组合作的方式设计探究实验方案,进行探究活动并写出探究报告。

本册教材中的四个"探究"活动,按照难易程度逐渐增加,贴合培养学生科学探究核心素养的要求,循序渐进,符合初中学生的学习习惯和认知水平。在其他三册教科书中的"探究"活动的设置也是如此,以探究形式为载体,引入更复杂的实验技能、更多的科学方法、更烦琐的探究思路等,学生在这些逐渐深化的探究性学习中,逐步培养和强化科学探究的能力。

四、利用教材中的活动栏目参与社会热点研讨,逐步培养学生承担社会责任

勇于承担社会责任是对学生意识形态培养的重要一环,并不仅仅是语文、历史、道德与法治等学科的培养任务,也是生物学科核心素养的重要组成部分。

人教版教材设在各章节的正文后设计了"科学·技术·社会"的栏目,这一栏目涉及许多社会责任方面的内容,可以与课堂教学的环节有机整合,在课堂小结或概念升华的过程中自然地引出思考、开展开放性讨论、引发情感共鸣,增强学生的

社会责任感。例如:七年级下册中《生物入侵及其危害》《温室效应增强和全球气候变暖》《退耕还林还草》这3部分的内容均与人类活动影响环境相关,可以组织学生从身边的实例出发,开展讨论"保护环境,我能做什么?"。引导学生放眼全球,关注社会热点,形成生态意识,从自身做起,从小事做起,积极参与环境保护实践。《角膜移植、角膜捐献和人造角膜》《干细胞和造血干细胞》与关爱生命的情感传递相关。可以组织学生搜集相关的前沿科技发展资料,展示献血、捐献造血干细胞和角膜等社会热点事件,组织学生讨论,激发学生努力学习将来从事相关研究造福人类的积极性,鼓励学生主动向周围人员宣传健康生活关爱生命,为形成友爱互助的社会氛围贡献力量。《克隆哺乳动物》《中国拥抱"基因世纪"》《微藻与生物柴油》《节水农业》等等内容则是与前沿科技和我国的生物科技发展有关。克隆、基因、生物能源、节水等都是当下涉及生物学的热门社会议题,学生有浓厚的兴趣参与讨论,引导学生对克隆涉及的伦理观念、转基因生物的安全性、能源利用等方面进行讨论,基于证据做出理性的解释,体会生物科技的发展对人类社会生产生活的影响,培养学生的社会责任感。

综上所述,善加利用教材中的活动栏目设计多样化的教学活动,可以有效培养学生的生物学科核心素养。在实际的课堂教学中,各种学科素养的培养彼此并不孤立,通过精心设计,可以在一个活动中潜移默化的培养学生的多种生物学科核心素养[5]。利用教材中的活动栏目,将活动融入学生的学习和生活中,不仅有利于学生生物学科核心素养的培养,也有利于学生学习解决实际问题的方法和技能,提高自己和他人的生活质量,提升社会责任感,逐渐成长为合格的国家建设者和接班人。

参考文献

[1]中华人民共和国教育部. 普通高中生物学课程标准(2017年版)[S]. 北京:人民教育出版社,2018.

[2]谭永平. 生物学学科核心素养:内涵、外延与整体性[J]. 课程·教材·教法,2018(08):86-91.

[3]谭永平. 发展学科核心素养——为何及如何建立生命观念[J]. 生物学教学,2017(10):7-10.

[4]邢菊芳. 立足初中生物课堂 培养学生核心素养[J]. 中学生物学,2018(02):36-38.

附录2

《单细胞生物》教学设计

天津市红桥区泰达实验中学　闫敬

一、(教学目标)学习目标与重难点
(一)学习目标(教学目标)
1.说明单细胞生物可以独立完成生命活动
2.举例说出单细胞生物与人类生活的关系
3.使用显微镜观察草履虫,进一步强化显微镜操作技能
(二)学习重难点(教学重难点)
1.学习重点(教学重点)
单细胞生物可以独立完成生命活动,与人类的生活有着密切关系
2.学习难点(教学难点)
单细胞生物可以独立完成生命活动
使用显微镜观察草履虫

二、教学过程

教学环节	师生活动	设计意图
复习导入	小组竞赛:识图回顾动、植物细胞的基本结构,以及结构层次 提问:从人体中分离出的单个细胞能否独自存活 质疑:是否有生物只有一个细胞还能够独立生活	复习回顾重点概念,落实掌握,同时建立前后知识的逻辑,依据逻辑推理,提出问题
新课探究: 一、多种多样的单细胞生物	1."想一想,议一议"展示眼虫的结构示意图,播放视频资料《眼虫》 讨论: (1)眼虫的身体是由单个细胞构成的还是多个细胞构成的 (2)眼虫是生物吗?为什么能独立生活	通过某种具体实例初步了解单细胞生物的形态结构和生命活动,推理得出概念。应用概念分析质疑其他的实例,准备进一步的观察研究

续表

教学环节	师生活动	设计意图
	2.图片展示典型的单细胞生物种类,简介它们的生活方式 质疑:这些结构和生活方式差异很大的单细胞生物怎样进行正常的生命活动呢	
二、单细胞生物的结构和生活	1.展示草履虫培养液,学生初步了解草履虫的大小和生活环境。组织学生实验《观察草履虫》,观察草履虫的形态结构和运动方式 播放视频《草履虫的运动》 引导学生根据实验观察和视频展示描述草履虫的形态和运动方式 2.展示草履虫的结构示意图并播放视频《草履虫的结构》 质疑:草履虫是单细胞生物吗 复习:生物的基本特征 归纳:草履虫的形态结构和功能 3.展示图片判断:对比动植物细胞的结构,草履虫属于动物还是植物 4.质疑:草履虫是否具有生物的生殖和应激性特征 展示图片《正在分裂的草履虫》,播放视频《草履虫的应激性》 总结:草履虫能分裂生殖,可以对外界刺激做出反应,能趋利避害 5.总结归纳:草履虫是一种能够独立生活的单细胞动物	引导学生通过实验观察,认识单细胞生物的结构特征和生活方式,培养学生的实验操作能力和观察分析的思维能力 复习生物的基本特征,引导学生利用已有认知,认识判断解决新问题的能力。总结草履虫作为单细胞生物怎样独立进行正常的生命活动 通过提出问题,从已知概念中获取分析方法,在生物实例中归纳提炼,训练学生的思维方法
三、单细胞生物与人类的关系	1.计算:一只草履虫一昼夜吞食细菌的数量。了解草履虫对净化污水的作用 2.展示图片资料,引导学生辩证地看待单细胞生物与人类的关系	通过计算、举例说明、热点讨论等形式,辩证地看待单细胞生物与人类的关系,引导学生关注环保热点,认同保护水环境的重要性

教学环节	师生活动	设计意图
	3.视频播放《赤潮》 讨论:赤潮对环境的影响和防治方法	
评价与反馈	1.课堂小结 引导学生围绕"单细胞生物可以独立完成生命活动"绘制本节课的知识框架图,搭建笔记 2.习题反馈 通过不同类型和难度的典型例题,评估学习成果	检验学生的学习成果,同时关注"单细胞生物可以独立完成生命活动"这一概念的形成过程,关注单细胞生物与人类的关系
作业或实践	查阅资料,了解其他各种单细胞生物如何独立完成生命活动 举例说出还有哪些单细胞生物与我们生活的密切相关	锻炼学生的动手操作能力,训练生物绘图的方法,引导学生使用比较法,举例说明草履虫能独立生活的原因

在初中生物学科深度学习中提升学生生态文明素养的案例研究

天津市河东区东局子学校　窦迪

摘　要：生态文明建设包括初中生生态文明素养培育所需要的知识、培育理念、培育的方式方法等。本课题旨在研究初中阶段课堂如何通过深度学习实施生态文明核心素养的建构，通过案例的研究促进教学相长，达成立德树人的根本任务。同时，通过深化初中生生态文明素养培育，增长初中生生态文明知识，培养其生态文明意识，引导其生态文明行为，为国家的生态文明建设贡献力量。

关键词：初中生物学科　深度学习　生态文明素养　案例研究

一、课题的研究背景和研究意义

(一)课题的研究背景

　　基于我国生态环境恶化、资源短缺、人口基数大等现实国情，如何在国家生存和发展过程中谋求生态可持续发展，实现人与人、人与社会、人与自然的和谐发展？仅仅依靠法律的约束和科学技术的发展，能否解决人的发展与生态可持续发

展之间的矛盾？如何使保护生态环境意识根植于人们的内心之中,继而转化为持之以恒的生态保护习惯和行为？这都是教育领域和实践领域共同面临的急需解决的问题。

1986 年,Risser 认为美国民众缺乏科学素养,尤其缺乏他称之为"生态学素养"的生态科学素养,并发起了一个与其他生态学家的对话。相比国外,我国关于生态文明素养的研究起步较晚,其发展经历了从最初的"环境教育""可持续发展教育"到现在的"生态文明素养教育",对生态文明素养的研究也越来越受到学术界的重视。党的十八大报告将生态文明建设融入经济建设、政治建设、文化建设和社会建设中,构成"五位一体"的总布局,并将生态文明建设写入了《中国共产党党章》,将生态文明建设提到了国家战略的位置。自此掀起了生态文明素养的研究热潮,学术期刊一直是生态文明素养研究的重要载体,并且报纸也成了宣传生态文明思想的重要载体。从总体上看,虽然近十几年以来学术界对生态文明素养关注度有所提高,但是相关文献数量还是偏少。

关于生态素养测评,目前还没有一个相对认可的评价体系。虽然国外大多数研究还是从生态知识、态度、行为三个维度去测量,但研究的路线和方法都不一样,比较生态素养水平的界限也比较模糊。因此,鉴别和探究哪些因素使人们具有生态素养或者决定人们生态素养的表现差异仍然是一个很大的挑战。我国关于生态素养测评研究方法也主要是依据环境素养测评成果,研究内容基本停留于生态素养水平测量,没有加入学校角色、接触自然程度等研究要素去测量生态素养水平的影响因素。因此,我国生态素养测评研究,无论是理论、方法抑或是测评内容仍需要更深入的探讨研究。目前我国生态文明素养的研究主要有理论研究和实证研究两种形式。一是运用理论研究的方法,通过分析文献将中国传统的生态文明思想与青少年的生态价值观进行了有效结合。二是实证研究主要是以调查问卷的形式进行。

关于生态素养的培育,国内外研究都认为正式教育(学校课程教育)和非正式教育是培育生态素养的重要途径,但是国外更强调非正式教育(主要为自然环境场所教育)的重要性,国内则更多关注学校教育的层面。生态素养的培育是一个长期系统工程,如何结合我国社会的发展阶段,针对社会群体的不同发展阶段,家庭、学校和社会分别应该如何开展生态素养教育,形成无缝对接的生态素养培育体系,进而有效地提高社会公民的生态素养,助力国家 的生态文明建设,值得深入探讨。

(二)课题的研究意义

1.助推绿色发展理念的建构

习近平总书记"绿水青山就是金山银山"绿色发展理念的提出,全面推动了生态文明建设。生态文明建设也要求将生态文明建设的理念、观点融入国家建设的各个方面中,将生态建设、环境保护与资源节约等平衡起来,做出成绩。生态文明建设包括了初中生生态文明素养培育所需要的知识、培育理念、培育的方式方法等。因此,提出初中生生态文明素养的培育就具有了现实意义,对初中生生态文明素养的培育对生态文明建设具有积极的促进作用。

2.促进生态文明国家的建设

推进生态文明建设是我们党和国家站在可持续发展的高度, 提出的新理念,新方略。生态文明建设是我国乃至人类走向生态可持续发展道路的重要措施,它推动着"美丽中国"的建设,推动着中华民族走向伟大复兴。通过深化初中生生态文明素养培育,增长初中生生态文明知识,培养其生态文明意识,引导其生态文明行为,为国家的生态文明建设贡献力量。

3.促进青少年的全面发展

柏拉图在《理想国》中提到"凡事开头最重要"。初中阶段是一个人世界观、人生观和价值观形成的关键时期,在这一阶段如何培育青少年的生态文明素养成为我们需要共同关注的焦点。初中生生态文明素养的培育是生态文明建设过程中的重要环节,是人的思想行为走向生态化的过程,也是一种正在构建的、新型的人类文明形态。而生态文明建设关键在于人,需要全民提高生态文明素养。因此,生态文明教育对整个社会的和谐发展关系紧密,影响重大,任务紧迫,形势逼人。

本课题旨在研究初中阶段课堂如何通过深度学习实施生态文明核心素养的建构,是顺应世势与国情的要求,同时希望通过案例的研究促进教学相长,达成立德树人的根本任务。

二、概念界定

(一)深度学习

深度学习是美国学者 Ference Marton 和 Roger Saljo 针对孤立记忆和非批判性接受知识的浅层学习提出的关于学习层次的一个概念。上海师范大学黎加厚教授在《促进学生深度学习》一文中率先介绍了国外关于深度学习的研究成果,文中提出深度学习是指在理解的基础上,学习者能够批判地学习新思想和事实,并将它们融入原有的认知结构中,能够在众多思想间进行联系,并能够将已有思维知识迁移到新的情境中,做出决策和解决问题的学习。基于众多先辈的研究成果,我们有理由认为,深度学习就是围绕学科大概念的学习,就是学生对生物学科核心素养的 4 个维度即生命观念、社会责任、理性思维和科学探究的主动建构。

(二)生态文明素养

生态文明素养是指对以人与自然、人与人、人与社会和谐共生、良性循环、全面发展、持续繁荣为基本宗旨的文化伦理形态所保持的敬畏之心和平素养成的良好习惯,它包括两个方面:一是人们对环境问题和环境保护的认识水平和程度,即"知"的水平;另一方面是指人们保护环境行为取向和具体行动,即"行"。因此,生态文明素养既是生物学科核心素养中生命观念和社会责任的重要组成部分,同时它强调知行合一,是人类道德修养提升的具体表现。

(三)案例研究

案例研究是一种教育行为的研究,是促进教师专业成长的有效形式。类似医生的病例和律师的案例,这就要求教师依据教学实践将遇到的问题及解决方案等记录下来,形成教师教和学生学的过程与结果的系统总结,并加以研究分析。

三、课题研究的理论基础

(一)建构主义

建构主义的学习理论认为:学习的主体是学生,因此学习中最重要的是学生的主动性,而教师是学生学习中重要的协作者。因此在教学活动中,教师应当采取有效的策略,引导学生主动建构。教师还应当根据学生已有的经验,并以这些经验作为节点,帮助学生把新的信息嫁接到上面去。同时教师应当注重引导学生加强交流,让学生对事物的理解更加全面。

(二)"天人合一"的天地观

在中国传统的儒家、道家、法家的文化里无不渗透着"天人合一"的思想。他们从不同的角度对其进行了阐释,因此,"天人合一"思想在中国哲学史上始终占有非常重要的地位。"天人合一"的思想早在《周易》中有所体现。"天人合一"的思想被古时大多数哲学家宣扬、解释并且发展,成为中国早期的生态哲学思想,并在不断地传承中得到丰富与发展。这种哲学思想将指导我们树立正确的、具中国本土特色的生态文明观、生态和谐观。

四、课题的研究目标和研究内容

(一)课题的研究目标

(1)学习态度、学习中的角色、学习方法和学习的评价方式等方面也发生相应的改变,努力提升自身的生态文明素养。

(2)教师在课堂教学过程中注重理论联系实际,强调深度学习理论与课堂教学案例的结合,具有可操作性和现实意义。

(3)在课堂教学中注重从哲学的范畴提升生态文明素养教育的认知层次,强调知行合一,并通过社团等实践研究活动,实现课堂教学的延伸与扩展,注重学生道德修养的提升。

通过生态文明素养的培养,在初中阶段形成全面且较成功的深度学习教育教学模式。

(二)课题的研究内容

(1)在具体教学实践中加强对"在初中生物学科深度学习中提升生态文明素养的案例研究"的理论与价值验证。

(2)对深度学习教育教学模式下,生态文明素养教育的教学案例进行收集、整理和研究,用以指导生物教师课堂中生态文明素养教育的教育教学,从而提升教师专业成长。

(3)对教师教和学生学的过程与结果进行全面记录,并加以研究分析,形成对学生生态文明素养的深度学习的指导策略,从而达成立德树人的根本任务。

五、课题研究的方法和步骤

(一)课题研究的思路

本次课题研究将注重理论联系实际,以案例纪实为基础,辅之以理论研究,从教育教学中得出客观结论,并将结论进一步在实践中验证和完善。

(二)课题研究的方法

(1)问卷调查法。在课题组成员所在学校以学生和生物教师为样本发放问卷,以了解其观点和状况。

(2)文献研究法。参考古今中外关于生态文明素养培养的相关研究文献,综合比较。

(3)案例研究法。全面记录教学过程与教学结果,基于案例研究,归纳总结。

(三)课题研究的步骤

(1)基于深度学习理论,创设学习情境,实施生态文明教育项目学习,坚持在初中学段开展形式多样的课堂教学活动,突出学生的主体地位。

(2)参加课题的教师基于教学实践,将遇到的问题及解决方案等记录下来,形成教学过程与教学结果的全面案例,基于案例研究,每学期每人至少完成一篇论文。

(3)在案例总结和撰写论文的基础上,每人在课题结题前完成录像观摩课一节,较全面地在实践中阐明或验证理论研究成果。

(4)在本课题结题的时候,编撰论文集和刻制录像课光盘。

六、课题研究的主要过程

(一)课题研究的准备阶段

在课题研究的准备阶段,笔者查阅了大量的文献资料,借助知网等大型数据库,输入关键词"在初中生物学科深度学习中提升学生生态文明素养",查阅了2016年、2017年和2018年近3年的文献资料。每周都在周三上午第二、三节课进行课题组内的交流。笔者团队首先学习和讨论了什么是深度学习、什么是生态文明素养、2003年教育部《初中生物课程标准》对生态文明素养的界定和对初中生物教师培养学生的生态文明素养的要求和建议以及相关的如何培养学生的生态文明素养的论文和文献资料。

(二)课题的初步实践阶段

基于深度学习理论,教师在实际课堂教学过程中,创设学习情境,实施生态文明素养教育项目学习,坚持在初中学段开展形式多样的课堂教学活动,突出学生的主体地位。参加课题的教师基于教学实践,将遇到的问题及解决方案等记录下来,形成教学过程与教学结果的全面案例,并基于案例研究,每学期每人至少完成

一篇论文。

(三)完善课题实践研究阶段

在案例总结和撰写论文的基础上,每人在课题结题前设计一节观摩课,在课题组内先进行交流和说课,并请专家进行指导,再次修正和完善,最后完成录像观摩课一节,并在市级、区级和校级教研活动中进行交流和展示,较全面的在实践中阐明或验证理论研究成果,每节课后教师都进行反思。

(四)课题结题总结阶段

课题组的教师借助每周的研讨时间,总结出一套行之有效的适合初中学段学生的培养生态文明素养的教学策略,整理所有的课题资料,汇总并分析得失,撰写结题报告,做好结题的准备工作。

七、课题研究的成果

(一)课题研究的准备阶段成果分析

通过文献研究法,经过系统的培训、学习和交流,课题组教师充分转变了教育观念:逐步将生物教学转变为生物教育,即以培养学生生物科学素养,提升学生的生态文明素养为目标。课题组的教师们基于深度学习的教育理念,结合课标的要求和初中学段学生的学情,将转变后的教育观念和自己对教学的新的感悟、新的思考和对教学的规划进行整理,并利用问卷调查法在课题组成员所在的学校以学生和生物教师为样本发放问卷,以了解其观点和状况。然后,课题组教师针对初一、初二学段教材中的内容确定了多个单元主题,制定了单元学习目标,设计了多种多样的单元主题活动,并制作了相关的多媒体课件、实验探究活动等,为培养和提升学生的生态文明素养进行了尝试和初步的探索。

(二)初步实践阶段研究成果分析

通过一段时间的教学实践,课题组教师基于深度学习的理念,结合自己的教学实践,撰写了多篇教学论文。胡美珍老师的论文《"立德树人"教育取向下的生物教学设计——以"分析人类活动对环境的影响"为例》中以"分析人类活动对环境的影响"一课的教学设计为例,详细介绍了在初中生物教学中如何以知识为载体,以课堂为路径,创设育人情境,将初中生物学科知识与生态文明素养有机结合起来,从而有效促进学生道德能力的形成与内化,全面提升学生的生态文明素养。在文中,胡美珍老师从举例说明人类活动对生态环境正面或负面的影响;引导学生初步学会垃圾分类,实践垃圾分类和生活用品减量及资源重复利用,帮助学生认识到可以提升生活垃圾的减量化、资源化、无害化水平几个方面,培养学生的生态文明素养,从哲学的范畴提升生态文明素养教育的认知层次,强调知行合一,并通过实践研究活动,提升学生的生态文明素养。

王立伟老师的论文《以生物学核心素养落实促立德树人的发展》中,通过南极的生物已经受到垃圾的侵害,失去了生命,全球变暖威胁到许多生物的生存等实际生活案例,引导学生建立正确的生态文明观,形成爱护环境、保护环境的社会责任意识。并倡导学生们参与到垃圾分类,低碳生活中。在《动物在自然界中的作用》一节,在探究生态系统能维持动态平衡过程中学生发现在草原上原有的草-羊-狼等无人类参与的生态系统中,人为因素的参与,就会打乱生态系统的平衡,生态系统的自动调节能力也显得十分弱小,进而破坏生态系统,减少了物种的多样性,引导学生认识到生态因素是一种整体性思维。通过培养学生理性思维能力,渗透自然法则,学会平衡和稳定的思维方式,提高思想意识,提升学生的生态文明素养。朱旭老师的论文《浅谈围绕生物学科核心素养构建初中生深度学习》中,以《动物的运动》这节为例,从生命观念的维度是结构与功能相适应的观点,从社会责任的维度有两个分支,一方面每个个体都是生物圈、人类社会的一部分,我们应该理性自我认识;另一方面就是生物与环境相适应的大概念,这其中包含环境(生物圈、人类社会、民族)与生命个体的相互作用与影响。基于深度学习的理念,通过设置多种教学活动,从生命观念的维度培养和提升学生的生态文明素养。

(三)完善实践阶段成果分析

教师在课堂教学过程中,将课堂深度学习与生态文明素养的培养联系起来,注重从哲学的范畴提升生态文明,素养教育的认知层次,强调知行合一。

1.教师获得的提升

通过教学实践活动,课题组的教师们充分转变教育观念,基于深度学习的教学理念下,为了培养和提升学生的生态文明素养,在初中生物课堂教学中,教师逐步改变教学角色、教学策略和教学评价方式。

(1)多节市级、区级、校级观摩课受到好评:朱旭老师的《生物与环境的关系》观摩课在教师的引导下初步认识概念图梳理知识的方法,学会对比、归类;在教师构建的情境中应用科学探究的步骤方法解决生活中的生物问题,初步认识实验这一新的探究方法,为第二课时"光对鼠妇影响"的实验做好准备;在理解生态因素大概念的过程中,树立生命观念的学科核心素养,加强环境保护意识。

董艳苹老师的《绿色植物与生物圈的水循环》观摩课中,通过演示实验等观察,养成观察、综合分析能力和语言表达能力,并运用植物蒸腾作用的生物学知识,解释生活中的相关现象,在此过程中引导学生认同绿色植物通过蒸腾作用参与了水循环、稳定了水循环,间接改善了环境,从而自觉产生热爱植物、保护大自然的美好情感。

胡美珍老师的《第一节藻类、苔藓和蕨类植物》观摩课中通过收集图片和实物资料,提升收集资料的能力;通过观察临时装片和实物,培养观察、分析、归纳和表达能力等,培养学生树立生物体结构与生活环境相适应的观点,提升学生的生态文明素养。

胡美珍老师的《第三节保护生物的多样性》观摩课中通过小组讨论,制定保护生物多样性的主要方案,在"角色扮演"活动中,培养学生收集资料、处理信息、口头表达、与人合作能力和民主思想,并让学生体会到保护生物多样性的重要意义,进而提升学生的生态文明素养。

(2)多种形式的提升学生文明素养实践活动:通过一段时间的实践与摸索,为了全方位的提升学生的生态文明素养,教师在课堂教学过程中和课堂教学之外开展了多种形式的实践活动。在课堂教学过程中,教师通过实验探究、多媒体课件、图片、视频、文献资料、问卷调查等结合相应的教学内容对学生进行生态文明素养的培养;课题组的老师们还开设了相关的社团活动,例如郭娜老师在初一和初二年级开设了植物社,主要内容是通过介绍相关的植物知识,让学生提升认识,进行健康的生活方式以培养和提升学生的生态文明素养;作为班主任教师的课题组成员开展相关的主题班会活动,例如:教师借助世界环保日开展《垃圾分类我先行》的主题班会、借助植树节、世界水日等相关的节日,开展对应的主题班会活动,以此培养和提升学生的生态文明素养。

2.学生获得的提升

(1)学生学习方式的变化:在教师的深度学习的教育理念的引领下,在教师设计的多种多样的课堂教学和课后的实践活动中,学生的学习方式也发生了变化。他们从被动的漫无目的的"要我学"变为了有目标和项目的"我要学",并且分小组组织活动、制定计划,并做了各种形式的保护生态环境的宣传:多媒体课件、图片、视频、微课、手抄报、板报、小论文、变废为宝的手工作品等。

(2)学生行为习惯的变化:在教师的引导下,在各种活动的策划、参与和实践过程中,学生们逐步建立起保护生态环境的行为习惯:大多数学生选择步行、自行车、公共交通等绿色出行方式;每天践行光盘行动,节约粮食;自己带来餐具,拒绝一次性餐具、餐盒;穿校服、尽量减少衣物、鞋子的购买,不攀比,提倡环保材料的衣物等。

八、课题研究存在的主要问题和展望

(一)课题研究存在的主要问题

(1)此研究涉及生态学、教育学、中学思想品德、中学生物学等多学科内容,由于笔者学术水平有限,对生态文明素养的内涵、内容与原则等重要问题的论述缺乏深入的理论研究。

(2)对初中生态文明素养培育存在的问题和初中生生态文明素养培育的策略方面的研究还不甚全面,学术视野相对狭窄。

(二)课题研究的展望

今后笔者在教育教学的过程中会进一步加强理论学习,注重研究方法的学习和改进,旨在使先进的教育教学理念、先进的教学和研究方法落地,并且要在此基

础上有所创新。课题研究活动要求在更高水平和层次上开展教学实践活动。笔者会从日常教学中蕴涵的科研元素着手，以科研的思路去重新审视我们的教学过程，并从中发现问题和思考问题，形成解决问题的策略，并通过教学实践使其得到验证与改进、完善，从而使教学工作逐步向更加优化的方向发展，同时也使我们自身的素质水平得到提升与飞跃。

参考文献

[1]潘岳. 社会主义与生态文明[N]. 中国环境报,2007.

[2]邵彬. 初中生物教学中渗透环保教育的思考[J]. 新课程(中),2019(06):25–26.

[3]于漪,黄音. 穿行于基础教育森林 教育实践沉思对话录[M]. 上海:华东师范大学出版社,2019.

[4]罗晓娜. 生态文明素养测评体系的构建与检验[D]. 北京:北京林业大学,2011.

[5]谭露丹. 城市初中生生态文明素养培育研究[D]. 重庆:重庆师范大学,2017.

[6]曾新俊. 生态文明教育在初中生物教学中的渗透[J]. 考试周刊,2014(55):11–12.

[7]陈秋莲. 初中生物教学中实现环境教育的途径[J]. 实验教学与仪器,2016(S1):48–49.

[8]刘月霞,郭华. 深度学习:走向核心素养[M]. 北京:教育科学出版社,2018.

[9]黄尤优,胡凡,刘守江,等. 构建多元环境教育课程初探[J]. 生物学教学,2015(11):54–56.

[10]田青. 环境教育研究性学习案例解析[J]. 环境教育,2002(01):24–25.

[11]孙烨. 基于生活情境的中学生环境科学素养调查[J]. 当代青年研究,2015(03):13+66–70.

[12]吴志强. 生物教学中渗透环境教育的探讨[J]. 课程教育研究,2017(27):3–4.

附录 1

深度学习下的生物学科培养学生生态文明素养的教学实践

天津市第一〇二中学　郭娜
天津市河东区东局子学校　窦迪

摘　要：初中生生态文明素养培育，是初中生物课程所面临的一个新课题。在教学中我们将课堂深度学习与生态文明素养的培养联系起来，依据《义务教育生物学课程标准(2011 年)》，将教材中的生态文明素养知识整合起来确定单元学习主题，结合学生的实际需要，设计多种多样的单元学习活动，增长初中生生态文明知识，提高其生态文明意识。注重课程资源的整合与开发，给学生提供多种实践机会，引导学生生态文明行为，并强调"知行合一"，提升学生的生态文明素养。

关键词：深度学习；初中生物学科；生态文明素养

国家教育事业发展"十四五"规划对生态文明教育提出了新的需求："在 2035 年广泛形成绿色生活方式，碳排放稳中有降，生态环境根本好转，美丽中国建设目标基本实现。"教育体系是生态文明建设中不可或缺的基础。在生态文明教育中首先应着力解决的问题是改变传统的教学方法，拓宽教育手段，创新评价模式，要让学生做到"知行合一"。初中生生态文明素养培育，是初中人才培养所面临的一个新课题。现阶段的初中教育无论从教育制度、教材编写、教学实践、教学评价等方面对初中生生态文明素养的培育体现得较少而且比较分散，距离生态文明建设和国家实行的素质教育所培养的新型人才目标甚远。因此，初中生生态文明素养的培育具有十分重要的现实意义。在教学中如何将课堂深度学习与生态文明素养的培养联系起来，如何通过生物学科的学习增长初中生生态文明知识，提高其生态文明意识，引导其生态文明行为，为国家的生态文明建设贡献自己的一份力量值得每一位初中生物学教师深度思考。

生态文明素养是对以人与自然、人与人、人与社会和谐共生、良性循环、全面发展、持续繁荣为基本宗旨的文化伦理形态所保持的敬畏之心和平素养成的良好

习惯，它包括两个方面，一是人们对环境问题和环境保护的认识水平和程度，即"知"的水平，另一方面是指人们保护环境行为取向和具体行动，即"行"。同时它强调"知行合一"。因此，生态文明素养不仅是生物学科核心素养中生命观念和社会责任的重要组成部分，也是人类道德修养提升的具体表现。

深度学习是在教师引导下，学生围绕具有挑战性的学习主题，全身心积极参与、体验成功、获得发展的有意义的学习过程。笔者认真研读和学习了《义务教育生物学课程标准（2011年）》，对培养学生生态文明素养相关的大概念进行了汇总，结合初中生物学教材中关于生态文明的内容，确定了单元学习主题；依据课标要求，结合教材内容和学生实际需要明确单元学习目标；关注培养学生的生态文明素养而设置了多种多样的单元学习活动；对学生的单元学习进行持续性评价，并在评价中明确了学生生态文明素养方面的要求。

一、注重学科生态文明素养知识及其教育功能的剖析

教师在进行深度学习的教学设计时，首先需要进行教学内容分析。一方面要分析与相应单元学习主题有关的知识体系，即知识本体；另一方面还要分析这些知识所能承载的学生素养发展价值，即知识的教育功能。笔者认真研读《义务教育生物学课程标准(2011年版)》，结合初中生物学4册教材中的内容，将每册书中的生态文明素养方面的知识进行了整合，认真、细致地剖析其生态文明素养的教育功能，制定单元学习目标，设置适合学生身心发展、贴近学生生活实际，并能培养学生生态文明素养的单元学习活动，并对学生的学习进行持续性的评价，在评价方案中明确生态文明素养的要求和标准。例如：七年级上册的生物学的内容中，笔者将第一单元生物和生物圈、第三单元生物圈中的绿色植物中的第一章生物圈中有哪些绿色植物和第六章爱护植被，绿化祖国中的生态文明素养的知识进行了整合，确定为单元学习主题——"我们的生物圈"。又如：七年级下册的生物学内容中，将第四单元生物圈中的人的第七章人类活动对生物圈的影响确定为"我来守护我们的生物圈"。

在进行"我来守护我们的生物圈"单元学习主题中的"分析人类活动对生态环境的影响"的教学设计时，举例说明人类活动对生态环境正面或负面的影响；探讨生态环境问题发生的根源，尝试寻求解决方法；通过对环境问题对策的讨论提升

学生分析问题、解决问题的能力。通过理清生物学科的知识本体中各部分内容之间的逻辑关系和脉络，将相关的生物学知识结构化、内化为个人的经验，提升学生对环境问题和环境保护的认识水平和程度，即"知"的水平。同时，从学生发展的角度，以知识为载体，以课堂为途径，深入挖掘教材中潜在的生态文明素养德育素材，创设育人情境，将初中生物学科知识与德育思想有机结合起来，统筹考虑，系统性地设计了查阅资料"生物入侵及危害""人类活动影响生态环境的几个事例"，组织学生分析并查找近几年雾霾天气、沙尘暴、扬沙天气的成因的相关资料、分组讨论并设计手抄报等学习活动，从而有效促进学生道德能力的形成与内化，全面提升学生的生态文明素养。

二、关注培养学生生态文明素养的单元学习活动与生活实际的联系

从知识产生的角度来看，生物学课程中的相关知识来源于自然界中的生命现象。从学生的学习规律来看，也应该遵循人类认识自然界的路径，从认识实际生活中的生物学现象入手。这能为学生的学习活动找到很好的切入点，也能为学习活动提供目标指向。在进行"我来守护我们的生物圈"单元学习主题的"拟定保护生态环境的计划"时，笔者从现在全社会都在进行的垃圾分类入手，引导学生明确什么是垃圾分类，垃圾分类有什么意义，并让学生分组设计活动方案，在日常生活中如何实践垃圾分类和生活用品减量及资源重复利用。从而树立节约资源和保护环境的意识，认识到开展生活垃圾分类，可以提升生活垃圾的减量化、资源化、无害化水平等现实问题。从学生生活实际中的生物学问题出发，引导学生应用生物学中的生态文明素养知识解决现实生活中的实际问题。一方面能够激发学生的学习生物学的兴趣，另一方面还能使学生感知到身边的生物学问题。从哲学的范畴提升学生生态文明素养教育的认知层次，强调知行合一，并通过实践研究活动，提升学生的生态文明素养。

三、注重培养学生生态文明素养课程资源的整合与开发

课程资源是课程的一个重要组成部分，是开展学习活动的重要保障。初中深度学习的有效实施需要恰当的课程资源作为支撑。为了提升学生对环境问题和环境保护的认识水平和程度，为了给学生保护环境提供实践的机会，笔者并没有局限于教科书或教学参考书中现成的学习活动资源，放眼于单元学习目标和学习活

动的需求,对已有的资源进行整合与加工创造,使之成为变式资源。在进行"我来守护我们的生物圈"单元学习主题中的"人类活动对生物圈的影响"时,在课程资源的选择方面,有活动所使用的实验室资源,比如在测定酸雨条件下幼苗的生长状况作为判断酸雨是否对植物有影响的指标时,为了提供适宜且相同的条件,笔者采用了光照培养箱,设置了适合幼苗生长的温度、光照条件。本实验中用到的"酸雨",我们使用了家庭资源——食醋和可乐,并按照配置比例,将食醋和清水配置成供实验室用的模拟酸雨;我们也用可乐作为模拟酸雨,并把两组设置为对比实验。又如在进行我来守护生物圈"分析人类活动对环境的影响"单元学习主题时,为了引导学生认识垃圾分类的概念以及如何进行生活垃圾分类,我们的活动使用了社区资源,并请来了社区的卫生网格员为我们普及垃圾分类的相关知识。以上多种课程资源的合理使用,都是为单元学习目标的达成服务的。同时多角度地提高了学生对环境问题和环境保护的认识水平和程度,也给学生保护环境提供了实践的机会。

笔者还根据学生的学习和实践需求,打破校际、区域的限制,自行开发和设计了新课程资源。笔者整合已有教育教学资源,在七、八年级分别开设了多种多样的社团活动;通过问卷调查、结合学生的学情开设了相应的校本课程。为了增加学生实践的机会,首先联合学校的德育部门,借助三大环保节日:"世界水日""世界地球日""世界环保日"以及我国的"植树节"等节日开展多个主题活动,让全校的学生都参与进来。其次,还打破校际、区域的限制,采取"请进来"和"走出去"的策略,来增加学生学习和实践的机会。笔者请来了市里环保方面的专家和区里的领航教师作为辅导员,定期给学生进行生态文明专业知识的宣讲和普及。我们还借助3月22日"世界水日",带着学生代表参观污水处理厂,让学生近距离感受生态文明建设和生态环境保护治理措施及环保科普技术,参与环保实践。在5月22日"国际生物多样性日"前夕,我们联合环保局、教育局学生科以及学校的化学、地理等学科组织了多种形式的保护环境、提高生物多样性的活动。在"保护生物多样性"的主题单元学习课上,我们组织学生制定了倡议书并进行了签字,课下设计了宣传海报。在5月22日,教师带领学生走入社区,由学生组成的保护生物多样性的小卫士队员们给社区的群众进行宣讲,分别介绍了"国际生物多样性日"的由来、目前生物多样性面临的严重威胁、生物多样性受到威胁的原因及我们能够采取的主要措施等。小卫士们还进行角色扮演，将自编、自导的以十大濒危生物为题材的情景短剧展现在群众面前，想以此提高全社会保护生物多样性的意识，收到了良好的效果。我们通过课程资源的整合与开发，让学生在提高生态文明素养认知层次的同时，参与到实践活动和宣传活动中，做到"知行合一"，综合提升学生的生态文明素养。

四、根据培养学生生态文明素养的需要，课内外活动有机结合

在初中生物学深度学习中，一个单元学习主题的学习活动通常需要 3~5 课时完成，个别内容甚至需要更长的时间。由于各个单元学习活动之间具有一定的内在逻辑联系，大部分学习活动可以在课上完成，有些学习活动需要的时间相对较长，或需要利用家庭的相关资源，或需要家长的协助来完成。因此在实际教学活动中，我们的单元主题学习中的知识层面的内容基本可以通过课上来进行，而培养学生生态文明素养的实验活动和实践活动，则需要延伸到课外去完成。例如我们在进行"人类活动对生物圈的影响"单元主题学习时，在"生物入侵及其危害"中，学生进行网上、报纸杂志查阅资料需要在课后进行；在"拟定保护当地生态环境的计划"中，学生调查当地生态环境现状，就需要在课外进行；我们在进行模拟探究实验"酸雨对生物的影响"中，测定酸雨条件下种子的发芽率或幼苗的生长状况，都需要较长的实验时间才能进行测定，也需要在课外进行。又如：我们联合学校德育部门借助节日进行的提升学生生态文明素养的主题活动和宣传活动，有的需要在学校的统一教育活动时间进行，而学生设计宣传海报、手抄报等需要课外时间进行，进社区或街道宣传也需要课外的时间来实施。

具有保护环境的意识和行为是九年义务教育重要的培养目标，增强学生生态文明素养是全面落实立德树人这一根本任务的重要举措。因此，初中生生态文明素养的培育具有十分重要的现实意义。基于深度学习的理念，结合初中生物学本身的特点，我们进行了培养学生生态文明素养的教学实践，起到了一定的效果。在教师的引导下，学生在学习相关的生态文明素养的知识过程中，逐步提升了对生态文明素养的认知水平和程度；在各种活动的策划、参与和实践过程中，学生们逐步建立起保护生态环境的行为习惯：大多数学生选择步行、自行车、公共交通等绿色出行方式；每天践行光盘行动，节约粮食；自己带来餐具，拒绝一次性餐具、餐

盒;穿校服、尽量减少衣物、鞋子的购买,不攀比,提倡环保材料的衣物等。当然,培养和提升学生的生态文明素养,绝非一日之功,它是一项长期的、艰巨的工作,需要我们在平时的教学和生活中时时渗透、处处引导,不仅提高保护生态环境的认知水平和程度,更要形成良好的行为习惯,做到"知行合一",全面提升生态文明素养,为国家的生态文明建设贡献自己的一份力量。

参考文献

[1]龚克.对"十四五"生态文明教育的思考和建议[DB/OL].中国绿发会,2020-12-08,https,//www.thepaper.cn/news Deterl fomard 103/6422..

[2]刘月霞,郭华.深度学习:走向核心素养[M].北京:教育科学出版社,2018.

[3]邵彬.初中生物教学中渗透环保教育的思考[J].新课程(中),2019(17):265.

附录2

《垃圾分类我先行》主题班会

天津市河东区田庄中学　赵爽
天津市河东区东局子学校　窦迪

师：同学们，今天我们来召开一节垃圾分类的主题班会。下面有请两位主持人。

主持甲：敬爱的老师！

主持乙：亲爱的同学们！

合：大家下午好！

主持甲："垃圾分类我先行"环保主题班会现在开始！

主持甲：地球是我们赖以生活的美丽家园，创建一个文明、洁净的环境，保护地球，爱护地球是我们的责任。

主持乙：但是我们却听到了地球这样的心声：

（地球的自述：我是地球，本来我是一个如水晶般美丽的水蓝色星球。我拥有广阔的海洋、郁郁葱葱的树木、清澈见底的河流和一座座巍峨险峻的山峰。我身体里富含各种矿产，是一个生机勃勃的球体。但是社会发展到今天，我亲爱的孩子们却带给我满身的伤痛。横流的污水、随处乱丢的垃圾等造成的生态平衡的破坏，早已把我变成苍老的模样。唉，我该怎么办啊？）

一、认识垃圾产生的来源和危害

主持甲：亲爱的同学们，面对地球妈妈的哭诉，那我们能做点什么呢？

主持乙：我想，我们就从认识垃圾，学会垃圾分类开始吧。

主持甲：同学们，你知道常见的垃圾有哪些吗？有请×××同学为我们介绍一下垃圾产生的来源和危害。

（地球上每天都在产生垃圾）

食品垃圾：指人们在买卖、储藏、加工、食用各种食品的过程中所产生的垃圾。这类垃圾腐蚀性强、分解速度快，并会散发恶臭。

普通垃圾：包括废弃纸制品、废塑料、破布及各种纺织品、废橡胶、破皮革制

品、废木材及木制品、碎玻璃、废金属制品和尘土等。普通垃圾是可回收利用的主要对象。

建筑垃圾：包括泥土、石块、混凝土块、砖砖、废木材、废管道及电器废料等。这类垃圾一般由建设单位自行处理，但也有相当数量的建筑垃圾进入城市垃圾中。

危险垃圾：包括干电池、日光灯管、温度计等各种化学和生物危险品，易燃易爆物品以及含放射性物的废物。这类垃圾一般不能混入普通垃圾中。

清扫垃圾：包括公共垃圾箱中的废弃物、公共场所的清扫物、路面损坏后的废物等。

电子废弃物：俗称"电子垃圾"，是指被废弃不再使用的电器或电子设备，主要包括电冰箱、空调、洗衣机、电视机等家用电器和计算机等通讯电子产品等的淘汰品。

白色垃圾：是人们对难降解的塑料垃圾污染环境的一种形象称谓，指由农用薄膜、包装用塑料膜、塑料袋和一次性塑料餐具等的丢弃所造成的环境污染。这类废弃物多为白色，故称为白色垃圾。

垃圾污染会带来很多危害：

严重污染大气：垃圾露天堆放，大量氨、硫化物等有害气体释放，严重污染了大气和城市的生活环境。

严重污染水体：生物性污染。垃圾中有许多致病微生物，同时垃圾往往是蚊子、苍蝇、蟑螂和老鼠的滋生地，这些必然危害着广大市民的身体健康。

生物性污染：垃圾堆积发酵产生甲烷，甲烷是可燃性气体，浓度达到一定量遇到明火即可发生爆炸。

侵占大量土地：中国约有 2/3 的城市陷入垃圾围城的困境。中国仅"城市垃圾"的年产量就近 1.5 亿吨，这些城市垃圾绝大部分是露天堆放的。据初步调查，全国垃圾存占地累计 80 万亩。

二、认识垃圾分类

(一)我国垃圾分类的现状

主持甲：同学们，既然产生垃圾不可避免，那就让我们学着做垃圾的小主人。有位环保专家说得好，垃圾是放错了地方的资源。只要我们合理处理垃圾，其实垃

圾也能让我们的生活变得更美好。(播放视频)

主持人乙:是啊,垃圾分类迫在眉睫。下面有请×××同学为我们讲讲我国垃圾分类的现状。

我们每天每个人都会制造 1 kg 左右的垃圾。中国每年使用塑料快餐盒达 40 亿个,一次性筷子数十亿双,废易拉罐 80 000 t……而这些废弃物当中,1t 废塑料可回炼 600 kg 的柴油;1 吨易拉罐熔化再利用后,可少开采 20 t 铝矿;回收 1500 t 废纸,可免于砍伐用于生产 1200 t 纸张的林木;食品、草木和织物可以堆肥,生产有机肥料……其实各种废弃物混合在一起是垃圾,分选开就是资源!

绿水青山就是金山银山。环境就是民生,青山就是美丽,蓝天也是幸福。

1.上海垃圾分类

2019 年 7 月 1 日,《上海市生活垃圾管理条例》正式实施,上海作为我国首个进行垃圾分类的城市,率先将生活垃圾分类投放。生活垃圾按照以下标准分类:可回收物、有害垃圾、湿垃圾、干垃圾。

2020 年 7 月 2 日,上海市政府新闻发布会晒出"成绩单",居民区垃圾分类达标率达到 90%以上,单位分类达标率达到 90%;2021 年 6 月上半月,可回收物回收量、有害垃圾分出量、湿垃圾分出量同比分别增加 71%、11.2 倍、38%,干垃圾处置量下降 19.7%;完成 2.1 万余个分类投放点规范化改造;干垃圾焚烧和湿垃圾处置总能力达到 24350 t/d。

2.北京垃圾分类

2019 年 11 月 27 日,北京市十五届人大常委会第 16 次会议表决通过北京市人大常委会关于修改《北京市生活垃圾管理条例》的决定。修改后的《北京市生活垃圾管理条例》对生活垃圾分类提出更高要求,将于 2020 年 5 月 1 日起施行。

北京目前采取的垃圾分类方法为"四分法",将垃圾分为有害垃圾、可回收物、厨余垃圾、其他垃圾。这既是符合国家要求,也是目前最简单的分类方法。

目前,全市共有生活垃圾处理设施 44 座,总设计处理能力 32711 吨/日。其中,焚烧设施 11 座,处理能力为 16650 吨/日;生化设施 23 座,处理能力为 8130 吨/日;填埋设施 10 座,处理能力为 7931 吨/日,可基本满足全市生活垃圾处理需求。

3.天津垃圾分类

天津市十七届人大常委会第二十一次会议日前审议通过了《天津市生活垃圾管理条例》,将从2020年12月1日起施行。

《天津市生活垃圾管理条例》对天津生活垃圾的源头减量、分类投放、分类收集、运输与处理、资源化利用以及监督管理等方面进行了规定,对生活垃圾进行全程分类管理。

天津将生活垃圾分为厨余垃圾、可回收物、有害垃圾以及其他垃圾4类,坚持减量化、资源化和无害化的原则,按照政府推动、全民参与、城乡统筹、因地制宜、简便易行的要求,建立健全生活垃圾分类投放、分类收集、分类运输、分类处理的全程分类管理系统,实现生活垃圾分类制度全覆盖。

主持乙:感谢×××同学的介绍。

(二)垃圾分类标准

主持人甲:我们刚才罗列了很多生活垃圾,那大家知道怎么进行垃圾分类吗?下面就请×××同学来讲讲垃圾分类标准。

垃圾分为可回收垃圾、餐厨垃圾、有害垃圾和其他垃圾:

第一类:可回收垃圾

是指适合回收和资源利用的生活垃圾,包括纸类、塑料、金属、玻璃、木料和织物等。

纸类:主要包括废报纸、图书、各种包装纸、包装盒等纸类制品,这些纸制品是造纸再生原料,每张纸至少可以回收利用两次。第一次回收后,再造纸可印制成书籍、稿纸、名片、便条等;第二次回收后,还可制成卫生纸。但是要注意纸巾和厕所纸由于水溶性太强不可回收。饮料包装盒应抽出软管,倒掉残余液体,集中存放或投放。

塑料:主要包括饮料瓶、塑料袋、一次性塑料餐具等,可以还原为再生塑料、用来炼燃油、加入化学剂合成涂料,既清除了"白色污染",又节约了资源。回收塑料包装容器应先取下盖子,撕掉标签或倒掉残留液体后,用水冲洗干净,压扁或切成小块进行投放。

金属:主要包括易拉罐、罐头盒、牙膏皮等。许多金属可以被熔化后再利用。回收利用废金属,既节约能源又节约矿石资源。

玻璃:主要包括各种玻璃瓶、碎玻璃片、镜子、暖瓶等。因为玻璃熔化的温度比用生料熔炼的温度低很多,所以回收玻璃比直接用天然原料制取玻璃便宜。

织物:主要包括废弃衣服、桌布、洗脸巾、书包、毛绒玩具等纺织制品。

木竹:包括框架、床、椅、地板等木竹类制品。小件或易拆分的可拆分后直接投放。

第二类:餐厨垃圾

主要指是居民在生活消费过程中形成的生活废物,极易腐烂变质,散发恶臭,传播细菌和病毒。例如我们中午吃剩的饭菜就可以放入餐厨垃圾桶内,作为原料生产菌体蛋白饲料,还能堆肥,用于种植花草,园林绿化。

第三类:有害垃圾

是指存有对人体健康有害的重金属、有毒的物质或者对环境造成现实危害或者潜在危害的废弃物。包括电池、水银温度计、油漆桶、家电类、过期药品、过期化妆品等。

投放时要轻放,不要弄破有害垃圾的容器或包装物。易碎或者含有液体的有害垃圾应连带包装或包裹投放,防止破损或渗漏。杀虫剂等压力罐应轻投轻放,不能挤压。

第四类:其他垃圾

包括砖瓦陶瓷、渣土、卫生间废纸、纸巾等难以回收的废弃物。采取卫生填埋可有效减少对地下水、地表水、土壤及空气的污染。

主持人甲:垃圾分类这样的方法真好,垃圾都回到了自己的家,我们回去也要给我的爸爸妈妈介绍介绍,让我们家的垃圾也能分类回收。

主持人乙:是啊!我们会进行垃圾分类,这会让很多垃圾物尽所用。下面我们就来进行了垃圾分类的知识竞赛,看看大家对这方面的知识了解了多少?

(三)垃圾分类小擂台

主持人乙念题,同学举手回答。

1.下面哪个是可回收垃圾收集容器(D)

A.　　　　　B.　　　　　C.　　　　　D.

2.开学前我们会整理学习资料,被我们清理掉的旧书本属于(A)

A.可回收物 　　　B.有害垃圾 　　　C.餐厨垃圾 　　　D.其他垃圾

3.过期药品属于(B),需要特殊安全处理

A.其他垃圾 　　　B.有害垃圾 　　　C.可回收物 　　　D.餐厨垃圾

4.平常喝茶的茶叶渣应扔进哪个垃圾桶内(D)

A.其他垃圾 　　　B.有害垃圾 　　　C.可回收物 　　　D.餐厨垃圾

5.旧衣服属于(C)

A.其他垃圾 　　　B.有害垃圾 　　　C.可回收物 　　　D.餐厨垃圾

6.被油污污染了的旧报纸是否属于可回收物(×)

7.餐厨垃圾可以作为肥料滋养土壤、庄稼(√)

8.牛奶盒以及饮料盒也叫利乐包,属于可回收物(√)

9.消毒剂及其包装物属于有害垃圾(√)

10.家庭用的沐浴露和洗发水的塑料瓶属于其他垃圾(√)

三、节约粮食,光盘行动

主持人甲:餐饮浪费现象,触目惊心、令人痛心!"谁知盘中餐,粒粒皆辛苦。"尽管我国粮食生产连年丰收,对粮食安全还是始终要有危机意识,今年全球新型冠状病毒肺炎疫情所带来的影响更是给我们敲响了警钟。"一粥一饭,当思来之不易;半丝半缕,恒念物力维艰。"节约粮食是中华民族的美德,也是家家户户的传统。

主持人乙:大家知道吗,天津市河东区田庄中学于 2013 年就开始进行餐厨垃圾堆肥实验,还拥有自己的实践基地,并把这项技术推广到了社区,这就是我校的科技项目《餐厨垃圾多用途一体化处理技术的推广与应用》。不仅避免了浪费粮食,还可以将剩饭剩菜变废为宝,发酵出肥液,加以利用。下面,有请×××同学为大家介绍。

天津市河东区田庄中学从环保角度出发为打造生态校园,根据实际需要选择使用好氧堆肥、厌氧发酵和饲料化处理技术处理厨余垃圾。

厨余垃圾,如无油的剩菜剩饭,瓜皮、果皮等,先用篓子甩去垃圾水分并弄碎,然后倒入能密闭的容器。每倒入一层垃圾(10cm 左右厚)撒上一层发酵粉约 30g,

压紧密闭不要透气。

第一周过去后,转开龙头,看看有没有液态肥料产生。橘子皮、瓜子皮、树叶不会有液肥,但新鲜的菜含水比较大,有液态肥产生。液态肥接出来之后,可以当液肥使用,无毒性,根、茎、叶、果都可以使用。另外,液肥还可以做清洁剂,环保酵素清洁剂。

半个月后将积肥桶打开,找厚的黑色塑料袋,将固态肥倒出来,积肥桶用水冲一冲,洗水可浇花。

利用厨余垃圾多途径一体化处理技术将校园和社区居民生活中的厨余垃圾和其他垃圾做到收集处置一体化,净化校园环境,美化社区环境,促进厨余垃圾一体化处置工作,避免厨余垃圾单独分离混合处理的情况发生。以厨余垃圾为原料生产菌体蛋白饲料,能提高氨基酸、蛋白质和维生素含量,代替大豆、鱼粉等蛋白饲料,还能堆肥,用于种植花草,园林绿化。

四、活动小结,升华认识

主持人甲:通过几位同学的介绍,相信同学们已经更进一步、更深层次地了解了垃圾分类,不过关键还是用知识来指导自己的行动。请全体起立。(主持人甲领誓)

以生命的名义,我承诺:

珍视天空,关爱大地;

抵制污染,植绿护绿;

垃圾分类,举手之劳;

变废为宝,美化家园;

珍爱生命,节约资源;

绿色消费,绿色人生。

主持人甲:全体请坐。

主持人乙:垃圾分类让我们的环境鸟语花香!

主持人甲:垃圾分类让我们的环境山清水秀!

主持甲、乙:垃圾分类让我们的环境令人心旷神怡!

主持人甲:让我们人人争当环保小卫士,把垃圾分类运用到平时的生活中。下

面请班主任赵老师作班会小结。

赵老师:谢谢同学们。通过这节主题班会课,我们知道了原来身边的垃圾会有这么多。既然产生垃圾不可避免,那就让我们学会给垃圾作最基本的分类,让它们尽可能地得到回收利用。只要我们动动手,再动动脑,随时随地,我们都是环保小卫士。绿水青山就是金山银,不管在校园里,还是在校园外,让我们行动起来吧!

主持人甲、主持人乙:今天的主题班会活动到此结束!

附录 3

《生物与环境的关系》第一课时教案

天津市第一〇二中学　朱旭
天津市河东区东局子学校　窦迪

一、教学目标

(一)生命观念

(1)能举例说出光、水、温度等因素对生物生存的影响。

(2)能举例说出生物与生物之间的关系。

(3)能举例说出生物对环境的适应和影响。

(4)通过上述小概念的解析最终在理解的基础上构建生态因素大概念。

(二)理性思维

在教师的引导下初步认识概念图梳理知识的方法,学会对比、归类。

(三)科学探究

在教师构建的情境中应用科学探究的步骤方法解决生活中的生物问题,初步认识实验这一新的探究方法,为第二课时"光对鼠妇影响"的实验做好准备。

(四)社会责任

在生命观念的学科核心素养形成的过程中,加强保护环境意识。

二、教学重难点

(一)重点

(1)生态因素对生物的影响。

(2)生物对环境的适应和影响。

(二)难点

(1)科学探究方法的应用。

(2)概念图对知识的梳理。

三、课前准备

(1)教师准备:分组、学历案、课前微课(H5平台制作,微信推送)、课件(希沃白板)

(2)学生准备:①预习课本,初步完成学历案中关于生物与环境的概念图;②认真阅读课前教师推送的微课,合作学习,A大组分析资料一,B大组分析资料二。

四、教学过程

(一)情境导入

由上节课我们对周边环境中的生物的调查中发现的有趣现象导入(课前也做了微课推送),展示校园中红叶和忍冬果实的照片,要求同学们对课前小组分析的结果进行展示。

(1)情境探究如下:扫描二维码根据课前导学微课,结合书12~13页的内容和下面的资料,通过小组合作探究回答问题并准备在课上分享。

资料一:树叶到了秋天变红是花青素的作用,它的颜色会受到环境影响。通过观察和调查我们能发现往往向阳方向的树叶就要比荫蔽处的红艳,我国、美国等地常能见到红叶美景,而欧洲等地的同科树种树叶不转红,我们只能看到黄色调,欧洲和我国的秋天有什么不同呢,我们常说秋高气爽,和我国不同,欧洲的秋天气候云量多、阳光少,气温较暖和。

资料二:美国威斯康星州麦迪逊大学的比尔·赫奇根据研究认为,这种存在于植物中称为"花青素"的红色素,扮演着"防晒油"的角色,可以在秋天树木无法从叶片再吸收营养时,遮蔽敏感的光合作用组织,保护仅存的光合作用色素,使树木在树叶掉光前尽可能的贮存养分。这就是为何外层的叶片颜色比内层遮阴处及北面的叶片更鲜艳;生长在欧洲树种不会产生大量的花青素,是因为当地的气候不需要这些色素的保护。

问题:为什么爬山虎的叶子有的开始变红了,有的还是绿色?①资料一用了什

么方法？结论是什么？A组②资料二用了什么方法？结论是什么？B组

(2)考虑到这个部分对于七年级刚刚接触生物的学生有一定难度,做了如下处理:

1)课前做了微课推送,提前让学生了解图片和问题,并给了解决问题的一些资料,对资料也做了关键词强调的处理。

2)要求学生针对课前微课进行小组合作,形成简单的认识。

3)在课堂上,通过师生互动的方式,用概念图的形式一步步引导学生找到资料中的关键词——分析关键词给出的信息——形成问题的结论。

(二)概念1形成

果实到了秋天变红是花青素的作用,结合红叶问题的分析,小组讨论想一想同一地点甚至同一株忍冬的果实为什么呈现出不同的颜色?

学生预习成果会在这里体现,影响因素涵盖温度、水分、阳光……

通过图片叶片萎蔫程度的不同,引导学生发现细节,通过观察得到阳光是主要因素的合理假设。

(1)根据资料分析红藻、褐藻、绿藻的分布,理解光照除了影响生物的生活,还影响生物的分布。

资料一:绿藻、红藻、褐藻所有的海藻都需要吸收阳光以制造养分,不同藻类吸收太阳光谱中的不同光谱。红色光谱的绿藻,吸收蓝光的红藻,褐藻所能吸收的光线比红藻多,却比绿藻少

资料二:太阳的红光谱只能到达最上层的海水,蓝光谱能穿到水深超过100m的海底。

(2)给出大量的图片,学生快速分析影响因素,体会非生物因素对生物的影响,丰富学生感性认识。

(3)分析熊猫与竹子的关系,棕熊冬眠的实例,构建捕食关系的这个生物因素概念。

(4)给出大量的图片,学生快速分析影响因素,体会生物因素对生物的影响,丰富学生感性认识。

(三)能力提升

1.对刚刚学过的生态因素进行归类

2.用概念图引导学生形成生态因素的概念

3.学生完成巩固练习,达成生态因素概念与生活实例的联系

(1)列现象中,主要属于适应温度变化的是(　　　)

A.仙人掌的叶变为刺状　　　　　　B.蛾类的昼伏夜出

C.候鸟的迁徙　　　　　　　　　　D.公鸡报晓

备注:应用希沃白板蒙层效果

(2)请你从下面描述中选出"生物对生物影响"的描述画√。

①蜜蜂跳8字舞通知同伴采蜜(　　　)

②田鼠大量繁殖使农作物减产(　　　)

③草盛豆苗稀(　　　)

④春风又绿江南岸(　　　)

⑤千里之堤毁于蚁穴(　　　)

⑥根瘤菌给大豆提供氮肥(　　　)

⑦冬虫夏草(　　　)

⑧狼控制草原上野兔的数量,保证了草场的休养生息(　　　)

⑨南橘北枳(　　　)

⑩大树底下好乘凉(　　　)

⑪得了蛔虫病的人消瘦(　　　)

⑫肠道有益菌为我们提供维生素K(　　　)

备注:应用希沃白板分组竞争的活动

(四)概念2形成

(1)通过大量的图片,让学生形成生物生存的两个路径——适应环境或者改变环境。

(2)在提交人是最有能力的改造者时,展示一张天津美丽夜景的图片,引领学生树立环境意识,明确环境改造不是肆意妄为,要尊重自然、合理改造,让我们的聪明才智创造人与自然和谐的美景。

(3)利用概念图对生态因素的相关概念进行总结。

(五)第二主线梳理

(1)利用概念图引导学生对在本节学习中涉及的科学探究知识进行梳理,构建第二条教学主线。

(2)完成板书,引导学生明确环境意识的付诸实践要有生态学知识和科学探究方法作为基础。

五、板书设计(见图1)

1.2.1 生物与环境的关系

第一课时

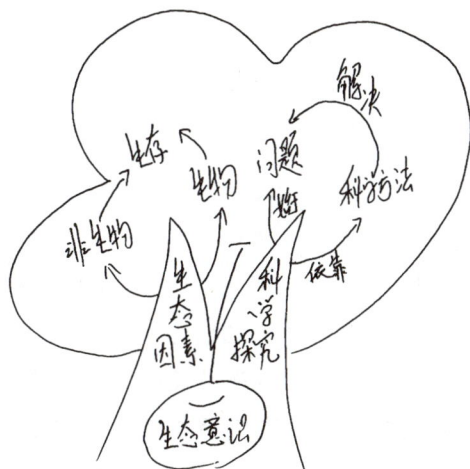

图1 板书设计示意

六、课后作业

请你根据今天科学探究的学习,分析 14~15 页探究(A 组)、18 页课外实践(B 组),小组合作完成下面的问题:

(1)研究的问题是什么?

生物对环境的影响?

环境对生物的影响? 是哪个环境因素?

(2)用了什么科学方法?

(3)在数据分析中用了什么分析方法?

七、课后反思

(一)亮点

(1)通过情境分析、图片感知帮助学生建构生物学概念。

(2)通过概念图引导学生形成总结概念,让概念系统化。无论是科学探究主线还是生态因素主线都达到了目标达成。

(3)适时的渗透环境意识,潜移默化中立德树人。

(4)充分利用希沃白板,激发学生竞争意识,多元评价鼓励学生学习,激发了学生持续性的学习兴趣,削弱了借班上课的弱势。

(二)不足

(1)存在对学情分析不足,课前情境导入搭桥不够,学生对课前的合作学习不充分。

(2)课程中也是对学情分析不足,图片的感性认识过多,搭桥过度,没有放手通过学生举例真正让学生内化生态因素的概念。

(3)学生对于科学方法和知识学习都是环境意识付诸实践的基础,是生态观念的重要组成部分似懂非懂,这个地方最后总结的有些生硬,原因还是课程安排上生态因素知识层面的感想认识和铺垫过多,留给思想高度提升的铺垫不够,在课程整体设计上还应有所改进和取舍。

(4)有两个细节在观看录课视频后觉得不妥:

1)情境导入注意了用主要因素来强调阳光不是唯一因素,但是忽视了资料本身并没有论证,所以一直在说结论有些不妥。

2)在讲生物适应环境的相对性时只说了环境改变死亡,未提交迁移,不够全面。

反思性教学培养学生核心素养的案例研究

天津市北辰区华辰学校　杨立群

摘　要:生物学核心素养是学生在生物学课程学习过程中逐渐发展起来的,在解决真实情境中的实际问题时所表现出来的必备品格和关键能力,是学生通过学习生物学课程内化的带有生物学科特性的品质。要培养学生的生物学核心素养,离不开生物学教学。本课题基于对课堂教学的反思,研究如何提高学生的核心素养,怎么提高学生的核心素养。反思性教学首先要发现教学中的问题,然后根据问题进行反思,尝试改进,研究讨论如何解决问题,如何提高教书育人的课堂效率,然后应用于实践,检验效果。

关键词:反思性教学　核心素养　案例

一、研究目的

核心素养是指学生应具备并能够适应终身发展和社会发展需要的必备素质和核心能力。2014 年,《教育部关于全面深化课程改革 落实立德树人根本任务的意见》中最早提出"核心素养体系"的概念,为普通高中的课程标准指明方向,核心

素养被视为一项重要的教育目标。

生物学的核心素养是学生在学习生物学课程的过程中逐步发展起来的,体现在解决实际问题的过程中学生的本质特征和核心能力,是学习生物课程所内化的具有生物学科特征的素质。它包括4个要素:生命的观念、科学的思维、科学探究与社会责任。学生的生物核心素养是学生应该具备的,能够满足终身发展和社会发展的需要必要的性格和关键能力。培养学生的核心素养有利于学生的全面发展。它还可以使学生更好地理解和学习价值观,并建立正确的价值观。培养学生的核心生物素养,离不开生物课程的教学。

教学主要是思维活动的教学,而不仅仅是知识的教学。教师的任务不仅仅是教学,更重要的是引导学生自学,培养学生学习能力的途径很多,反思是其中的重要途径之一。反思不是一般意义上的"回顾所学",它是对教学过程中各个方面存在的问题进行反思、思考、探索和解决,具有探究的性质。进行教学实践,不断反思教学理念、改进教学理念、反思理念和方法的渗透,灵活运用教学方法,反思教学过程和教学效果,提高课堂教学水平。反思教学通过学习,教师可以了解自己在教学过程中是否有意识地培养了学生的生物学核心素养,哪些是好的,哪些是不利于学生的学生核心素养的培养与提高。因此,反思性教学是培养学生生物核心素养的最有效手段之一。

二、研究的背景与意义

20世纪80年代以来,反思性教学模式的实践在西方多个国家展开,并呈现出了百花齐放的现象。流行的模型包括埃拜模型、爱德华兹-布朗模式、拉博斯凯模式等,本质上都是以"提出问题—探索问题—解决问题"为核心来研究的,充分发挥学生本身的激励作用,突出教师自身教学能力的提高。国内学者如熊川武、张立昌也对此进行了专门研究。然而,这项研究仍在我国进行,还处于婴儿期。事实上,班级授课制教育在我国的课堂教学中是如何广泛运用的,仍然是研究者努力的目标和方向,也是本研究的意义所在。

本团队的攻坚课题为"基于生物学科核心素养的课堂教学的实践研究",而要完成对课堂教学的研究,如何提到学生的核心素养,怎么提高学生的核心素养,这就需要发现问题,而反思性教学首先就是要发现教学中的问题,然后根据问题进行反思,尝试改进,研究讨论如何解决问题,如何提高教师、学生的课堂效率,然后应用于实践,检验效果。所以在主课题下,笔者的子课题定为"有效运用反思性教学培养学生核心素养的实践研究",这是主课题研究的一把利剑,是主课题研究的基础手段。

三、研究的理论依据

(1)中华人民共和国教育部印发的生物学课程标准以及国内外教育教学理论的新发展,为本课题的研究提供了坚实的理论基础。生物学课程标准提出的课程理念和目标:学生是教学过程中的主体,学科教学的核心是让学生在教师的指导下学习,教师和学校应该为培养学生的良好习惯创造条件。充分发挥教师和学生的主体性,需要教师和学生自我反省。

(2)自20世纪中期以来,元认知理论、行动研究理论和建构主义教学理论为反思性实践活动提供了宝贵的经验和理论上的强大武器。

①元认知理论:元认知的核心意义是对原有认知的再认识。即认知主体自身的心理状态、能力、任务、目标,同时,它也是认知主体各种活动的计划、监控和调节。

②行动研究理论:基本内容是发现与解决问题的结合、行动与研究的结合、科研人员与实际工作者的结合、理论与实践的结合、行动与评价的结合。

③建构主义理论:学习不是教师向学生传授知识的过程,而是学生建构自己知识的过程。其核心内容可概括如下:采取它以学生为中心,强调学生对知识的积极探索、对所学知识意义的积极发现和积极建构。

(3)国内著名学者熊川武教授的《反思性教学》,全面阐述了反思性教学的特点和意义,以及张立昌的《论教师的反思及其策略》等相关著作提出了符合中国实际的反思性教学实践模式和具体原则。

四、研究的目标和内容

(一)研究目标

(1)通过反思性教学研究促进教师课堂教学的合理与完善。主要包括反思教学能否达到培养学生生物学核心素养的要求;反思课堂教学中各种策略的有效性,尚存的问题及经验和教训。

(2)通过生物课堂中转变学生学习方式,促进学生进行反思性学习,培养学核心素养。

(3)通过反思性教学的案例分析,总结实施反思性教学的一般方式和过程。

(二)研究内容

(1)为教师构建完善的反思性教学模式。主要是让教师学会多角度、多层次的反思,开展课堂教学学习全过程的反思,促进教师在日常教学活动中获得反思意识,形成反思性教学能力,发展反思行为,培养学生学习的核心素养。

(2)在学生方面创设相关的情景,从学生的自身需要和动机入手,促进学生反思意识、反思性学习能力的全面形成,培养学生学会学习的核心素养。

(3)总结反思性学习教师课堂实施的一般规律和特点,进一步完善教师反思性教学的方法和途径,提升学生的核心素养以及能力的培养。

五、研究的方法

(一)文献法

在课题研究的过程中,通过各种渠道查阅国内外关于反思性教学的文章及论著41篇,集体进行学习,研讨研究的方向、借鉴其中的观点并根据自己的实际情况进行创新性的研究。

(二)案例分析法

分析了八年级生物 37 节课的教学案例,搜集有关反思性教学研究实施过程的现状、过程、效果的各项资料,通过对各个时期、地点,各种情况下的不同表现进行研究,加以分析,总结经验,发现问题,探索教育规律。

(三)行动研究法

本课题在研究过程中主要运用的方法。教师直接研究他们的课堂教学活动,包括"学习、反思与评价、完善"等几个环节。

六、研究的步骤

(一)准备阶段(2019 年 11 月至 2019 年 12 月)

(1)学习《义务教育生物学课程标准》、元认知理论""行动研究理论""建构主义教学理论"、熊川武教授的《反思性教学》以及张立昌的《论教师的反思及其策略》等理论为开展反思性实践活动提供有力的理论保障。

(2)相关资料的收集、整理,确定科研课题。

(3)制定课题研究方案,明确研究任务。

(二)实施阶段(2020 年 1 月至 2021 年 1 月)

(1)进行相关理论学习,收集反思性教学资料。

(2)开展研究活动,撰写教学案例,记录课堂教学行为,进行教学反思,课后研讨。

①进一步修改完善研究方案,制定本阶段的具体工作计划,撰写教学案例。

②在课堂教学中引入反思性教学策略,开展互动的反思性教学活动。

③在课堂教学中引导学生运用反思性学习策略进行学习,并形成学习习惯。

④课后研讨和教学反思,记录课堂教学行为和自我反思,探索反思性课堂教

学的情境模式和自主反思模式。

(3)中期评估,修改完善课题研究方法。

(三)总结阶段(2021年2月至2021年6月)

组织研究材料并撰写研究论文。本阶段主要根据实施目标收集相关研究资料,如反思性教学的内容课例、案例、论文、课件、视听资料等,然后分析、反馈、总结、完善本课题的所有资料,完成结论报告。

七、研究的思路及研究过程

(一)研究的思路

生物学的核心素养包括生命观念、科学思维、科学探索和社会责任4个方面。如何通过反思性教学培养学生的核心素养。以案例的形式进行研究如何培养学生的核心素养:教学设计—课堂实践—学生反馈—反思并改进教学设计—再次实践—反思提高。

(二)研究对象

所任教的初一年级的自然班,每班约50人,共8个班。

(三)研究过程

1.通过生物反思性教学,培养学生的生命观念

生命观念指的是一种对观察到的生命现象及其相互关系或特征进行解释后的抽象。它是一种经过论证的想法或观点,以及理解或解释相关事件和现象的品性和能力。学生生命观念的形成是以理解生物学的概念为基础的,如结构与功能的概念、进化与适应的概念、稳态与平衡的概念、物质与能量的概念等,进一步运用生命的观念来理解生物体的多样性和统一性,从而形成科学的自然观和独特的世界观,最终引导和探索生命活动的规律,解决生活中遇到的实际问题。

例如:学生们有兴趣学习人教版《生物学》8 年级生物上册第 1 章第 4 节中的"鱼"。因为学生们对鱼并不陌生,平时也曾见过、摸过、吃过,所以在笔者的教学设计中,在课前准备了活鱼实验材料,让这门课生动起来,让学生尽可能地体验到生活的魅力。

通过观察活鱼,探索适合生活在水中的鱼的形状和特征,学生可以通过观察自己得出结论。在鱼类呼吸方面,实验证明鳃是鱼类的呼吸器官。在鱼呼吸时,口腔和鳃盖是一张一合的,那么是同时张开闭和还是交替张开闭合的呢?经实验证实,口腔和鳃盖的后缘是交替张开闭合。在实验结束时,强调应迅速将鱼放回干净的水中,以增强学生的生命责任和照顾小动物的意识。

然而,当讨论适合在水中呼吸的鱼的特性时,学生们并没有很好的理解它。通过课后与其他老师的交流和反思,笔者设计了一个模拟实验,用毛笔刷子模拟鳃丝在水中展开,在干燥的空气中黏合在一起,说明鱼离开水不能生存的原因。这样既形象又生动,便于学生理解,诠释了结构和功能相适应的生物学理念,使学生形成生命观念,形成科学的自然观和世界观,最后,又设计了视频观看,让学生了解鱼类养殖业和捕捞业都是我国的重要产业, 数百万人将捕鱼作为谋生的手段,然而,由于长时间的过度捕捞以及水环境的大量污染,导致鱼类生存艰难,多种鱼类面临灭绝的威胁。我们应该重新强调鱼类与人类生命的关系,增强学生的环保意识,保护鱼类资源,节约用水。

通过反思性教学,在学生原有生活经验的基础上,培养了学生学习生物的兴趣,丰富了生物知识和实验技能,大大地调动了学生的学习积极性,在实验中探索真理,取得教学了良好的效果,促进了学生全面的发展。

2.通过反思性教学,培养学生的生物科学思维

科学思维,也叫科学逻辑,即形成并运用于科学认识活动、对感性认识材料进行加工处理的方式与途径的理论体系;它是真理在认识的统一过程中,对各种科学的思维方法的有机整合,它是人类实践活动的产物。作为生物学核心素养的主要内容之一,科学思维不仅是形成生命观念的重要方法,也是科学探究不可缺少的组成部分。生物学中的一些重要概念,如规律、原理和定律等,是人类科学思维的产物。这些概念的形成一般需要归纳、归纳和演绎等科学的思维方法。科学思维不仅关注概念形成的结果,而且关注概念形成的过程。因此,生物学教学的重要目

标之一就是培养学生的科学思维能力和生物科学素养。

提问是课堂教学的基本环节,它可以直接引导学生疑惑和思考,引导学生进行科学思维的活动和发展,使学生从被动接受转变为主动接受积极探索。因此,初中生物教师需要从根本上改变单向传播的方式和倾向,注重课堂提问环节的设置。更详细的做法就是,教师在了解所教生物教材知识系统的基础上,把握教材所讲述的重点和难点,并根据重难点设计启发性和开放性问题,在授课中依照学生的思维状态调整提问的问题,真正发挥提问的导向作用,保证学生思维的连贯性,引导学生积极进行思考、分析和探索,从而形成良好的科学思维能力和自学能力。例如《腔肠动物与扁形动物》这节课是八年级生物上册的第一节课,在这节课正式上课之前,笔者首先给学生们介绍了这本教材在整个初中生物教学中的地位,并系统地介绍了这本教科书的整体知识体系,因为我们知道学生们很好奇,他们总是想知道这种动物的特征。

在这节课中,笔者首先引导学生回顾他们所学的内容,"原生动物是单细胞动物还是多细胞动物?"根据学生的回答,进一步指出:"在动物王国中,原生动物都是由一个细胞构成的生物体(学习过的草履虫),而其他的动物则是由多个细胞组成的。腔肠动物是一种低等多细胞动物,我们第一个介绍它,目的是让学生理解腔肠动物是多细胞低等动物最最简单的。腔肠动物的身体结构是怎样的构成的?有什么特点?常见的腔肠动物有哪些种类?它们的存在对人类有什么影响?辨别腔肠动物的主要身体特征是什么?这些就是我们将在本课程中学习的问题。"从这一点出发,它不仅设置悬念,而且激发学生学习新知识的欲望,也引出本课的主题,从而为本课奠定良好的基础。

经过大量的教学实践,笔者发现兴趣低严重影响了课堂教学的成功。如果我们在介绍课堂时抓住并提高学生的兴趣,并在教学中以不同的方式和方法引导学生的科学思维和兴趣,那么这节课必将是一节成功的课。

3.通过生物反思性教学,培养学生的科学探究能力

"科学探究"是指在现实世界生活中,发现有关生物问题,并且进行观察,在提出问题的假设基础上自主进行实验设计和方案实施,最后得出结论以及交流和讨论特定生物现象结果的能力。在探索中,它愿意并善于团队合作,勇于创新。

科学探究作为初中生物教学的十大核心内容之一,它能够帮助学生深入理解

科学研究方法一般方法,掌握研究生物学相关知识的一般手段。培养学生的科学探究能力,能够帮助学生形成正确的价值观和严谨的科学态度,有助于促进学生由接受式的学习方法到探究式的学习方法的改变。例如,人教版8年级生物下册第7单元第3章第3节生物进化的原因这节课。本课程的教学过程安排如下:首先让学生阅读教科书,了解英国的曼彻斯特深浅两类桦尺蠖的数目随着环境的变化而变化的例子,然后引导学生分析,为什么会产生这样的变化?原因是什么?接着进行探究活动——模拟保护色形成过程,让学生从直观的层面了解生物进化的过程和原因,最后从理性层面进行总结,最后归纳出达尔文的自然选择理论,并且让学生初步形成生物进化的基本观点。

在整个教学过程中,学生基本上可以积极参与探究性实验活动,科学分析实验结果,积极获取知识:通过教材中桦尺蠖体色随环境变化的演变案例分析,简化了理论性很强的教学内容,通过设置一系列问题,向学生展示保护色、警戒色和拟态的生动画面,同时,学生们在学习时兴趣盎然,让学生过直观感受并理解相关的概念。

不过,在课题研究的过程中,也存在一些不足:

(1)在探索的过程中,时间太长,导致理性层面上的时间仓促。

(2)在探究过程中,教师的引导组织不够,导致探究兴趣浓厚,知识不足。

在反思本课的教学过程后,笔者改进了教学设计:

将班级分为6组,每组设组长,并提前通知他们以竞赛的形式再次完成探究性实验,同时让学生尝试着改进实验方法,不仅可以缩短课上完成学习任务的时间,同时也降低学生做实验的难度,开发了学生的思维,增加了实验的可操作性。

六组学生都得到了提高。从第一组到第六组,每组都有不同的改进:有的是将模拟桦尺蠖的纸片由100张减少到50张;有的是将繁殖三代幸存者改为繁殖两代幸存者;有的将模拟的桦尺蠖的纸片颜色增加到5种;但无论哪一种都看到了更合理的结果,实验效果非常理想。

此外,在本内容的教学过程中,发现各组组长在组织学生合作完成工作、发挥组长作用方面尤为认真。所有组员统一服从组长指挥,及时记录小纸片数量并进行分析,得出效果非常理想的结论。

在这样的科学探究过程中,学生可以改变以往在学习知识的同时被动的学习

模式,激发学习活力,提高团队合作和科学探究能力。科学探究素养有助于学生对科学概念掌握、有助于参与科学实践、有助于理解科学本质、有助于学生成为独立的思想者和学习者。在教学过程中,教师应立足教材,运用多种教学策略,培养学生勤于实践、善于合作、勇于创新的科学探究素养。

4.通过生物反思性教学,培养学生的社会责任感

社会责任是指在理解生物学基础知识的基础上,参与个人和社会事务的讨论,对一些社会现象和事件作出合理解释和判断,试着解决生产和生活问题的责任和能力。学生应能积极运用生物学知识、理念和思维方法,关注社会问题,参与讨论并做出合理解释,从有利于人类的角度出发,形成正确的价值观,能够辨别什么是迷信和什么是伪科学,形成绿水青山就是金山银山的生态意识,参与环境保护的实践活动,积极向周围的人宣传健康生活、关爱生命等相关的知识,并且结合本地的现有资源开展科学的实践活动,尝试着解决现实生活中的生物问题(《义务教育生物课程标准》及其教材包括与中学生物学相关的 5 个社会责任主题:生态与环境保护的意识、关爱生命的意识、健康的生活的意识、社会参与的意识和科学实践的意识)。

社会责任在初中生物教学中的体现是基于对初中生物学知识的高度理解,通过对某些事例参与相关讨论做出科学合理的解释和判断,进而提高学生在解决生产生活中有关生物问题的能力。在初中生物教学过程中,教师应在教授学科知识内容的同时对学生也要进行价值观方面的教育,用鲜活的事例作为教学的载体,学生在分析事例的过程中,促进学生社会责任感的发展。例如,8 年级下册第 2 章第 7 单元第 4 节"人的性别遗传",这是义务教育阶段生物课程标准中列出的第一级主题。进入青春期的学生很快就会进入成年期,因此性别等话题很容易引起他们的强烈兴趣。此外,高中教材的必修二中还将学习性别遗传学等内容,但面对文理科选科的划分,大量学文科学生开始不重视。因此,教师必须在初中阶段,把握机会,普及正确生育观、性别平等观,为高中性别遗传学的科学知识的教学奠定基础。

从"媳妇被逼写下二胎生男保证书"的新闻中,人们不禁会想:一个人能决定生男孩和女孩吗?这情境的介绍引起了学生们的浓厚兴趣。通过学生的自主学习以及小组合作学习的方式,明确男女染色体之间的差异,培养学生的小组合作学习能力。男孩和女孩机会均等的内容包括学生的类比学习、编写遗传图、解决实际问题、在现实生活中确定性别以及理解男孩和女孩的无知。它不仅允许学生自由发言和表达自己的观点，还引导他们思考引入社会现象，如男女性别比例失衡的后果。展示中国人口普查的结果和各地性别比例的不和谐，使学生思考一系列的社会问题。循序渐进的诱导使学生认识到自己不是独立的个人，而是社会中的人，并思考个人社会责任的重要性行为，从而树立正确的生育观和男女平等的价值观。

根据生男生女比例为 1:1 的概念，触发思维：胎儿是男性或女性的概率。介绍夫妻生男孩和女孩的总比例。然后扩大到一个地区的男女比例，再次扩展到一个国家的男女比例，最后，它扩大到世界上男女的比例。然后想想比例失调会发生什么？后果是什么？不断地拓展将是学生思维的锻炼和升华，让学生充分发挥他们的思维。

知识扩展、性染色体与性别之间的关系以及性染色体异常（缺失和增加）将导致性别畸形（XO、XXY 等）。普及孕期优生常识，提高孕前优生质量。

教师要善于利用社会问题创设情境，让学生通过积极的讨论传播思想，通过合理的引导帮助学生做出理性的解释，掌握辨别迷信和伪科学的能力。教师应将关爱生命、健康的生活等理念潜移默化地融入整个生物学教学中，积极地鼓励和引导学生对现实生活中发现的生物问题进行探究性的理性思考和科学解释，让初中学生感受到社会的责任感。

初中生物教学中，学生核心素养的培养，不仅有利于学生综合素质的提高，而且是为国家培养人才以及发展强大我们自己国家的实际需要。这个课题从 4 个方面进行了总结，归纳出了一套行之有效的培训方法，对于帮助教师开展核心素养相关教学，有非常重要的帮助，并且取得了良好的效果。

八、研究的成果

（一）编辑了反思性教学的教案反思集

在课题研究期间，对八年级上、下册的教材的 37 个章节进行了课后的反思，

并进行了反思后的实践,效果令人满意,不仅促进教师自身的成长,学生的成绩和对生物的兴趣也大大地提高。

(二)撰写了反思性教学的论文

在课题研究期间,不断反思、归纳、总结,对零零碎碎的知识进行整合,加上自己的对学生核心素养理解,不断发酵,完成了《对高效课堂不高效的一点想法》《善始更应善终——通过课堂小结促进反思性学习》(见附录)等3篇论文的撰写。

(三)有效的反思性教学培养了学生的生物学核心素养

生命观念、科学思维、科学探索和社会责任感普遍提高。在职的所有初中生物教师顺应时代的潮流,探索一些新颖的现代学生乐于接受的教学手段和方法,提高学生的生物核心素养,使学生在自主的学习过程中既能迅速掌握生物知识,又能在不知不觉中地提高生物核心素养,为不断发现和探索生物领域的奥秘奠定了夯实的基础。

九、研究的反思

不积跬步,无以至千里。反思性教学培养的是一种思维意识。这种思维的培养需要长时间的坚持、有效的方法,并且是一个缓慢的循序渐进的过程。它不能由教师单独在一两节课上培养。我们需要把培养学生的反思意识放在每节课上。因此,在课堂教学中,教师应自觉树立反思性教学意识,从长远的角度积极培养学生的核心素养,服务于学生的发展,实现学生的发展。

虽然本课题进行了一些理论探索,积累了一些实践材料,但仍有一些问题需要进一步研究和实践,如与反思性教学模式相匹配的反思性教学评价标准尚未形成等,所以,在这些方面可以在今后的研究中进一步的深化。

虽然关于反思性教学的课题实验研究已经结束了,但在教育教学改革的大潮中,多方面的探索是永无止境的。

参考文献

[1]中华人民共和国教育部.普通高中生物学课程标准(2017年版)[S].北京:人民教育出版社,2018.

[2]中华人民共和国教育部.义务教育生物学课程标准(2011年版)[S].北京:北京师范大学出版社,2012.

[3]张小东.元认知在教学领域的理论和应用研究综述[J].商品与质量,2010(05):131.

[4]王晓松.行动研究是教师成为研究者的有效途径[J].教育与职业,2006(33):53-54.

[5]高文,徐斌艳,吴刚.建构主义教育研究[M].北京:教育科学出版社,2008.

[6]熊川武.反思性教学[M].上海:华东师范大学出版社,1999.

[7]张立昌.论教师的反思及其策略[J].教育研究,2001(12):16.

附录

善始更应善"终"

——通过课堂小结促进反思性学习

天津市北辰区华辰学校 杨立群

摘 要:上课伊始,教师设计一个引人入胜的新课导入,对于激发学生学习本课知识的兴趣,提高学生求知的欲望有着十分重要的作用;那么,在一节课的终了,教师给出一个让学生久久回味的结尾,对于帮助学生掌握知识的关键点、提高生物能力、理清知识体系等的意义是不是更为重要。本文从课堂教学中结课这一环节,结合笔者的教学实践浅析如何让课堂小结发挥出更大的作用。

关键词:课堂小结;课堂教学;生物教学

笔者最近一直在想这样的一个问题:上课伊始,教师设计一个引人入胜的新课导入,对于激发学生学习本课知识的兴趣,提高学生求知的欲望有着十分重要的作用;那么,在一节课的终了,教师给出一个让学生久久回味的结尾,对于帮助学生掌握知识的关键点、提高生物能力、理清知识体系等的意义是不是更为重要。执教二十年了,刚开始的几年,每节课都像是在进行一场战斗,分秒必争,很多时候还会由于时间关系最后匆匆收拾战场,在那种情况下,所谓的课堂总结根本无从谈起。因此,想要完美结课,首先看一下是不是留足了时间,当然这需要课前的精心准备和课堂上完美组织教学。课堂教学的小结环节是一堂课结束前的自然体现,不是随便加上去的。因此,一般在课堂教学时都要依照课前的设计进行,导入、讲授、讨论等,并在课程进行的过程中有意识地想照顾到课堂教学的最后一个小结环节,有目的地调节课堂教学节奏,使课堂教学终了时的小结水到渠成,自然妥帖。

接下来,笔者想针对教学过程中课堂小结这一环节,结合自己的教学实践,谈谈如何让课堂小结在教学过程中发挥出更大的作用。

一、提炼归纳结课

新的教学内容完成后,将课堂教学知识点简洁、有序地归纳出来。这样既能理清学生困惑的思想,构建整节课的知识网络,又能点明本节课教学内容的重难点,使学生的课后的复习反思中有所侧重。这种归纳总结的结课方式可以由教师、学生或教师和学生来完成。这样结课方式是最常用方式。如学完"尿的形成和排出"后,归纳为如下几点:2个作用(肾小球的滤过作用,肾小管的重吸收作用),3个比较(血浆与原尿、原尿与终尿、肾动脉中血液与肾静脉中的血液);3点意义(排泄代谢废物、维持水和无机盐的平衡、维持细胞正常生理功能)。这样知识由零散变为集中,同时也使学生的知识结构更加条理、完善,既能巩固知识,又能培养学生的能力,起到画龙点睛之功效,提高课堂效率。

二、妙设歌诀结课

课堂当堂达标练习或布置家庭作业,是生物课堂上常见的"收尾"方法。每节课都这样的话,学生会产生厌倦的心理。如果教师设计出富有哲理性、新颖性的歌诀、谜语,则能在课下持续的激发学生的学习兴趣。这样的"收尾"方法给学生产生一种新鲜感,并会立即激发学生对每句歌诀所蕴含的知识内容探索。教师把零散的知识进行整理总结,编出朗朗上口的歌诀,不仅便于学生的记忆,而且能够激发学生持续学习的兴趣。

如学完"人的由来"后,类人猿和人类比较的歌诀为:

人猿有着同祖先,非洲森林一古猿;

地球环境不断变,分支进化到今天;

树栖形成类人猿,下到地面人出现;

人猿相似也有别,运动工具和语言。

再如"两栖动物的生殖和发育"后,教师根据动画片《小蝌蚪找妈妈》把主要内容歌诀化:

雄蛙高声叫,雌蛙闻声到;

此情意绵绵,双方紧相抱;

精卵产水中,受精真需要;

蝌蚪形似鱼,水中来发育;

渴望父母爱,不知它容貌;

尾退长四肢,变态更奇妙;

出水登陆地,害虫全报销。

还有在讲述显微镜用法时,对显微镜的取放和对光整理的歌诀:

左托右握放左侧,对光转动讲顺序;

一转螺旋提镜筒,二调物镜对光孔;

三转选择大光圈,四转反光左眼看。

通过记忆这些朗朗上口的歌诀,生物课将不再单调乏味,而是充满了美妙的韵味,学生在学习上事半功倍,并且对于学习生物学的兴趣会与日俱增。

三、设置悬念结课

在课堂教学中,如果新授课的知识较多,且前后知识点的直接联系比较紧密时,一堂课内不能解释清楚的知识点,可以巧妙地设置一个"欲知后事如何,且听下回分解"的小悬念来结束课堂教学,它激起的求知欲能够让学生课下主动地预习。如"免疫调节"一节结束时,学生已了解到当病原体突破前两道防线引起体液免疫时,抗体可以消灭病原体,那么当病原体进入细胞后又是怎样被清除的?再比如"食物的消化和营养物质的吸收"一节授课的末尾,学生在之前的学习中已经知道被小肠吸收的营养物质最终是要运输给细胞的。这时可以这样小结:你经常吃羊肉、猪肉和鱼肉,但是为什么你身上没有长出羊肉、猪肉和鱼呢?人体吸收来的营养物质将会被如何利用?这些营养物质在你的体内发生了什么样的变化呢?这样问题提出来之后,学生的学习欲望就会被诱发出来。告诉学生老师所提出的这些问题将在下一章的教学中得到完美的解决,学生为了寻根问底,满足自己的好奇心,就会主动预习课文,为下一章更好地学习打下基础。

四、首尾呼应结课

我们在阅读教材时,可能会发现这样一个非常显著的特征,就是每一章每一节的开头,教材中都会列出几个与实际生活息息相关的问题,同时解决这些问题的关键知识点就是本节课的重点知识,而教师在上课时,设计的情景引入也往往喜欢用这些问题来设置悬,引起任认知的冲突,这样有助于激发学生学习的求知欲望和学习的兴趣。与此相对应,在课堂结尾时,学生已经学过了相关的知识,让学生利用刚刚所学的新知识,分析解决上课时提出的生活中的实际问题,这样既能增强学生解题之后的自豪感,增强自信心,又能将所学的知识应用于生产生活实际。比如,在学习《神经调节的基本方式》这节课时,设计了这样的引入,学生会很感兴趣:手指如果偶然被某个尖锐的物体突然扎了一下,或不小心烫了一下,那么,你认为是先感觉到疼呢? 还是先把手缩回来呢? 能否解释一下为什么会这样? 学生听到后会议论纷纷,十分感兴趣,一开始很容易说错,通过学习后,就知道反射弧的神经中枢在脊髓,是先缩手后感觉到疼。这样的课堂小结方式,既能巩固课堂所学知识,又首尾呼应,能使学生充分感受到所学知识的完整性和实用性,为以后的学习打下扎实的基础。

新教材的编排有一个显著的特点,即每一章都有一定的问题。它们都来自一些与生活和学生密切相关的实际问题,有助于激发学生的求知欲和学习兴趣。老师经常喜欢用这种方式来设置在课堂上设计场景时要悬念。相应地,在课程结束时,让学生运用新知识分析和解决课堂上提出的问题,从而增强学生解决问题后的自豪感和自信心。例如,在学习神经调节的基本方法时,学生们会对设计这样一个介绍非常感兴趣:如果你的手指被尖锐物体意外刺伤或意外烫伤,你是先感到疼痛还是先缩回你的手? 为什么? 学生一开始很容易犯错误。经过学习,他们知道反射弧的神经中枢在脊髓内。他们首先缩回双手,然后感到疼痛。这样的课堂总结不仅可以巩固课堂中所学的知识,而且可以从头到尾地进行回响,让学生充分感受到所学知识的完整性和实用性,为以后的学习打下坚实的基础。

五、探讨问题结课

北宋哲学家张载指出:"在可疑而不疑者,不曾学,学则须疑。"作为一名现代的教师只会"解惑"是很不够的,更重要的是会"布惑",并以此激发学生探讨问题的兴趣,使由难变易的教学过程再起波澜。如:鸟类为什么能展翅高飞翱翔天空? 人类是不是缚上翅膀就能飞吗? 联系生活实际,联想与飞行有关的因素(动力、阻力、重量等等),激发学生积极思考。再如学完"神经调节的方式"后,留出这样一组思考题:①小朋友第一次打针,会哭起来;②第二次打针小朋友看见针就哭;③再后来小朋友看见医生就哭;④最后小朋友听说打针就哭。这4个例子各属于什么反射? 有何区别。通过对这些问题的探讨,即提高分析问题的能力,又激发了学生

学习生物学的兴趣,起到一举多得之效。

总之,课堂小结作为课堂教学的组成部分,有着不容忽视的显著地位。古人云:"凤头猪肚豹尾!"既然有了引人入胜的开头,也应存在回味无穷的结尾。作为一名教学工作者,我们必须从教学内容和学生实际出发,设计出具有特色,富有实效的结尾方式,提高课堂结课的水平,从而取得"课虽尽而趣无穷、思未尽"的效果,为精彩的课堂教学画上一个完美的句号!

参考文献

[1]户聚军. 浅谈课堂教学小结的作用[J]. 中国教师,2007(S1):25.

[2]袁才先,袁水波. 数学课堂教学小结的方式及作用[J]. 现代教育科学(中学教师),2009(1):52-53.

[3]刘远交. 怎样的课堂小结才有效[J]. 生活教育,2014,19(02):145-167.

基于核心素养的合作学习策略的实践研究

天津市宝坻区第二中学　李艾

摘　要：在新课程改革的趋势下,尝试构建问题导学模式下,"自主学习、合作探究"的教学模式,通过小组合作学习以最大限度激发学生的学习兴趣,充分发挥小组合作学习的优势,优化我们的课堂教学。课题研究从生物课堂教学实践出发,探析问题设计应注意的问题,通过合理设计问题,引导学生小组合作学习的有效开展,从而提高教学效率,提升学生核心素养。探究如何科学地开展小组合作学习活动,提高学生对生物学的学习兴趣,培养和促进学生的合作意识、合作能力、交流能力,利用小组的力量进行高效的合作学习,提升学生核心素养。

关键词：合作学习　核心素养　问题导学

一、研究背景

高中新课程改革中生物教学重点由三维目标的达成,转变为培养学生生物学科核心素养。目前的教学研究更加侧重于核心素养内涵的理解和体现,生物课堂

教学策略研究相对较少。并且现今初中生物课堂实际教学过程中,广大生物教师更注重的是学科知识点的识记,而忽略了对于学生科学思维和创新能力的培养。作为一名从教多年的一线生物教师,笔者充分认识到生物课程改革不应仅仅满足于传授课本知识,而应重在落实学生核心素养的培养及发展。天津学科领航初中生物全体教师,确定团队攻坚课题《基于生物学科核心素养的课堂教学的实践研究》,意在尝试为广大初中生物教师探寻如何在课堂实践中有效落实学生核心素养的培养及发展。团队攻坚课题的子课题《基于核心素养的合作学习策略的实践研究》,旨在通过小组合作学习模式,培养学生核心素养,促进学生形成适应社会发展和终身发展需要的品格及能力,促进学生的全面发展;促进教师在教学实践中改变"满堂灌""机械训练"和"死记硬背"的教学现象,重视发现和探究过程。天津市宝坻区第二中学近几年来一直开展课堂教学改革,推出具有校本特色的"问题导学"教学模式。本模式是基于"以学定教,动态生成"策略下的"问题导学"高效课堂教学模式,要求课堂教学过程中通过交流讨论,培养学生主动参与、积极思考、语言表达等各方面的能力。天津市宝坻区第二中学生物教研组利用小组合作学习,开展高效的生物课堂教学。本课题通过在生物实践教学过程中利用小组合作学习,培养学生的交流与合作能力,提升学生生物核心素养。

二、核心概念界定

合作学习是指多名学生为了完成共同的学习任务,划分明确责任分工,开展"取长补短"式的学习模式。它是针对教学条件下学习的组织形式而言的,相对的是"个体的学习"。合作学习具有以下特点:①合作学习合理利用个体差异,实现优势互补,使学生共同发展,善用差异;②合作学习能够促进生生之间、师生之间的人际交往,将交往丰富程度与心理发展和个性完善的程度紧密联系;③合作学习充分激发学生的学习意愿,提高学习动力,学生可在合作学习中感受自身价值,提升凝聚力;④责任明确,小组之间明确分工最后会形成学习共同体,提高学生的课堂参与程度。

学科核心素养是学科育人价值的集中体现,是学生通过学科学习而逐步形成的正确价值观念、必备品格和关键能力。生物学学科核心素养包括生命观念、科学思维、科学探究和社会责任。基于以上核心概念的本质性内涵，在生物课堂教学实践中以小组合作学习模式结合初中生物学科特点和学生特点，以提升学生核心素养为教学目标，以小组活动为基本形式，通过师生、生生的多向互动活动，引导学生发现问题，并通过调查、分析、实验、归纳、实践等活动解决问题，促使学生领悟科学的思维方式和研究方法，培养创新精神和团队精神，形成生命观念和社会责任感。

三、研究意义

本课题在充分了解学生生物学科学习情况及教师教学能力水平的基础上，在基于学校问题导学模式下进一步开展小组合作学习，努力尝试改进原有小组合作学习模式，使其更适合本校的学生实际，把问题导学模式与小组合作学习模式进行深度融合并应用于课堂教学实践。通过问题导学小组合作学习教学模式，激发学生学习兴趣，注重对学生探究意识、问题意识的培养，提升学生生物学科素养，力争提高学生生物学科成绩。同时通过课题研究提升生物组全体教师教育教学能力和科研能力，并且通过天津市宝坻区第二中学生物教师示范课的引领作用，带动联盟校及学区生物教学水平的提高。

四、研究目标

（1）通过问题导学小组合作模式的研究，以学生为主体、教师为主导的现代教育思想为指导，形成"问题引导，小组合作"为途径的新的教学模式。

（2）通过问题导学模式下小组合作学习的开展，激发学生学习兴趣，提高学生合作意识、问题意识、探究意识，提升学生的语言表达能力、思维能力，提升学生的综合素质，发展学生核心素养。

(3)通过课题研究促进教师队伍教学水平的提高,提高其对生物课堂的把控能力,促进理论知识的学习,提升教师对教学案例、教学问题的分析能力,并提高其科研水平。

五、研究内容

本课题旨在通过生物课堂教学实践,借助小组合作学习模式培养提升学生核心素养,主要包括3方面的研究内容。

(1)基于学校"问题导学"教学模式,探索在生物课堂教学中如何创设小组合作学习问题情境,引发学生思考的兴趣,问题的提出要有价值、有利于小组合作学习,充分发挥教师的主导作用。

(2)对于小组合作学习过程,找寻提高生物课堂小组合作学习效率的具体策略、方法,让小组合作学习不流于形式,真正发挥其作用。

(3)尝试建立更加科学、全面的评价体系,让小组合作学习的评价过程、结果更具科学性,提升学习动力,增强学习信心。着重研究如何利用小组合作学习提升学生理性思维能力和科学探究能力,探索开拓学生思维,发展探究能力的具体方法和手段。

六、研究过程

(一)准备阶段:2019年12月至2020年3月

收集信息、资料,加强课题组教师相关理论知识的学习、培训,提出课题的设想。全体课题组成员共同讨论、设计确定研究计划和方案,明确每位课题组成员具体职责,最后撰写课题开题报告。明确在初中生物学课堂教学中问题导学小组合作学习应用研究的目的、意义,借助相关著作、文献对国内外合作学习的发展历程以及研究现状作了初步了解和认识。

组织课题组成员开展集体教研,学习《认知发展理论》《群体动力学》《合作学习》《初中生物核心素养》等相关理论知识。

(二)实施阶段:2020年3月至2021年1月

根据课题设计方案,有计划、有步骤地进行行动研究。

每位课题组成员根据课题责任分工。制定自身课题研究计划和方案,针对自己研究的具体问题开展课堂实践教学,并对自身教学过程中闪光点和不足之处进行总结。利用网络教研平台、微信等经常性地进行经验交流,通过研讨课、观摩课等活动,及时发现研究过程中存在的问题,调整研究计划。日常教学过程中边研究、边实践、边总结,围绕课题目标,开展实践研究,最终完成课题的研究工作,撰写教育教学相关论文,让教育教学工作实践经验转化为理论,并进一步指导实践教学。

2020年3月学习相关研究理论和研究资料,课题组教师开展网络教研,集中研讨本校问题导学模式下课堂小组合作学习实施情况的现状,优化设计在初中生物学课堂教学中应用的相关策略。

2020年9月开始开展课堂教学的实践研究,课题组教师在日常教学过程中对对照班进行学校常规问题导学模式教学,对实验班开展问题导学小组合作模式教学,对部分教学案例重新设计,利用教研活动进行研讨交流。李艾老师讲授研讨课《绿色植物的呼吸作用》,课题组成员对课堂教学过程及效果展开集中研讨分析,发现存在的问题同时寻找解决途径。王晶老师讲授示范课《细胞的生活》(教学设计见附录),通过分析交流以及示范课的示范引领,使课题组教师能够更加准确把握课题研究方向,明确课题研究任务。

2020年12月课题组对课堂教学中如何利用问题导学促进小组合作学习进行分析、研讨和总结,撰写论文《生物教学中小组合作学习的问题设计》。

2021年3月课题组对课题教学实践中的教学效果进行分析,统计分析期末练习生物成绩,对比实验班和对照班整体成绩、优秀率、及格率等数据,研究实践活动对学生学习兴趣、合作意识、创新能力和探究能力的影响。通过课题组成员教学过程中的记录,对初中生物教学中问题导学小组合作学习教学的实践案例分析并总结撰写论文《小组合作学习在生物实践教学中的研究》。

最后,总结课题研究过程中存在的不足,提出课题研究的结论与展望。

八、研究成果

　　课题研究过程中,课题组成员共讲授研讨课7节,示范课2节。课题研究初期,蔡雅君老师和王晶老师分别讲授了研讨课《昆虫的生殖和发育》和《食物中的营养物质》,全体课题组成员通过听评课,总结讨论课堂教学过程中如何合理设置问题和如何有效开展小组合作学习。随后在教学过程中,王晶、李艾老师分别讲授《发生在肺内的气体交换》,蔡雅君、刘萍老师分别讲授《基因控制生物的性状》,4节课采用同课异构的形式,探讨问题导学模式与小组合作学习策略的优点及不足。研究中期李艾老师讲授研讨课《绿色植物的呼吸作用》,针对课堂教学过程问题设计的合理性及小组合作学习效果展开集中研讨分析,总结课堂教学中存在的问题,同时寻找解决问题的途径。课题组成员教师在日常授课过程中根据自己的教学任务,不断尝试和总结。课题研究后期由李艾老师和王晶老师分别讲授示范课《输送血液的泵——心脏》和《细胞的生活》(见附录),课题组成员进一步分析交流,通过示范课的示范引领,使课题组教师能够更加准确的把握"问题引导,小组合作"为途径的新的教学模式。

　　合作学习以多名学生团体共同合作完成学习任务为基本形式,通过成员间的交流互动,取长补短,共同完成学习任务。通过课堂的实践研究,笔者发现在生物课堂教学过程中,学生小组合作学习优势明显:首先,每个人都可以在小组内较宽松的环境中自由发言交流,不会出现以往突然被教师提问而惧怕说错的心理压力,提高学生积极交流发言的主动性,并在讨论交流中,取长补短,形成积极的互动;其次,合作学习的方式会极大地激发学生的潜力,让其有更大的意愿和动力去展示说明自己的想法,有兴趣去深入探究问题和表述自己的观点,不断拓宽自己的知识面。同时在彼此相互交流中可以听取他人的意见和看法,使自己的观点修正和完善。通过小组合作讨论,让思维不断碰撞,重新构建知识结构,从而促进了学生深层思维的发展。另外,在合作学习的过程中,学生之间彼此交流、合作与协助,以往关系不太亲近的人也可以彼此了解,学生的智力、能力和社会情感都获得和谐的发展。

(一)问题导学模式促进"合作学习"的策略

问题导学模式课堂教学活动是围绕问题而进行的,因此,在合作学习中,教师设计的问题就显得非常重要,它是影响小组合作学习效果的一个重要因素。

1.设疑适当

基于问题导学模式下的小组合作学习问题设计应充分考虑中学生的生活中现有实际经验。现今学生通过电视、电脑、手机等媒体,信息获取量非常庞大,但知识的深度较差。课堂教学中设计的问题应具备一定的难度,不要仅仅局限于学生能够回答或能够解决。例如:在《消化和吸收》一节中,提问学生:"消化系统包括哪些器官?"学生直接阅读课本就能回答,显然太过于容易。提问学生:"食物如何消化?"靠学生预习以及原有生活经验学生很难回答,这个难度太大。把问题换成:"平时我们在吃饭的时候,同学们有没有感觉米饭和馒头在口腔中有什么变化?"这样的问题更加具体,学生也有相应的生活经验,易于理解。这样大部分同学都乐于接受并经思考回答。针对小组同学的不同体会,例如:有些同学说"会被嚼碎咽下去";有的同学会说:"什么味儿也没有";也会有同学说"馒头有甜味儿"。不同的小组意见能够引发同学们的讨论交流。研究的目的是为了能够充分利用小组合作讨论完成学习任务,如果问题太容易就会导致学生很容易得出结果结论,缺少思维的碰撞,虽然可能会令课堂气氛热烈,课堂进度顺畅,但是不利于学生思维能力和探究意识的培养。相反如果问题难度太大、深度太深,超出学生的能力和水平,就会导致学生讨论无方向、无内容,无法形成思维碰撞,严重阻碍课程学习活动的开展,同时也会让学生产生畏难情绪,不利于小组合作活动的开展,也不利于学生探究能力的培养。

2.设疑引领

在小组合作学习过程中,教师只是学生学习的引领者、参与者,而不是规则的制定者和审判者。生物课堂学习的主角是学生,教师应深度融入学生小组合作团队,这样才能随时了解学生学习过程中存在的各种问题,全面掌控小组学习过程中各组存在的问题,充分发挥教师主导作用。例如:《发生在肺内的气体交换》一节中,同学小组合作交流反馈问题发现,对于吸气和呼气的作用原理,很多同学都不理解;对于肺内压力改变导致吸气和呼气,以及胸廓变化的影响等内容无法理清。

教师可通过适当的问题引导："请同学们手扶在胸腔,感受吸气和呼气胸腔有什么变化?""同学们按压矿泉水瓶感觉它有什么变化?""请同学们按压吹好的气球,感觉气体体积改变对气体压力有什么影响?"理解胸廓变化与呼气、吸气的关系。而教师主导作用的发挥很大程度上取决于问题的设计,学生通过自主学习发现问题,通过小组合作研究问题和解决问题。但在合作过程中小组成员因知识水平、表达能力或思维方向往往会产生分歧,此时教师通过设计的问题调整小组讨论的方向,适当点拨可引导小组统一意见,使小组讨论顺利进行;在实际学习过程中可能会存在一些学生不愿承担小组责任或在小组活动中表现消极,教师通过设计针对性问题,督促个别小组成员完成特定任务,帮助他们改正错误融入团队。

3.设疑递进

问题的设计要有梯度,从难易程度来说应当由浅入深引导学生思考讨论;从结构上来说应当由表及里环环相扣,逐层递进,使学生知识结构更加具有系统性、逻辑性。例如:《人体对外界环境的感知》一节,首先提出问题:"人为什么可以看到身边的世界?"同学们会回答:因为有眼睛。接着提问:"那么人在漆黑的夜里,即使有眼睛也看不到东西?"同学们会回答:因为没有光。教师接着提问:"是不是有眼睛和光线就能看到东西?盲人为什么看不到?"这样通过提问一步步引导学生思考,课堂教学中设计一定的问题保证基础较差的同学通过自学或思考都能够回答,不论回答的对或错,都感受到自己在集体学习中的作用,增强了他们的自信心,提升学习兴趣和学习动力。设计一定较难、较深的问题,对中等及其以上的同学施加压力。在问题设计应充分考虑不同层次的知识能力,可设计成多梯度、多角度的问题,让小组成员都能有回答问题的机会,都有能解答问题的能力,从而提高学生参与小组合作学习的意识。在实际教学中,教师可根据教学内容,设计"金字塔式"的问题框架,层层递进,逐步引导学习思维能力不断进步、不断提高。

4.设疑重实

开展教学活动前,教师首先要认真分析教材的重难点,而要想提高问题设计的实效性,教师对于学生在学习过程中可能出现的问题应有预见性和选择性。在日常课堂教学过程中教师可以通过导学案提前了解学生现有知识水平和存在的问题,课前利用导学案引导学生自主学习,学生在小组合作学习过程中可以不断发现问题、解决问题,同时也会产生新的问题。例如:《呼吸道对空气的处理》一节,小组通过阅读、讨论,分析呼吸道对空气的处理作用。在这个过程中,很多小组都产生了新的问题:"鼻涕和痰是不是一种东西?""为什么人们感冒的时候鼻子不通气?"等,通过小组形式对学生无法解决的问题进行汇总,让教师对于学生存在的问题能够精准把握,目的明确地进行问题设计,对于学生共性问题、思考的难点问题就能精准把控。在日常课堂教学过程中教师就能够通过恰当的问题引导学生思考、讨论。同时通过小组汇总、反馈回来的问题也为教师提供了丰富的事实依据,让教师能够慎重筛选,提高问题的实效性。教师在课堂教学中所提出的问题才能真正激发学生学习的积极性,引发学生思考、讨论,提高课堂教学效果。

通过问题引导、合理分工,促进小组合作学习的开展。小组合作学习要有一定的情境设计,调动学生的学习兴趣,进一步明确学习任务,小组合作学习才能启动。因此,问题的引导、合作的分工是小组学习有效进行的保障。

(二)"自主学习、合作探究"的教学模式促进"合作学习"

核心素养是每一位中学生能够适应终身发展和社会发展需要的必备品格和关键能力。在新课程改革的大趋势下,天津市宝坻区第二中学积极推进教学改革,努力构建问题导学模式下"自主学习、合作探究"的教学模式,通过小组合作学习的有效性的研究以最大限度激发学生学习兴趣。

1.优化评价机制,使学生"想合作"

在日常教学实践过程中,很多教师为了完成教学任务,追赶教学进度,通常会在开展小组学习活动后草草收场,缺少必要的小组合作学习反馈。有时进行评价也只局限于任课教师,这就导致学生很难从小组合作学习过程中获得积极的情感体验,严重打击了学生参与小组合作学习的积极性。

实施有效评价策略是开展小组合作学习的保障。研究结果表明,激励性评价机制的建立是培养学生的合作精神,提高学生学业成绩的关键因素之一。小组合作学习如果没有科学、合理的评价机制,就难以调动学生的合作学习积极性。教师事先应将激励性评价指标公布给学生,这样学生在活动过程中就可以明确努力的方向,使学生的潜能得到最大限度的发挥,可以大大提高合作学习的效果。老师要精心营造一种可以充分发挥学习个性、各抒己见的合作学习氛围,可能老师的一

句话、一个动作甚至是一个眼神，都会对学生积极参与到小组合作中起到鼓励作用。在教师对小组汇报的评价时应避免诸如"你的见解很好""你很会动脑筋""你说的很对"之类的语言。因为这样的评价方式偏重于对学生个体的评价，忽略了对学生所在小组集体的评价，特别是语言表达能力相对较差的同学更容易被忽略。

生物是一门实验性学科，所以教师在关注小组合作学习结果反馈的同时，更应关注小组合作学习过程。老师的角色是一位"导师"，引导学生逐步由未知走向事实真相，进而走向科学、规范。教师除对小组学习结果进行适当评价外，更要注重对学习过程中学生的合作态度、合作方法、参与程度的评价，更要多地去关注学生的倾听、交流、协作等情况，对表现突出的小组和个人及时给予充分肯定和奖励[9]。例如：在讲授《食物中的营养物质》一节时，小组讨论日常生活中常见食物中所富含的营养物质，米、面、肉、蛋、奶和蔬菜水果等营养物质的分析，同学们都能很好完成，而对于汉堡、薯条和方便面等分析存在了较大的争议。教师在这个时候不应急于给出结论，简单地以对错、好坏一评了之。这种争议恰恰能够让学生产生思维的碰撞，学生在分析讨论中总结、归纳，这就为多元评价提供了最有力的证据。同学们可依据讨论中的表现，进行组内自评、小组互评。教师依据过程和结论对合作小组进行评价，这样能让学生认识到整个小组是一个统一的整体，培养他们的团队意识、合作意识，增强小组成员的集体荣誉感和凝聚力。组间互评可以促进学习小组之间的良性竞争。自我评价和组内互评学生，可以检测学习效果，反思总结小组合作活动中的表现，更加准确地认识自己、完善自己，增强学生的积极性和自信心，更加全面理性认识自己，发现自身优点和不足，促进自我完善，同时提升责任感和使命感，让学生在今后的小组合作学习中积极参与，不断进步。

2.培养合作意识和技能，使学生"会合作"

在日常教学实践过程中，每一次的小组合作活动，小组每一位成员都应明确自己在小组中的地位，以及所承担的小组任务，各司其职，分工合作。由小组成员集体制定小组合作的"规章制度"，以制度确保小组合作活动能够有序进行。例如，"小组讨论中，小组成员均能发言，发言前先示意，经组长允许后方可发言"这样就避免了学生无序地争论，使讨论提高了效率。在小组活动实践中，应注意模范引领作用，培养组长和优秀组员的责任心，把优秀生和学困生紧密"捆绑"，让优秀生带动学困生,小组交流时把发言的机会多留给学困生,让他们有更多的表现机会,增强他们的自信心,提升集体归属感。老师也要多关注后进生,多与他们交流,较简单的问题尽量让这些同学回答,多鼓励,让他们体验成功的快乐,建立自信心。在任务的分配上,小组内部要注意"量力而为",在逐步适应和开展小组合作学习的过程中,再由老带新,不断进步。

3.强化竞争意识,使学生"爱合作"

每一名同学都是一个独立的个体,但同时又是小组不可或缺的一部分。而小组成绩的取得离不开小组每一位成员的努力。为了提高学生的合作学习意愿,教师通过相应的评比活动,增强小组成员的集体荣誉感。例如,利用每一节课评比"最佳组长""最佳发言人",表彰那些表现优秀的个人,同时为相应小组加分;每周评选"最佳小组",对于团队合作最好的小组进行表彰;每月评选"突出进步个人""最佳队友",对在小组合作中进步较大和对小组成员帮助较大的同学进行表彰。通过多种的表彰奖励,让优秀的学生认识到自己的优秀并不是最重要的,在保证自己优秀的同时也应尽力去帮助小组中的其他成员,大家一起共同进步。小组成员也要明确自己所担负的责任,尽管基础较差但也应为小组贡献自己的一份力量。以这样的形式变压力为动力,变动力为压力,充分发挥小组的互帮互助,使小组总体水平不断提高。

生物学课堂教学中融入小组合作学习的学习方式,改变了学生的学习态度,比如由不喜欢生物课到喜欢生物课,由不能主动解决问题到主动找同学解决生物课上遇到的难题。小组合作学习的活动中大部分学生已经能够自信地表达观点,学会了与同学分享、互助学习,互相帮助,积极互赖。他们已经体验到了合作的优势,领略到了团体的力量。在小组合作学习不断的实践运用中也培养了学生的各种社会技能,如表达能力、组织能力、沟通能力等。恰当合理的小组责任分工能够让每名学生都能充分地表达自己的意见,让学生充分参与课堂学习,有效地评价对于提高学生的积极性有很大的帮助。教师以小组为单位进行整体评价,学生进行小组之内的互相评价,能够培养学生的团队意识,培养学生的责任感以及提高学生课堂参与的积极性。生物课堂教学中通过小组合作学习的开展,学生的生物学成绩有了较明显的提高,而且成绩的逐步提高,会更大程度地提高学生的自信心,激发学生的上进心和学习生物学的兴趣。

生物教学中引入小组合作学习这一师生互动的教学体系，为学生创设民主、平等、竞争的教学环境，搭建让学生体验学习和成功的舞台，形成愉快合作探究的教学氛围，鼓励学生之间彼此协助，互相支持，以提高个人的学习效果，并达成团体目标。师生之间、学生之间的主体互动使生物教学更充满生机与活力。随着高中新课程改革的不断推进，作为基础的初中生物教学改革也是势在必行。

作为一名初中生物一线教师，笔者会不断学习相关理论知识，研究实施多种教学策略，将理论应用于实践教学，教学实践过程中发现问题、解决问题。对于学生小组合作学习能力提升进行更深入的研究，在教学实践中使小组合作学习更加高效，全面提高生物教育教学质量，全力发展学生核心素养。

九、问题与展望

在开展教学实践过程中，问题导学模式与小组合作学习模式的融合探索，在理论理解和实践应用上都需要进一步的积累。在今后的教育教学活动中，希望小组合作学习并不仅仅局限于课堂上的小组讨论，同时开展课下多种形式的小组合作学习和实践形式，让更多的学生乐于参与小组合作学习，不断提升学生的核心素养。

参考文献

[1]周小山,严先元. 新课程的教学策略和方法[M]. 成都:四川大学出版社,2003.

[2]孙立新. 小组合作学习指导策略[M]. 北京:世界知识出版社,2017.

[3]戚丽丽. 核心素养导向下的高中生物教学问题情境创设[J]. 新课程(下),2019(05):27.

[4]魏强. 浅谈小组合作学习中的问题设计[J]. 甘肃教育,2019(12):76.

[5]许晓云. 在核心素养背景下进行合作学习[J]. 教育,2017(41):44.

[6]董德松. 踏着坚实的基础腾飞中课程?教学[M]. 武汉:湖北人民出版社,2007.

[7]张凯. 深化小组合作学习,提升学生核心素养[J]. 数码设计(上),2018(03):236.

[8]衷莉. 中学新课程实施中合作性学习现状分析与对策初探[J]. 科技信息,2010(06):106.

[9]王远美. 农村中学政治骨干教师的实践与思考[M]. 北京:北京出版社,2006.

[10]高志强. 课堂合作学习之我见[J]. 成名之路,2014(26):72.

附录

《细胞的生活》(第一课时)教学设计

一、教材分析

本节选自人教版七年级上册第二单元第一章第四节的内容,共分为 2 节课。它阐明了细胞是生物体生命活动的基本单位。通过前三节的学习,学生已经掌握动物细胞和植物细胞的基本结构,为学习本课打下了基础;生物的生活需要物质和能力,同样细胞的生活也需要物质和能力,通过分组实验,类比推理和典型的事例让学生进行自主探究,本节课是前三节的延续,为下一章的学习打下基础,起到承上启下的作用。

二、学情分析

(1)学生已有知识基础:通过前三节的学习,学生已经初步掌握动植物细胞的基本结构,认识到除病毒外所有生物都是由细胞构成的。

(2)学生已有生活经验:对于植物光合作用的内容,学生在小学科学和第一节课的学习中有所了解,但对分子、无机物、有机物、物质和能量的关系等都不熟悉。

三、教学目标

(1)说出细胞中含有的物质。

(2)说明细胞膜具有控制物质进出的功能。

(3)说明细胞中的线粒体和叶绿体在能量转换中的作用。

(4)通过实验,分组讨论等活动培养学生的发现问题和解决问题的能力。

四、教学重点、难点

(1)教学重点:细胞的生活需要物质和能量。

(2)教学难点:说明细胞质中的线粒体和叶绿体在能量转换中的作用。

五、教学过程(见表1)

表1 教学过程示意

学习内容	教师活动	学生活动	设计意图
创设情景,导入新课	播放人造皮肤视频	推测应向培养细胞的培养液中加入什么物质	通过观看视频,提高学习兴趣
1.分子是构成物质的基本微粒	【探究一】分子的运动。实验体验(一):糖去哪了？ 教师演示实验,将方糖放在温开水中,使之溶解。播放蔗糖溶解的动画过程,帮助学生理解分子是运动的,物质是由分子构成的	学生以小组为单位进行实验,思考糖去哪了？并观看蔗糖溶解的动画,并作出推断。认知物质是由分子构成的	通过实验和动画增加学习直观性,激发兴趣,帮助学生理解物质是由分子构成的
2.细胞中的物质	【探究二】认识细胞中的物质 活动一:指导学生进行探究实验。准备所需的材料 1.品尝葡萄 2.核桃印油迹实验 活动二:自学相关段落,完成学案表格 活动三:演示实验:种子的怒放 观察现象,并思考:核桃中的什么物质燃烧了？燃烧完后剩下的物质是什么	分组实验:探究细胞中的物质 1.品尝葡萄:通过品尝葡萄,推出葡萄中可能含有水、糖类等 2.核桃印油迹实验:将核桃用力在白纸上挤压,留下的油迹说明核桃中含有丰富的脂肪 通过自学将表格填写完整 学生观看演示实验核桃的燃烧,感受有机物的燃烧,感受无机盐的存在,知道组成细胞的物质分为无机物和有机物,并对二者进行区别。认证细胞中含有无机物和有机物两类物质	从学生身边的生活实际出发,通过直观观察品尝猜想细胞中含有的物质,增加学习直观性,激发兴趣 提高自学总结能力
3.细胞膜控制物质的进出	【探究三】细胞膜控制物质的进出 这些物质进入细胞都需要经过细胞膜的边界,	填写学案动植物细胞结构图 分组实验:品尝葡萄干,讨论相关问题	回顾相关知识点,启发思考,激发兴趣。通过对比葡萄和葡萄干的区别,激发学生的思考,得出细胞能控制物质的进出

续表

学习内容	教师活动	学生活动	设计意图
	复习细胞的结构,猜想细胞的边界是什么?这些物质能不能自由进出细胞呢? 1.指导学生进行探究活动,品尝葡萄干,与鲜葡萄进行对比,哪个更甜?鲜葡萄晒成葡萄干的过程中水、糖类的含量有什么变化?这些变化的原因是什么 2.播放动图:细胞物质的进出,观察哪些物质能进出细胞 3.练习:活学活用 展示图片:菠菜放入冷水和热水后的水的颜色的变化,原因是什么	小组讨论,回答问题。 通过观看动画,并自主思考总结:并不是所有的物质都可以自由进出细胞,这种现象与细胞膜有关 讨论思考回答问题	 通过观看物质进出细胞的动画,使该过程形象直观,有助于学生理解细胞膜控制物质进出的功能。同时,培养学生的观察能力
4.细胞中的能量转换器	【探究四】细胞怎样获取能量?获取能量的过程中叶绿体和线粒体起什么作用?提出问题:物质进入细胞有什么作用呢?教师举例讲授能量有不同的存在形式。能量可以由一种形式转变为另一种形式。细胞中的能量也可以进行转换	学生思考回答:物质不仅建造你的身体,同时食物中的有机物还给你的身体提供了能量。学生聆听,并认同知识学生观察图片、联系旧知、小组交流,描述出植物叶片的细胞中含有叶绿体,叶绿体中的色素能吸收光能,叶绿体可以将光能转变成化学能,并将化学能储存在它所制造的有机物中。	以创设情境、联系实际、类比方法帮助学生理解能量的存在形式及转换,生物框架图形式帮助学生进一步形成细胞的能量转换器为叶绿体和线粒体重要生物学概念
总结练习	教师引导学生清理本节知识进行总结。	学有所思,总结提升学生总结本节课,我学到了什么	理清知识,落实目标

学习内容	教师活动	学生活动	设计意图
	教师指导学生完成学案达标反馈习题	自我诊断，反馈补偿 学生完成学案知识检测	分层设计习题,终结性评价
板书设计	第一节　细胞的生活(一) 一、细胞中的物质:有机物、无机物 二、细胞膜控制物质进出 三、细胞质中有能量转换器:叶绿体、线粒体		

初中生物课堂渗透珍爱生命的教学研究

天津市蓟州区渔阳中学 徐成林

摘 要：教育本身是一种面对生命，提升生命价值的事业。在我国大部分学校尚未开设生命教育专门课程的情况下，生物课程本就是研究生命本质的课程，这独特的课程优势使得非常适合在生物课程中开展生命教育的教学。初中生在成长过程中要了解生命，理解存在的价值，深刻领会生命存在的意义，在初中生物教学中根据课程安排要潜移默化地渗透珍爱生命的观念这是社会发展的需要也是教育的需要。基于此，本课题尝试在初中生物教学中渗透安全教育内容，以期提高当地学生的安全意识并掌握自我保护的技能。

通过对现状进行研究，笔者发现初中生的生命素养还远远不够，尤其是乡镇中学，并且教师在实践中也存在着许多的问题。但通过实践，笔者认为，在初中生物教学中渗透生命教育的内容是可行和有效的，能够帮助学生更好地认识生命，建立正确的生命观，培养学生热爱生活的态度，进而促进学生全面和谐的发展。

关键词：初中生物 生物课堂教学 生命教育 珍爱生命

一、前言

(一)问题的提出

青少年的生命教育素养不容乐观。2021 年 4 月 9 日,河南郑州一中学生因将手机带到教室被通知叫家长,八年级的学生胡某在学校教学楼坠亡。自 2021 以来,短短的 4 个月里,已经发生了数起关于中学生跳楼自杀的案例。河北邯郸邱县第一中学高三学生,因请假未果从学校四楼跳楼身亡。西安高三女生疑因遭同学辱骂,想换座位却被老师拒绝,从四楼教室跳下身亡。广东惠州惠东县一中学 17 岁高中男生从教学楼五楼坠楼身亡。孩子的承受力为何如此不堪一击,正值豆蔻年华的年纪,为何如此不惜命,经受不住一点点挫折呢。归咎原因是他们对生命观认识的不够。他们当中皆是一些处于青春叛逆期的中学生。正是一个孩子到成年最关键的过渡期。没有正确生命关缺乏对生命的理解经受不起一点不公平对待。河北邯郸的高中生,只因请假未批便跳楼自杀,多么可悲的理由,就是这样一桩小得不能再小的事情,让他果断选择结束了自己的生命。这些都是生命意识淡薄所致。还有前一阵被大众嗤之以鼻的虐待小动物的事件,更是让人捉摸不透现在很多青少年学生的想法。还有一些初中生发生交通事故、溺水事故或是威胁他人生命安全等。当然,还有一些青少年学生并没有做出损害生命的举动,但是他们的无所事事、骄纵傲慢等精神世界荒芜的行为也反映出他们对生命观的错误或消极理解。

这些行为背后所隐藏的原因正是青少年学生缺少对生命以及生命观的理解,究其根本原因是我们的教育没有向青少年学生传输这样的知识。不管是学校教育、家庭教育,还是社会教育,这一方面的知识对于学生取得好成绩和找个好工作并不是最重要的,所以被忽略掉了。青少年获得的知识大都是为应付考学和工作,三维教学目标也只是看中了知识目标与技能目标,对于情感态度与价值观目标往往付诸阙如。所以,教育要弥补这一内容的缺失。

初一年级才开始设有生物学这一学科,并且此时的初中生对生命及生命价值的理解还处于懵懂时期,在这个阶段做好生命教启蒙是相当重要的,可谓是开展珍爱生命教育的"关键期"。心理学家艾里克森把建立自我确认,排除自我迷茫作为青少年阶段的核心任务。总而言之,对初中生开展珍爱生命教育是非常必要的。

(二)社会发展的需要

随着科学技术和经济的发展,我们进入了一个快时代。科技日新月异,社会经济发展达到了前所未有的程度,不管是做什么事,快便是效率,快便是更多利益的来源。教育也被传染上这样一种追求快的恶疾,功利性凸显,不再重视受教育者生命的丰富性和复杂性,本应承担培养全面发展的人这一责任的学校、家庭和都想尽一切办法提高学生的成绩,好像学生的存在价值仅仅只是为了提高考卷上的分数。在这种情况下,教育变成了一系列量化指标和既定的程序,因为升学及考试是统一的,所以,学校的教科书要统一、课程要统一、考试要统一、作息时间要统一、教学内容要统一甚至作业也是统一的。学生就像工厂的产品不停地被动灌输知识,而忽视他们是人的社会本性,忽视他们也有丰富的情感等。试想,这样的教育又会有多少关于人文精神的教育呢?生命教育应该是一种具有全民性的教育,应该普及到大众,而不应该和普通学科知识一样,被学习然后被考试以检验学习成果。

近年来,关于青少年犯罪的惩戒问题一直是社会大众和舆论所关注的,但人们往往忽视了另一个防患于未然的方法。对于预防青少年出现的各种因忽视生命而造成的犯罪,教育和惩戒是两种手段。惩戒是借助外在手段加以扼制,利用法律的威严给以一种威慑力;而教育则可以从思想深处让青少年建立起正确的生命观,教给学生正确的生命价值取向,从根本上上杜绝犯罪行为,将犯罪的潜在性直接掩埋。

(三)我国课程改革的客观要求

《义务教育生物学课程标准(2011年版)》中提到,生物科学要更加关注人类自身,使每个学生学会健康生活,热爱大自然,珍爱生命,提高环境保护意识,并且获得有关人体结构、功能以及卫生保健的知识,使生理和心理健康的发展。生命性是生物学科的基础,在其中进行珍爱生命教育是生物学科教学的重要责任。生物学科的教学与实际生活更加贴近,教给学生的不仅仅是基础的科学知识,更应该是学以致用,知道这些知识怎样帮助我们更好地生活。标准旨在将生物科学文化知识与文化基础相融合,培养全面和谐发展的人,而不是仅会考试的机器。

(四)珍爱生命教育与生物学科的内在联系

我们应通过教学手段向学生传递生命的信息。教育学家杜威说过："教育即生活。"这都表明了教育的一大目的便是传授给学生关于生命的教育，所有学科的教学都要承担起这一任务。尽管近来研究生命教育的著作和论文如雨后春笋般多起来，但是，由于中国现行的教育制度和考试制度的制约等因素，关于生命教育的研究大都还停留在学术研究上，实践研究还不够深入。现阶段我们没有开设关于珍爱生命的课程只能通过学科渗透珍爱生命的观点来教育学生，而生物学在这方面有着得天独厚的优势。生物科学本就是对生物现象及生命活动规律的研究，所以生物学科的本质就是关于生命的学习与研究。生物学科的基础便是生命性，并且重视实验，强调让学生在亲身体验中获取关于生命的知识。所以，生物学科是渗透生命教育地理想载体。既然生物学科和生命教育相互关联且交叉最多，那么就更应将生命教育与生物学科教学相融合，让生物学科去承担生命教育的职责。

(五)研究者自身的兴趣

越来越多关于青少年自杀、犯罪或虐待动物的报道引起了笔者的关注，很多青少年在生命最好的阶段不懂得珍惜，做出违背生命、道德与法律的事，让人感到遗憾与唏嘘。

生物学本身就是研究生命现象和生命活动规律的科学。在学习过程中让学生认识生命，学会珍惜生命体验生命并感悟生命让学生树立正确的人生观价值观从而杜绝这类事情发生。通过搜集的网络信息和查阅相关资料，笔者更加意识到我国关于生命观教育相对落后，因此决定对珍爱生命在初中生物教学中的渗透进行探究。

二、生命教育

(一)概念界定

本课题对生物学课堂教学中进行珍爱生命教育进行讨论，在此，对生命、生命教育和相关的概念予以界定。

1.生命

关于生命,不同的人有不同理解。最初人们对于生命的理解更加偏向于传统文化中的哲学范畴,中国传统哲学注重天人合一,强调人与自然的统一与融合,认为人的生命源于天地。后来伴随科学技术的发展,人们开始探究生命的奥秘,人们对生命的解释也由哲学范畴转向其他范畴。

《辞海》中对生命的定义与生物学领域相似,认为生命是以高分子的核酸、蛋白体和一些其他物质为基础构成的生物体的特有的现象,能够繁殖后代,并且遵循遗传规律进行生长、发育和运动,具有适应环境的能力。这种生物学的定义是学习生物学的基础,将生命看作是生物的存在形式,规定了人的自然属性,是区分生物与非生物的方法。

本研究中的生命,指的是完整的生命,不仅仅是生物学意义上的自然属性的生命,还包括人所特有的精神层面、价值层面、社会层面上的超越自然属性的生命。前者是指由细胞、组织、器官、系统构成的生物体所具有的物质上客观存在的生命;后者则是抽象的,是指生命所附属的能够丰富人精神生活的意义、价值观等更高一层次的生命。生命既要具有自然属性又要具有社会属性,这样才能认识生命、珍惜生命、感悟生命,才能向往好的生活,实现生命的意义与价值。

2.生命教育

生命教育,从字面意思上解释就是关于生命的教育,凡是和生命相关的一切教育都是生命教育。所以,生命教育的概念界定至今还未达成共识。学者们分别从不同的角度阐释了生命教育的含义。

郑晓江认为,生命教育是让受教育者从认识自然生命开始,然后去体验社会生命,并在社会中成长,所以必须处理好自己与他人和社会的关系。同时也要去体会精神生命和超越生命的意义。

冯建军认为,生命化教育包括自然生命的教育、精神生命的教育和社会生命的教育,是让受教育者直面生命,并遵循生命的规律,目的是提升生命的质量和生命的品位。

王北生等人认为,生命教育的基础是学生的生命活力,是在承认不同学生在

禀赋、性格和能力上存在差异的基础上,全面提升人的生命境界的活动,目的是培养具有生命活力、健全人格、鲜明个性和创新能力的人。

符日山认为,生命教育是基于生理、心理和生活伦理等几个方面指导学生生命进程的教育,目的是让学生感悟生命的意义,发现生命的美好,懂得珍爱生命,最终快乐地生活。同时,教给学生关爱他人,在人生的道路上健康地走下去,全面地发展。

以上关于生命教育的概念界定对笔者有很大的启发。笔者认为生命教育是关注生命的教育,是寄托于生命现象而给人以启发的教育。所以,生命教育是要让受教育者从认识自然生命入手,学会珍爱所有的生命,进而去体验生命的历程,并得到对生命的感悟,从而更好地生活。

(二)生命教育的内容

虽然不同学者、专家对生命教育的解读各有千秋,但总体来说也有着共同之处。对生命教育的理解大致将生命教育的内容划分为认识生命、珍爱生命、体验生命和感悟生命4个层面,使学生从知、情、意、行上处处展现对生命的关怀。认识生命包括生物学基础知识和青春期教育,珍爱生命包括生命健康教育和生命安全教育、体验生命包括心理健康教育和死亡教育,感悟生命包括懂得生命的意义、学会待人待物和热爱生活的教育。

1.认识生命

此处的生命指的是人的自然生命,也就是生物学上的生理生命。生理生命的发展自然是要遵循生物生长与发展的规律,而与环境和教育的影响不大。教育以促进人的发展为己任,人的各种性格和气质,如心智、道德、人格的发展都是以自然生命为基础形成起来的,是自然生命的推广和升华。

初中生正处于对生命认识启蒙阶段,对于生命和非生命判断有着非常大的好奇心,虽然根据生活经验能够判断简单的生命和生命现象但是还不理解判断的依据。而且此年龄阶段的学生抽象逻辑思维由逻辑经验向理论思维过渡,抽象思维仍需形象的支撑过于抽象的思维不易被理解,这就要求在生物教学中渗透生命教育的前提是要认识生命。所以人教版七年级《生物学》第一章第一节就讲述了生物的特征,这节课是初中生物的开篇之作让学生认识了生命并且有了判断生命的依据。

(1)生物学基础知识:《生物学》教材处处彰显着生命教育,掌握生物学基础知识是生命教育最低的要求,是生命教育中其他内容的基础,其他内容都离不开对基础知识的了解。

除了生物教材中的生物学知识,教材中未涉及关于珍爱生命教育的课程资源,还有待进一步开发。

(2)青春期教育:初中阶段是青少年生长发育的黄金时期,也是心理和生理形成的重要阶段。上海社会科学院青少年研究所的研究表明,我国男女青少年性发育的年龄分别从 10 年前的平均 14.43 岁和 13.38 岁下降到平均 13.86 岁和 12.28 岁。生理的发育必定引起心理上的变化,各种情绪上的变化、焦虑、迷茫和困惑接踵而至。虽然青春期教育引起了家长、学校和社会的广泛关注,但由于升学的压力,家长和学校没有多余的时间对学生进行专门和系统的青春期教育。虽然青春期事关青少年一生的发展,但教师和家长往往采取回避的态度。回避的结果是加大青少年的逆反心理和好奇心,甚至通过非科学渠道获取各种知识,产生错误的观念。所以,笔者认为有必要在初中阶段开展青春期教育。七年级下册第四单元第一章的内容是人类的由来,第二节从介绍生殖系统的组成开始,然后介绍受精作用和胚胎发育的过程,向学生讲述了婴儿是如何诞生的;第三节分别介绍了伴随青春期出现的生理变化和心理变化,对青少年经历青春期进行了科学指导并给出了度过青春期的建议和走向成熟的历程中丰富生命体验。通过学习让学生对生命的产生和生理心理的变化有了初步的了解,解开了心中很多的疑问,可以说对生命的存在和青春期的变化有了更深刻的认识。

2.珍爱生命

生命是不可重复的,对每一个个体而言,生命是最宝贵的,所有人都应该珍爱自己的生命,教给学生如何珍爱生命就是非常必要的了。这一块内容要教给学生健康的生命应该是什么样的、如何才能保持生命健康以及关于生命安全的教育,从健康与安全两个方面让学生建立起珍爱生命的意识。

(1)生命健康教育:人首先要了解自己的生命,知道自己的生命是如何运转的,这一部分内容和生物学基础知识是相互交叉、密不可分的。只有客观地掌握生命运转的规律,才能按照规律选择健康的衣、食、住、行等生活方式,健康地生活。

初中生正处于身体与心理发展的关键时期,养成健康地生活习惯尤为重要。但很多时候,青少年用"年轻"作为挡箭牌,过度熬夜、暴饮暴食、为追求时尚而穿露膝盖的裤子、长时间玩手机等,根本意识不到年轻时的习惯都会在年长的岁月中得到反映,这都折射出青少年的生命健康教育意识不足。

生命健康教育在我们的生活中的方方面面,包括以下几个方面。

①人教版七年级下册《生物学》重点介绍人体的构造及各结构器官的功能。通过对人体各构造及其功能的学习,让青少年知道健康的生命的运行机制,按照人体运行的规律健康生活。

②疾病的预防。通过学习各种疾病发生的诱因,指导学生养成良好的生活习惯,懂得预防疾病的基本方法。人教版八年级下册《生物学》第八单元第一章《传染病和免疫》通过学习传染病和免疫相关知识能够预防传染病增进健康也是青少年健康成长的基础。

③提高生命健康的意识。通过意识的提高,让青少年能够自觉地选择积极的生活方式。在初中阶段渗透生命健康的教育,对青少年以后的成长定会产生深远的影响。人教版八年级下册《生物学》第八单元第三章《了解自己增进健康》它指导学生正确认识健康概念并能够选择健康的生活方式和排解负面情绪的方法。

(2)生命安全教育:当生命安全遭遇威胁时,知道采取什么样的办法,也许就是保障生命安全的关键。众所周知,天津处于唐山地震多发带,地震的频率远远超过其他地区,所以要经常避难模拟。而能做到每年进行一次逃生训练的学校也是寥寥无几。所以,开展生命安全教育无比重要。

很多时候,生命安全教育更像是常识知识,是每个人都应该掌握的。人教版生物教材中涉及了大量有关生命安全的章节,是渗透这一知识的绝佳契机。生命安全教育包括以下几个方面。

①食品安全教育。正所谓"病从口入",通过七年级下册《合理营养和食品安全》这一内容的学习,让学生养成良好的饮食习惯,懂得"吃得好并吃得安全"。

②安全用药急救和急救教育。八年级下册第八单元第二章《用药和急救》当身体发生疾病又无须送医时,能够自己选择正确的药物和学习常用的急救方法,在发现遭受意外伤害或突发急症的人时,能对其进行急救处理。

③附加火灾及自然灾害时的自救方法。使学生在遭遇各种突发灾害时,能够采取正确的方法进行逃生,以保证自己的生命安全。

3.体验生命

每个人的生命都是有限的,看似很长的一生也仅是时间长河中的一瞬间。在生命的历程中,不仅充满喜悦、欢乐,也有悲伤、焦虑,有的人以一种积极乐观、勇敢向上的心态度过一生,有的人却天天抱怨、消极冷漠地过完一生。那么引导学生形成乐观开朗、蓬勃进取的生命观,即使在遇到挫折、悲伤经历,甚至死亡时也能积极调整心态、勇敢面对,就显得尤为重要了。这一块内容包括引导学生学会享受生命中的喜与悲的心理健康教育和教给学生直面死亡的死亡教育。

(1)心理健康教育:一个人的生命健康不仅包括身体健康还应该包括心理健康和社会适应方面的良好状态。心理健康教育并不是必须通过建立专门的心理咨询室才能进行的,对于初中生来说,心理健康教育的普及才是最重要的,心理咨询室反而会让学生产生一种隔阂感、不自在感,对于这方面教育的普及是不利的。更何况,心理健康的过程不是仅通过简单说教就能形成的,这是一种经过长期的生活积累在生活中形成的,所以,培养中学生良好的心理素质需要在学科教学中进行渗透建立良好的品性。心理健康教育和学科教育相比较是非常抽象的教育在生物学教材中涉及比较少主要在七年级下册第四单元第一章《青春期》和八年级下册第八单元第三章《评价自己的健康状况》教师要在讲授过程中将以下内容渗透给学生主要包括:

①学会享受生活。生活中的快乐与烦恼、喜悦与悲伤都是生命的组成部分,即使是难过,也是生命的一种体验。要引导学生建立正确的生活观,学会享受生活。

②挫折教育。青少年学生的阅历不足,心理素质较弱,在面对各种挫折、甚至是小小的变故时都有可能一蹶不振。进行挫折教育,帮助学生丰富生命体验,使学生能够正确面对挫折和逆境。

③培养健全人格。心理问题的发生大都与自己所形成的人格有关,在生活交往中,如何处理与他人的各种关系,成了初中生的普遍烦恼。在日常教学中,教师更应该注意这方面的教育,引导学生建立健全的人格。

(2)死亡教育:青少年学生正处于生命的开幕阶段,还意识不到生命的有限性,对死亡更没有概念可言。况且,对于大多数人来说,一样东西,只有失去才知道可贵,不失去就不懂得珍惜,更不会在意它的价值,也不会想着如何使之更有价值,就更不要说初中阶段的学生了。所以,适时向学生介绍生命的闭幕——死亡,

也就是必要的了。在我国,"死亡"一词是带有忌讳含义的,受古代传统的影响,中国人一向是"生不言死"的。在这种背景下,尽管死亡教育被越来越多的人提出,但它的发展一直不见成效。

但是,我国并不是没有死亡教育的,只是笔者认为现行渗透给学生的死亡观念是片面的。中小学课本中不乏英雄伟人的豪迈事迹,最终落实到思想启发上就是要学习无私奉献的精神等。我国有句古话"人固有一死,或重如泰山,或轻如鸿毛。"这就导致我们不由自主地认为世上只有这两种死法。但是其实大多数人的死就是平平常常的。我们当然要学习英雄伟人无私奉献、甘愿牺牲的伟大精神,但如果只有这种英雄赴死的教育,只能叫作生死观抉择的教育,它只是死亡教育中的一小部分。况且,每个人的生命都是无价的,我们更应该传输给学生的是在危急时刻的"尽力而为,量力而行"。

作为普通人的我们更应该关注的是平平常常的死亡,了解死亡的目的是使学生思考在生命依旧存在的时候,要怎样更有意义的生活,以及当死亡真正来临的时候,能够直面生老病死的规律,从容面对自己与亲人的逝去。死亡教育的内容应该包括以下几方面。

①介绍生命历程。向学生介绍植物、动物、微生物的生命历程,让学生了解世界上的每一个生命都是来之不易、如此宝贵的。通过对生命历程的介绍,使学生了解生命起源、经过、衰老以及死亡和延续的过程,让学生懂得尊重世界上的每一个生命。

②介绍有关死亡的知识。向学生介绍死亡的鉴定、死亡的过程,向学生传达死亡的真实性,使学生更加珍惜自己的生命,同时更加了解死亡的真面目。

③讨论如何有意义的生活。在对生与死有一定的认识后,引发学生思考,使学生自主形成积极向上、努力拼搏的生活观。

④讨论现实问题,如自杀、杀人、校园暴力、虐待动物等行为。通过对这些问题的讨论,让学生尝试分析他人的心理,从而避免发生同样的行为。

4.感悟生命

在对生与死的问题进行探讨之后,将生命教育提升到更高的层面,让学生意识到人不仅仅有自然的生理的生命,还有精神层面、价值层面、社会层面的生命,引发学生的思考。通过感悟生命,让学生思考生命的本质和意义,学会与他人相处,养成良好的性格,热爱生活,学会珍爱自己的生命,进而去体验生命的历程,并得到自己对生命的感悟,能够更好地生活。

(1)生命的意义:关于生命的意义相信在中小学的课本中已经被多次探讨,但在经过生命教育的渗透之后,要让学生从生命的角度重新感悟生命,思考生命的意义与价值。只有当学生真正明白生命的价值和意义时,才会真正懂得珍惜时间,勤奋努力,活出生命的精彩。

(2)待人待物:生命的价值体现在日常生活中的一点一滴中,如何待人待物,体现出一个人的素质与修养。在日常生活中,要懂得尊重自己和他人,关心他人,正确处理人际关系;要学会包容、关怀,认识到每个人的个性与独一无二,用欣赏的眼光看待自己与他人等等。

(3)热爱生活:当一个人懂得了生命的价值,对生命充满敬畏和关怀时,才不会虚度生命的光阴,才会是一个热爱生活、用心经营生活的人。热爱生活,就是好好生活,把生活过的有意义,有乐趣。教师可以引导学生培养广泛的兴趣爱好,陶冶自己的情操,在学好课本知识之外拥有属于自己内心的世界,做一个内心独立、丰富的人。

三、研究的目的、意义

(一)研究的目的

(1)了解初中生不珍爱生命现状。

(2)通过初中生物教学让学生认识生命、尊重生命、珍爱生命,提高中学生的生命素养。

(二)研究的意义

通过对生物教材中关于生命素养内容的归类整理,在教学实践中加以运用寻求可行点与不足处,能够为教育工作者研究生命教育和一线生物教师进行珍爱生命教育的教学提供参考,使生物学教育与生命价值教育联系更加紧密。

(三)研究的方法

1.文献法

通过中国知网和校图书馆等平台,广泛收集整理相关文献资料,通过研读获取有用的信息,形成自己的观点。文献的研读为笔者打开了思路,奠定了基础,使研究更加高效。

2.访谈法

访谈法是获取更加具体信息的一种方法,通过与一线教师的交流,了解生命教育的现状与当下在学科教学中开展生命教育存在的问题;在同教师的交流中,不断改进自己的研究,得到了教师的指导与帮助。

3.调查法

生命教育一定要建立在问题意识的基础之上,所以本次调查的目的便是为了了解初中生生物课堂关于生命教育素养的现状和存在的问题,了解生命教育在生物教学过程中的情况,对生命教育的现状做出分析,并进一步探索如何在生物教学中进行珍爱生命教育。

四、初中生物教学中珍爱生命教育的现状研究

(一)初中生物教学中珍爱生命教育的理论现状研究

经过对题目的分析和剖析,笔者于 2020 年 11 月 7 日,在中国知网(CNKI)和校图书馆网站中,对相关研究进行检索。

在中国知网中分别以"生命教育""生命教育＆生物""生命教育＆生物教学""生命教育＆珍爱生命""生命教育＆生物教学＆珍爱生命"为关键词和主题的进行精确检索,且无时间年限,检索结果如下表1。

表1 中国知网中相关文献数量(篇)

	生命教育	生命教育 & 生物	生命教育 & 生物教学	生命教育 & 珍爱生命	生命教育 & 生物 教学 & 珍爱生命
关键词	9812	0	0	3	0
主题	2.28 万	1601	663	1528	466

(二)初中生物教学中珍爱生命教育的实践现状研究

1.学生调查过程及分析

(1)调查对象:本次问卷调查的对象为蓟州区渔阳中学初一年级 1~10 班共计 500 位学生,初二年级 11~20 班共计 500 位学生。

(2)调查问卷内容见附录1。

(3)学生调查分析。

本次调查问卷共计发出 1000 份,剔除偏激答卷、敷衍答卷、空白卷,共计收回有效问卷 922 份,其中初一收回 476 份,初二收回 446 份,通过定性和定量分析得出:绝大多数的学生是喜欢学习生物的,认为生物课是与自己生活实际联系比较紧密的课程,学起来比较轻松愉快。但在关于生命教育的认识上,学生的认识比较局限,仅限于与生命健康和生命安全方面,而对于较高层次的生命地体验、感悟这一方面认识不足。

在问及具体的急救和青春期发育等问题时,学生反映老师课上所讲的大部分都是他们已经知道得了。学生对于生命教育的内容还是有很大兴趣的,并且更希望这些内容的教学能够脱离课堂传统教学方式,以更加活泼的方式去亲身体验。

2.教师访谈过程及分析

(1)访谈对象:蓟州区渔阳中学各年级各学科青年教师,中年教师和老教师共计 30 人。

（2）访谈内容：

①您认为我校开展珍爱生命教育相关的活动多吗？

②您认为有必要对学生进行珍爱生命教育吗？

③您认为生物教学中进行珍爱生命教育的难度是什么？

④在学科教学中开展珍爱生命教育您是如何做的？

⑤在学科教学中渗透生命教育，对学生认识生命，尊重生命，珍爱生命有帮助吗？（请举例说明）

（3）教师访谈分析：首先老师们都表示非常认同要对学生进行珍爱生命教育，而且认为不仅要将珍爱生命教育渗透在生物学科中，其他学科也应该一同努力，甚至要将生命教育作为专门的课程进行开设，或者定期举行相应的讲座、活动。

访谈过程中，老师们说出了作为生物教师的想法。初中生物课程只在初一和初二年级开设，并且在初二下学期期末考试之前就要进行学业水平考试，考试通过的学生才能参加中考，在这样的情况下，教师的教学既要保证教学进度，又要保证教学质量。很多时候，为了教学质量，人为地将知识划分为了重点和非重点，为了教学进度，教师的上课就是要按照事先写好的"剧本"把流程走一遍，引导学生没有怀疑、甚至是缺乏思考地记忆重点内容，教师的教学重知识教育、轻能力和情感的教育。再者，作为生物教师，本身对于急救安全知识、心理健康知识、生命哲学知识、性教育等很多内容并不专业，教师在教学过程中难以驾驭这些内容的教学，经常把握不好教学的度。然后老师们还谈到了很多家长的看法，有些家长认为讲课本之外的内容就是在浪费上课时间，会耽误学生的学习，更希望老师能够提高学生的成绩，但是一旦有学生出现相关的问题，家长才开始重视起这方面的教育，这样一种矛盾的心理和教师是一样的。最后，老师们还谈到了我国现行教育中没有对珍爱生命教育作出统一的标准，作为教师渗透这方面的内容也只是按照自己的想法顺藤摸瓜，没有大方向的指引。

五、初中生物教学中珍爱生命教育的实践探索

(一)在教材中挖掘生命教育并展示

在生物教学中要想实现对珍爱生命教育的关注,首先就要挖掘教材中的生命教育部分,并且寻找到合适的切入点。当然,生物学科本身就是一门以了解生物、研究生物为基础的学科,在进行生物教学之前,教师要在这些纷繁的生物学内容中,寻找到珍爱生命教育的切入点。这首先就要求教师本身对学科有一个整体的认知,知道知识点之间的连贯性,进而实现教学的突破与发展。例如,在讲解细胞分裂的过程中,教师可以借此提示学生,我们人类刚刚形成的时候,也是这样一个小小的细胞,经过不断地成长与发展,才变成了今天的样子,可见生命的神奇与可贵,开始的时候我们并不比其他生物高级,同样的细胞,但是后来经过成长,才能变成如今的样子,成为高级生物,启示我们生命之间是生来平等的,只是因为后天的成长与塑造才变成了今天的不同的形象。这些都是生物教材中可见的一些基本的生命教育内容。

在教学中,教师可以充分发挥多媒体技术的辅助作用,将教材中有限的文字与图片,转换为丰富的图片、文字等,使学生能够真正地根据多媒体技术进行直观观察,增强是觉得震撼力,并且可以配上一定的动画、文字以及音乐等,从多个角度调动学生去理解与探究的积极性,实现教学的发展。

(二)在基于教学的延伸中补充生命教育

尽管生物课程本身就是针对生物进行研究的学科,但是教师仍然需要注意到的问题就是生物学科作为一门自然科学学科,研究的更多的是生命的结构、发展等,基于科学严谨的实验才能进行发展,也正因如此,教学中生命教育的渗透,是需要教师有意识而为之的,是出于一种对学科的人文性地挖掘所得出的结论,因此,教师要在教学中对生命教育进行补充,推进教学的全面发展。要想达到这一目

标,首先是要教师本身具备一些人文素养,能够以人文性的角度去再次观察生物学科,将生物学的一些内容中融入人文关怀、人文性,对教学内容进行恰当合理地延伸及拓展。

在当前教学中,教师对所学内容的拓展及补充,不仅能够实现课程的情感态度价值观的目标,更能有效地提高学生的学习效率,实现教学的突破发展。本课题即针对当前初中生物教学的发展,对所学内容与知识进行渗透与传播。例如,在讲解人类起源的过程中,教师有意识的截取了一段母亲分娩的视频,与学生共同观看,可以说效果非常好,学生在看过这段视频之后,能够得到一定的启发,能够了解母亲的新课,更体谅母亲的不易。这些内容就是在课程基础之上,进行的合理补充与发展,并不因为学生的接受能力而有所不同,教学更多地侧重与一种情感的揭示与体味。生命教育有时需要的正是让学生去切身的感受、领悟的能力,因此,越是丰富的表现,越是震撼的场面,越能让学生有所感触,对于生命教育会产生积极影响。

(三)在课堂教学的细节中体验生命教育

在生物课程的细节设计中,体现出生命教育,进一步发挥生物学科的优势所在。在当前生物课堂教学中,教师要能主动地帮助学生展开生命教育,实现生命教育的发展与发生。例如,在当前教学中,教师与学生之间存在着互动的关系,主动为学生构建一个平等的学习环境,能够有效提高课堂教学效率,实现教学的突破发展,这是当前教学中常见的尊重生命的例子。并不是空喊的口号中人人平等,而是在课堂中能让学生畅所欲言,能让学生更多实现教学的突破发展,才能切实的实现教学的完善,完成信息任务。在生物课程中,除了运用多媒体技术进行辅助教学外,教师还可以适当运用一些自己制作的模型等进行教学,能够使学生感受到教师的用心。在课堂教学中组织学生展开小组合作学习,能够对所学知识有更进一步的了解等,这些都是当前初中生物教学需要关注到的细节问题。相对宽松开放的环境,能够促使学生更好地理解所学知识,融入生物中去。与众不同的授课方式,能够使学生感受到爱与尊重,这在另一个方面上也是一种生命教育(教学案例见附录2)。

六、小结

通过访谈调查发现开展珍爱生命教育,尤其是在乡镇中学开展珍爱生命教育是非常有必要的。本研究具有一定的价值,能够帮助学生提高生命素养,更好地认识生命,感悟生命的意义,促进学生全面和谐的发展。

生命教育虽然在我国已经蓬勃兴起,但是作为不在"指挥棒"指挥下的教育内容,其所面临的困难可想而知。只有将珍爱生命教育与现有课程相融合,才能润物无声,才能发挥事半功倍的效果。怎样将珍爱生命教育融入生物学科,目前还只是初探,面临很多问题,融入的方式和思路也比较混乱,需要广大生物教师在实践中思考、摸索、再实践。无论有多少困难,生命教育对于受教育者的意义非同一般,值得我们花费大力气去学习和探索。

在整个生物教学中,珍爱生命教育有着独特的载体与展示,既从生物课程中汲取营养,也能反过来推动生物教学的全面发展,是新课标以来,初中生物课程需要面对与发展的问题,这也是当前教学中教师需要关注到的发现方向。本课题针对此做出的讨论尚有不足,其中的内涵只有教师在实践中才能体味。

参考文献

[1]吴晓燕. 初中生命教育探究[D]. 武汉:华中师范大学,2005.

[2]夏征农. 辞海[M]. 上海:上海辞书出版社,1999.

[3]郑晓江. 生命教育演讲录[M]. 南昌:江西人民出版社,2008.

[4]冯建军. 生命与教育[M]. 北京:教育科学出版社,2004.

[5]王北生,等.生命的畅想生命教育视阈拓展[M]. 北京:中国社会科学出版社,2004.

[6]符日山. 如何在初中生物课堂中渗透生命教育[J]. 治学之法,2012:(12):99-100.

附录1

"珍爱生命教育"调查问卷

亲爱的同学:

你好!

出于对"珍爱生命教育"这个问题的兴趣与研究的需要,我们设计了这份调查问卷。

此问卷不记名,且调查问卷绝对保密,仅用来研究,希望能够了解同学们的想法及面临的困惑。保护同学们的资料是我们最为关切的事情,请大家安心填答。同学们地回答将对我的研究有重要的参考价值,请大家根据自身情况诚实、认真地填写。

感谢同学们积极地配合,祝大家学习进步、天天开心!

基本资料

年级:A.初一年级　　　　　　B.初二年级

性别:A.男　　　　　　B.女

问卷问题

(1)你喜欢上生物课吗?(　　)

A.非常喜欢　　　B.比较喜欢　　　C.一般　　　　D.不喜欢

(2)你觉得学习生活怎么样?(　　)

A.充满乐趣　　　B.比较有意思　　　C.一般　　　　D.很没劲

(3)你知道生命的起点吗?(　　)

A.知道　　　　　B.不知道

(4)进入青春期后,你的身体发生了许多变化,你希望通过哪些方面了解青春期变化的有关知识?(　　)

A.家长指导　　　B.学校指导　　　C.媒体宣传　　　D.同学交流

(5)面对你进入青春期后身体的变化,你的态度是?(　　)

A.觉得这是正常现象,发育是有早有晚的

B.觉得自己和大家不一样,心想别人可能会嘲笑自己

C.我还没有做好准备,不知如何是好

(6)你对身体各个器官的位置、结构了解吗?(　　)

A.非常了解　　　　B.大致了解　　　　C.基本了解　　　　D.不太了解

(7)你认为生命宝贵吗?(　　)

A.宝贵　　　　　　B.不宝贵　　　　　C.没想过

(8)你是否有过自杀的念头?(　　)

A.从来没有　　　　B.很少有　　　　　C.经常有

(9)在认为生物学与你生活联系紧密吗?(　　)

A.紧密　　　　　　B.不紧密　　　　　C.无所谓

(10)有人见义勇为却使自己受伤或者失去生命,对此你的看法是?(　　)

A.我同样也会冲上去救人　　　　B.他很了不起,但我们应该理智救人

C.事不关己

(11)与其他学科相比较生物课学起来(　　)

A.轻松　　　　　　B.不轻松有压力　　C.没有感觉

(12)你希望生物课怎么上(　　)

A.照本宣科　　　　B.增加实验亲身感受　　　C.多讲些课外知识

(13)升入初中(或升入初二)后,你在哪方面感到不适应?(　　)(多选)

A.学习方面　　　　　　　　　　B.与老师、同学相处方面

C.与爸爸妈妈相处方面　　　　　D.其他

(14)关于青春期你们是如何知道的?(　　)

A.网络上看到的　　B.听学长们说的　　C.课堂上学的　　D.家长告诉的

(15)有关急救常识你是如何获取的?(　　)

A.学校培训　　　　B.家长告诉　　　　C.课堂学习　　　　D.生活经验

(16)青春期教育教师在讲的时候有无拓展?(　　)

A.没有拓展　　　　B.有拓展　　　　　C.读了一遍

(17)下列哪个是健康的生活方式?(　　)

A.坚持锻炼　　　　B.考试前开夜车

C.喜欢的就多吃一点,不喜欢就少吃一点

(18)如果至亲去世,你会?(　　　)

A.并不伤心　　　　　　　　　　B.有点伤心,过几天就好了

C.很伤心,但能控制自己的情绪　　D.痛不欲生,接受不了

(19)当你正在和好朋友逛商场的时候,商场突然起火了,你会如何做?(　　　)

A.赶紧乘坐电梯逃离　　　　　　B.从窗户跳出去

C.用湿毛巾捂住口鼻,听从指挥　　D.乱跑乱叫,寻找出口

(20)你会使用灭火器吗?(　　　)

A.会　　　　　　B.学过,但忘记了　　C.不会

(21)学校组织过逃生演练吗?(　　　)

A.从来没有　　　B.偶尔　　　　　C.经常

(22)关于急救的知识,你大多是从什么途径了解到的?(　　　)

A.父母　　　　　　　　　　　　B.老师

C.新闻、杂志、课外书等一些途径　D.几乎不了解

(23)老师有没有讲《用药与急救》节课的内容?(　　　)

A.讲了　　　　　　B.没有讲　　　　C.自学

(24)你想要在生物课堂上学习有关"生命"的课外知识吗?(　　　)

A.非常想　　　B.比较想　　　C.不想　　　　D.无所谓

(25)老师会在生物课堂上讲授有关生命健康的知识吗?(　　　)

A.总是　　　　　B.经常　　　　C.有时　　　　D.从不

附录2

<h2 style="text-align:center">《传染病及其预防》教学案例</h2>

初中学生正处于身体和心理发展的关键时期,关注初中生的心理情况,加强生命价值教育,预防学生自杀等极端行为的出现,在生命教育中十分必要。目前很多初中生普遍存在不爱惜自己、他人生命的现象,不得不引发教育的深思和反省。学校作为教育学生的主要阵地,培养学生正确的生命观念和意识十分必要。目前中学课程中没有专门关于生命教育的课程而生物学是研究生命和生命活动规律的自然科学,是渗透生命教育地最佳载体。从初中生物学教材中挖掘适合渗透生命教育的内容,并在生物实际教学中进行实践,帮助学生认识生命,提高学生的生命素养,促进学生的全面和谐发展。

下面以人教版八年级下册第八单元第一章第一节《传染病及其预防》为例进行生命教育。通过本节课学习激发学生热爱生命、珍惜生命,积极向上的思想情感,增强学生战胜目前肆虐的"新型冠状病毒肺炎"的信念。

一、教学目标

(1)通过实例分析,说出传染病有什么特点,能区分传染病和非传染病。

(2)通过相互合作,分析课本中的资料归纳总结出传染病流行的三个环节;通过讨论总结预防传染病措施。

(3)通过防疫新型冠状病毒肺炎的实例,认识健康卫生的重要性和紧迫性。感受科学技术在防疫工作中的作用,以及对祖国战胜疫情的决心有信心。

二、教学重点和难点

(一)教学重点

(1)传染病的特点。

(2)传染病流行的基本环节。

(二)教学难点

传染病流行的基本环节。

三、课前准备

为了达成本节课的教学目标,课前布置学生完成教材"想一想,议一议"表格中的内容,思考表格后的问题,收集与传染病相关的资料,准备好多媒体课件。

四、导入新课

人的生命只有一次,健康和幸福是每个人的愿望,而一场突如而来的"新型冠状病毒肺炎"打破了我们原本平静地生活。为了更好地预防疾病和治疗疾病,需要我们对人类的疾病有一定的了解,接下来我们将一起开启传染病的神秘之旅。教师播放"新型冠状病毒肺炎"纪录片及图片让学生通过观看、思考,引导学生得出:"新型冠状病毒肺炎"是一种传染性很强的传染病,给国家、社会及人民带来了很大的伤害和经济损失,我们有必要学习传染病及其预防的知识,从而引出新课。

设计意图:密切联系生活,从学生知道的"新型冠状病毒肺炎"引入传染病。贴近生活,容易激发学生想了解传染病知识的兴趣。

五、讲授新课

(一)自主学习——什么是传染病

(1)根据课前准备请同学们展示"想一想,议一议"表格中哪些是传染病?

(2)教师根据课本的3个例子,提问传染病的元凶是什么? 病原体的概念?

(3)根据病原体的概念总结出传染病的概念并说出传染病的特征。

学生根据课本内容结合此次"新型冠状病毒肺炎"经历自由发言,畅谈感受,使每个人都可以体验到学习的乐趣和成就感。

设计意图:利用问题引导学生进行思考,使学生对传染病的认识由感性上升到理性。使学生认识到各种传染病的独特性和复杂性,认同自然与人类的关系,由此萌发尊重生命、热爱生命的情怀。

(二)合作探究——传染病流行的基本环节

新型冠状病毒肺炎确诊病例从几十到几万只用了不到1个月的时间,它是如何在人群中传播的呢?

关于"传染病流行的基本环节"这部分内容笔者采用合作探究的方式进行。将疫情防控期间具有代表性的资料呈现给学生，阅读课件上关于新冠疫情的资料，讨论相关问题，然后由小组代表分享交流他们的讨论结果，总结并区分传染病流行的 3 个环节。然后学以致用，学生以学习小组为单位，共同分析教材页有关流感、肝炎的资料，合作解决资料问题，并思考传染病在人群中流行时，从病原体到患者要经过哪些环节?学生分小组交流发言。师生达成共识:传染病流行要经过传染源、传播途径和易感人群 3 个基本环节。(缺一不可)

设计意图:利用集体的智慧、挖掘集体的力量，使学生知道传染病的预防措施，并且知道针对 3 个环节，做到综合措施和重点措施相结合，才能更加科学有效地预防传染病。

(三)七嘴八舌话防疫——传染病的预防措施

列举课本有关预防传染病的插图，让学生总结出预防传染病的 3 个措施:控制传染源、切断传播途径、保护易感人群。假设蓟州区发现新型冠状病毒肺炎确诊病例我们应该采取什么措施才能控制疫情，就"新型冠状病毒肺炎"抗疫过程中采取的某些举措让学生逐个分析并谈论，对所学知识加以巩固。

设计意图:通过学习让学生掌握预防传染病的措施，同时让学生理解国家投入大量的人力物力进行抗疫目的是我国始终把人民生命放在第一位，配合国家进行新冠疫苗接种是预防传染病的措施之一，也是我们珍爱生命的一种表现。

(四)总结

学生谈收获，老师总结板书，练习巩固。

(五)反思

学习传染病基础知识，预防疾病，增进健康，是健康生活的重要方面是形成良好心理和社会适应能力的基础，是青少年健康成长的基础。本节课以社会热点为背景，以学生的真情实感为基础，通过自主学习、合作探究、七嘴八舌话防疫等方式希望每位同学不应该惧怕传染病，而应该积极面对，最终战胜它!

第三部分

多媒体资源辅助教学

信息技术在初中生物课堂中的创新实践

天津市程林中学　王颖

摘　要: 在数字化多媒体时代,探索如何在初中生物课堂教学中的新模式、新策略,促进教师课堂教学水平的提高,帮助学生形成科学的学习方法、学习方式和学习习惯是教育工作者面临的重要课题。本课题以公开课、教研课等形式,研究如何充分发挥信息技术的优势,从生物学科的角度进一步研究如何更好把信息技术有机地与学科课程进行创新融合,大力推动生物课堂上的教学形式和学习方式不断发展,促进课堂教学的质量不断提升。

关键词: 信息技术　课堂模式　投屏技术　微课　交互式电子白板　微信公众平台　智慧课堂

一、课题提出的背景

信息技术悄无声息地走进了我们的课堂,深刻地影响着教师们的课程形式和学生们的学习方式。信息技术与课程的融合创新已经势在必行。我们要探索更科学地运用信息技术的方式,实现课堂实践活动的整体优化,进一步深入研究如何更好地使用信息技术来帮助教学，把信息技术有机地与学科课程进行创新融合。

二、课题研究的目标

本课题笔者将结合教学实际，探索基于信息技术环境下的生物课堂教学方法和策略，并进行实践总结，形成的3个研究目标如下。

(1)生物学科的课堂教学中，有效地调动学生学习的积极性，充分利用信息技术，营造自主、合作探究的学习氛围，给学生提供广阔的思维平台。

(2)探索运用信息技术与课堂教学融合的新策略。

(3)努力激发学生的学习兴趣，训练学生的创新思维，以提高生物课堂效率，养成终身学习的习惯与方法。

三、课题研究的主要内容

(1)在现代信息技术环境下，如何通过教育科研进一步促进教师专业发展，以及更充分地发挥学生的主体性作用。

(2)探索符合现代中学实际的信息技术环境下的初中生物课堂有效教学方式。

(3)学生在信息技术环境下科学的学习习惯、学习方法的形成。

四、课题的研究方法

科学合理地利用现代信息技术，以展示课、研究课等形式，探索在网络环境下多媒体辅助教学的新策略，使课堂上教师的授课方式以及学生的学习方式不断更新，从而真正实现课堂教学结构的变革。课题涉及的研究方法有。

(一)资料法

搜集、阅读、研究多媒体辅助教学理论和基于网络环境的课堂教学理论及成功的课例,从中借鉴经验,进行积累。

(二)观摩法

组织观看多媒体辅助教学和网络环境下的课堂教学示范课,从中汲取经验,进行思考和创新。

(三)对比法

以对比研究的形式,就同一课题以不同的教学方法上研究课,通过对比研究,形成、改进新的教学方法。

(四)行动研究法

边实验,边总结,边研究,边改进。

(五)经验总结法

组织开展系列体验活动,对活动中的具体情况或事例进行了分析、概括和总结,使之系统化、理论化。

(六)教研促进法

每学期开展 4 次形式多样的教研活动,加强研究的时效性、针对性,在交流和评价中促进研究的深化。

五、课题研究过程

(一)准备阶段(2019 年 12 月至 2020 年 2 月)

组建课题组,通过专题教师培训,对信息技术现阶段的使用、生物学科教学理论等进行文献研究、了解其发展前沿,课题的选题与论证、研究方案的制订、责任分工等。

1.组建课题组

本课题组由笔者担任负责人,课题组成员由 3 位对信息技术与课程融合研究很有兴趣的青年教师和两位教学经验丰富、生物教学理念领先的高级教师担任。课题组团队有学科专业素养、较强信息素养以及不断探索的创新意识,在研究中采取分工合作的方式。

2.文献资料查询

研究的第一阶段,从理论入手把握“融合”的基本原则、优势特征,为课题研究明确方向,奠定科学性与学术性基础,确保实验的稳步进行。

(二)前期实施阶段(2020 年 2—5 月)

(1)深入学习,加强信息技术融合课堂的基本模块、基本环节、主要特点以及教学模式的分析与交流。

(2)修订完善计划:制定课题研究的实施计划,按实施计划开展活动,在学科教学中实践“融合”,对教学实践进行案例分析。

(三)中期实施阶段(2020 年 5—12 月)

(1)定期进行课题研究课以及课题研究经验交流。

(2)鼓励课题组成员探索信息技术融合课堂的教学策略,大胆创新。

(3)收集并整理课堂教学实例,客观记录实施过程以及其中的得与失,及时调整改进后期的研究思路。

(4)研究信息技术对教育观念、教育方法、学生思维以及学习过程的影响,提炼课题组的研究成果。

(四)申报成果阶段(2020 年 1—3 月)

(1)收集相关数据和策略,进行分析和反思性评价,撰写终结性研究报告。

(2)结集研究成果。

(3)专家评估。

(4)总结推广。

六、课题的研究结果及分析

科学地调整实施信息技术与教学融合策略,提高师生的教与学的质量,使教育信息化真正服务于学生学习和能力的培养。实践表明,信息技术与学科教学的融合,使教师和学生亲身体验到教育信息化的目的和意义。

(一)提高了课堂教学的效率

信息技术与课堂教学的融合,推动了教学方法的创新,优化了课堂教学过程。

(1)信息技术让抽象的知识形象化。例如在初中生物实验中有一部分实验受时间限制课堂上不能完成,如测定种子发芽率、种子萌发的环境条件、检测不同环境中的细菌和真菌等。还有一部分实验的完成时间不好控制,课堂时间内可能看不到实验结果。如《单细胞生物》一节教学中利用多媒体展示课前录制的观察草履虫视频,引导学生观察草履虫螺旋式进行运动以及草履虫形似什么?可以利用微课将完整实验过程进行组合编辑,弥补课上的进程空缺。

(2)信息技术能够使抽象的知识直观化、形象化,使学生的学习更容易。例如利用微课进行知识讲解,既使难以理解的知识内容瞬间简单化、形象化,同时更提高了学生解决问题的能力,为学生自主学习、探究性学习搭建了平台。在微课《尿液的形成》中尝试利用学习任务单,实现以学生为主体的课堂教学,以自主学习引导法为主线,引起学生思考,进一步激发好奇心、集中注意力。

(3)信息技术最大程度上适应不同层次学生的发展需求,提高了教学质量。例如《激素调节》一节中,在人体的主要内分泌腺知识内容学习过程中,通过学生自主学习,尝试通过白板操作拖曳各腺体名称及功能,增加了学习过程的探究性。在几个重要激素概念融合环节中,结合实物投影随时展示学生成果,使教学过程和学生反馈更加自如,提高课堂效率。在本节课课堂总结环节中,神经调节与激素调节对人体生命活动的作用关系的学习中,通过师生互动明确概念关系,学生通过白板自由构建出几个概念的位置关系,学生的思维不受局限,充分体现探究过程。

白板中一些小工具,如随机点名工具,一些简单问题可以随机抽取学生回答问题,增加趣味性,活跃课堂气氛。利用倒计时工具,对预设问题讨论限时,驱动学习任务完成,大大提高课堂效率。如《病毒》中应用希沃白板软件制作的课件与黑板板书、学生学案进行融合使用。精选视频图片资源进行课件的编辑,增加学生学习的直观性,降低学习难度。利用希沃白板软件自带功能编辑制作分类、选词填空、判断题对战等小活动,增加趣味性和学生的参与度。在病毒特征总结部分应用学案填写进行巩固反馈,增加了学生参与的广度。通过学生操作白板拖拽进行知识总结和学生书写板书增加学生的展示机会,易于问题的呈现和解决。

(4)信息技术为学生创设知识的探索情境,使学生身临其境,进行学习和探索活动[4]。例如,"观察叶片的结构"实验,操作细节需要注意问题较多,实验效果较难呈现,为了攻破实验难点,必须将教学内容整理梳理,重新构建实验结构,丰富教学形式。可以充分发挥电子白板互动性强的优势,在开展实验操作前,由教师通过电子白板采取拖拽、播放、书写等形式,声图并茂地讲解实验仪器原理和使用方法,并将实验中需要用到的仪器图片顺序打乱,让学生在电子白板上拼接实验流程,在趣味教学中熟悉实验步骤,提高学生注意力,加深对实验的理解,使学生在真正的实验操作中得心应手、事半功倍,达到实验的最好效果。一些类似结构观察的实验,学生经常精力难集中、走马观花、不会梳理总结。教师又可以通过电子白板,逐一展示实验成果,充分调动学生积极性、参与性,引导学生认真对照课本结构模式图,在自主观察的基础上,利用电子白板拖拽功能,将每个结构名称拖拽到实验成果相应位置,不仅增强趣味性、研究性,更便于学生认识理解。例如《种子植物》中利用白板展示学生经过学习后的成果,通过展示和交流,直观鲜明,进一步引导学生推测种子各部分结构的发育方向。教学环节自然流畅,学生对知识印象深刻。

(二)转变了学生的学习行为

信息技术环境的创设,很容易激发学生的好奇心和求知欲,引领学生自主探究学习过程,培养创新思维品质,拓宽学生获取信息的途径,全面提高学生的综合素质。例如《中国拥抱基因世纪》(见附录)中尝试使用网络收集信息,完成课前调查,交流中国基因组计划的历程,认同科学探究需要严谨的科学态度、正确的科学

方法和坚持不懈的科学精神。引导学生关注生物科学技术的发展,提高进一步学习生物科学的兴趣。通过搜集社会热点问题进行理性判断,勇于提出质疑,讨论科学技术与人类命运的关系,认同人类命运共同体的观念。再如,在"制作米酒"实验中,充分利用微信公众号平台这一优势,延伸实验课堂的触角,加强教师、家长、学生之间的互动,最大限度发挥优秀教育资源的作用。在微信公众号广泛发送"制作米酒"的视频操作,拓展学生学习的空间,或者录制学生实验操作过程、拍摄优秀实验成果展、制作优质实验微课,第一时间上传到微信平台,发送到家长手机,让信息平台真正成为学生展示才华的"舞台",激励学生学习生物知识的积极性。同时让家长更加了解学生生物实验的学习内容,在家长的关注和辅助下,更好地使知识与生活实践相结合。

(三)提高了教师的业务能力和创新精神

在开展课题研究之初,课题小组进行微课的开发和模式研究,探索信息时代新的教学方法,在信息技术与生物课堂深度融合的教学研究中取得了一定成效。

1.教育观念得到转变

全体课题组成员在实践中,理论水平得到不断提高,吸取了一批最新的教育成果,系统、全面地掌握了信息技术与课程融合的理论知识。

2.科研能力得到提高

通过这一课题的研究,课题组教师都能熟练掌握了多种先进的信息技术,寻找适合生物课堂教学的应用策略,科研水平也得到了显著提高。

3.教学方法得到改变

课堂上师生、生生互动交流,和谐快乐的气息给学生以美的熏陶。

(四)积累了信息技术与教学融合创新的资料

本课题的研究对信息技术在生物课堂教学中的应用进行了有益的尝试,积累了信息技术与课堂融合创新的一系列课程资源。

七、课题的研究成果

(一)构建了信息技术与生物学科教学融合的创新课堂模式

我们进行的信息技术与生物学科融合,并不是完全脱离以往的教学模式,而是对教学模式进行进一步的改造、加工,经过实践验证与进一步地修改完善,最终确定了"信息技术与生物学科教学融合"的创新课堂模式:分为5个阶段:创设情境;确定主题→自主探究;资料分析→合作交流;解难释疑→成果汇报;评价总结→拓展延伸,联系生活。

第一阶段:创设情境,确定主题。第一阶段的目的是激发学生解决问题的兴趣,但是情境一定要使学生容易感同身受,要与学生的日常生活密切相关,可以利用视频、图片等多媒体信息呈现问题,引入主题,调动学生的积极性。

第二阶段:自主探究,资料分析。教师提供相关的资源、网址等资料,学生收集与解决问题,培养学生自主思维能力。

第三阶段:合作交流,解难释疑。当小组的成员找到所需的信息后,小组成员之间交流他们彼此的想法,讨论其中有分歧的内容,最终在小组内达成共识。此过程教师不断巡视,尤其对于一些学生容易忽视的因素,教师给予及时指导。

第四阶段:成果汇报,评价总结。根据课程内容特点,由小组的成员代表采取不同的形式向全班同学汇报本组成果。教师营造好论坛环境,引导各小组观摩并评析其他小组的成果,并适时引导学生进行反思并总结。

第五阶段:拓展延伸,联系生活。学习不能仅局限于课堂。教师引导学生通过相关的书籍或网络查找、搜集、拓展相关的材料,在生活中实践探索,将实践成果通过网络等形式共享。

(二)总结了信息技术与生物学科教学融合的多种策略

1.投屏技术在生物课堂教学中的实践

在生物教学中,教师在进行演示实验时,可采用手机实时投屏的方法,通过简

单便捷的操作,让整个生物实验演示过程实时投屏到大荧幕上,同时,也可将一些操作复杂的实验录制下来,并反复学习播放,这样既增强了实验教学效率,也让学生通过清晰可见的画面更加清楚地观察生命过程与生物现象,有效提高学生的参与度,培养学生善于观察的能力,不断激发进一步探究的欲望。在组织分组实验时,也可利用手机实时投屏的方法,第一时间向学生展示优秀实验成果,指出实验操作中存在的问题,通过展示交流,便于及时解决在实验过程中暴露出来的问题,分析出现不同实验结果的原因。彻底解决曾经因场地、器材、时间等方面的原因,导致学生之间交流成果受限的问题,切实增强生物实验教学的针对性、实效性。

2.微课在生物教学中的实践

在生物教学中,很多内容会因时间不够、器材不齐、场地有限等原因放弃操作展示,导致学生对一些生物知识没有直观的学习印象,也失去了获得更多知识的机会,达不到较好的教学效果。当前,在微课的全力推广运用下,自身优势得到充分展示,可以针对议题,采用录制微课视频的方法,对操作复杂、危险性大、价格昂贵、等待时间长等具有一定困难的实验,通过录制视频、专业剪辑,在不失实验真实性的基础上,全方位、全角度的向学生展示整个实验过程,既保证了学生人身安全,又保护了环境。对学生在微课教学中出现的疑问,可以对视频播放快慢进行调节,重点内容也可以进行重复播放,以便适用不同基础的学生,增强了生物教学的质量及提高了学生的学习效率。

3.交互式电子白板在生物教学中的实践

在生物教学中,充分发挥电子白板互动性强的优势,学生思维不受局限,注重课堂的生成,既增强了实验的趣味性、研究性,也便于学生认识理解,牢固掌握所学知识内容。

4.微信公众平台在生物教学中的实践

信息化时代,随着智能手机的普及推广,微信平台被越来越多的人使用,基本已经成了人与人之间沟通交流的新途径。特别是微信公众平台的订阅号,这种新的信息传播方式已经广泛地应用于各个领域。目前,各学校都逐步建立了本单位的微信公众平台,搭建起了学校、家长、学生三者之间的信息桥梁和高速通道,进一步解决了学校与学生沟通难、学生与家长沟通少、家长与学校沟通不畅的问题。

在生物教学中,就要充分利用微信公众平台这一优势,延伸课堂的触角,加强教师、家长、学生之间的互动,充分利用优秀教育资源,丰富学习方式,拓展学习空间。将优质"微课"发送到教师手机,形成资源共享的信息链条,达到互相学习、共同进步的目的。

5.智慧课堂在生物教学中的实践

智慧课堂实现了信息技术与教育教学的深度融合。课前教师在在线教学平台上推送任务,任务的完成情况可以在课堂上进行展示与评价。通过平台教师还可以及时了解学生的学习情况,根据学情针对性地调整教学目标,也可以基于课程的内容,实现教与学的角色改变,促进学生对知识的内化。在评价环节中,教师可以拍照上传、白板推送、学生互批,让学生成为真正的学习的主人。另外,教师可以对展示优秀笔记的同学、和抢答、点名回答正确的同学给予奖励,并对学生在课堂中所获得的奖励情况进行统计,这样可以激发学生积极的学习动力,建立足够的学习自信。

(三)收获了信息技术与生物学科教学融合的研究成果

(1)王颖老师在2020年春季抗击新冠肺炎疫情期间,初中七年级生物学学科的课程资源被选入天津市基础教育公共资源服务平台中的"天津云课堂"。课题名称:激素调节。

(2)王颖老师疫情期间组织线上培训开展全区生物教师线上教学指导。

(3)王颖老师指导青年教师在领航工程学科团队攻坚集中指导活动中及东丽区6周期继续教育实践活动中进行信息技术创新实践研究课展示交流。

(4)秦蕾老师微课程《人的生殖》视频资源被认定为东丽区中小学精品微课程视频资源。

(5)秦蕾老师在东丽区共同体活动中承担展示课。

(6)秦蕾老师的论文《如何提供适合学生发展的初中生物教育——我的思考与实践》在天津市东丽区2020青年教师学术论坛活动中荣获三等奖。

(7)秦蕾老师在东丽区生物学科教师教研活动中做了问卷星使用方法技术培训。

(8)秦蕾老师执教的《幸运儿的诞生》荣获"2020年东丽区信息技术与教学融合创新交流活动——微课"三等奖。

（9）秦蕾老师制作的《流动的组织血液》课件在 2020 年东丽区教育教学信息化交流活动课件类评比中荣获三等奖。

（10）秦蕾老师的论文《基于初中生物课堂教学的微课选题与设计策略》在天津市教育学会 2020 年天津市基础教育"教育创新"论文评选活动中荣获区级二等奖。

（11）张丹丹老师在和平区春季学期"停课不停学"期间录制区级精品微课五节。

（12）张丹丹老师的课例《科学·技术·社会 中国拥抱"基因世纪"》被评为教育部 2019 年度"一师一优课、一课一名师"活动"优课"。

（13）张丹丹老师在第五届"和平杯"教师专业技能竞赛中获初中生物学科比赛一等奖。

（14）王海霞老师的论文《浅谈白板在生物课堂的有效应用》在天津市教育学会 2020 年天津市基础教育"教育创新"论文评选活动中荣获区级三等奖。

（15）王海霞老师执教的《浅谈白板在生物课堂的有效应用》荣获东丽区"融合创新与发展—聚集教育信息化 2.0"教育信息化论文评选活动三等奖。

（16）王海霞老师在东丽区第十届"双优课"校级评比中荣获一等奖。

（17）王海霞老师在 2019 年东丽区中小学学科德育精品课评选活动中报送的课例《真菌》荣获二等奖。

（18）郭亮老师和王颖老师在《求学》2021 年第 09 期发表了《高中生物学红细胞知识总览》。

八、课题研究问题的反思及今后设想

（1）利用信息技术进行教学设计,要充分考虑教学内容以及利用信息技术的必要性,考虑到信息技术的利用是否有助于培养学生的创新能力,前提是教师教育观念的更新, 如果我们一味追求信息技术教学方式而不考虑效果是否有益,那只能适得其反。我们的目的是为更好地教学而不是"用信息技术"。因此,在教学设计中运用现代信息技术如何做到巧用、精用、慎用,也就成为我们必须思考的另一个问题。

（2）在前一阶段课题研究的基础上，不断思考，深化课题研究，把教师的生成与学生的生成有效地融合起来。

（3）继续开设一些高质量融合课，改革课堂的教学模式和方法。把融合学科的信息技术教学向学科的信息化教学转变。

将信息技术作为丰富的资源背景，构建起立体化、多样化、信息化的初中生物教学课堂高效环境，达到教学过程最优化，实现特定的教学目标，使学生真正成为知识意义的主动构建者，使信息技术成为生物课堂教学的有机组成。

如何运用信息技术，构建最优的创新课堂模式是一个永恒的、值得深入研究的主题。我们相信，经过我们课题组全体成员的共同努力，一定会取得更丰硕的成果。

参考文献

[1]祝新华,林可夫. 中国教育实验与改革:中国教育实验研究会论文集[C]. 杭州:浙江大学出版社,1995.

[2]张雪莉. 现代信息技术与初中数学课程整合的研究与实践[D]. 天津:天津师范大学,2006.

[3]廖玉君. 初中思想品德课"让学"策略运用研究[D]. 苏州:苏州大学,2017.

[4]杨石泉. 合理利用信息技术创新课堂教学模式[J]. 教育界:综合教育研究,2015(03):188.

[5]文昌伦. 高中体育高效课堂建设策略研究[J]. 文理导航.教育研究与实践,2015(11):13-14.

附录

《中国拥抱基因世纪》教学案例

天津市汇文中学　张丹丹

一、教材分析

本课是八年级下册第七单元第二章第三节的"科学 技术 社会"。通过前三节的学习,学生已经对染色体、DNA 以及基因有了一定的认知。但教材对基因的介绍是浅显的,学生甚至不能理解为什么基因是 DNA 的片段,更不能理解基因研究对于人类的重要意义。而与之形成鲜明对比的是,学生通过网络、媒体接收到的各种科学热点事件,如基因编辑婴儿事件、中国诞生世界首个克隆猴等。学生对前沿科技领域充满了好奇和探索的欲望。

基于陶行知的生活教育理论。课程不仅做到教育内容与时俱进,将最前沿的科技成果和时下热点新闻事件作为课程的主要素材,真正实现科学技术与社会生活的紧密联系。而且将我国的科技的进步与飞跃和天津本地的科技发展情况展现给学生,揭示成功背后我国科学家"自强不息、永不懈怠"的科学精神。因此课程以学生兴趣为出发点,以学生发展为追求,贴近学生的认知水平。使学生在拓展知识的同时,形成严谨的科学精神,建立民族自豪感和爱国主义情怀。

二、课程目标

(1)尝试使用网络收集信息,完成课前调查,概述基因的概念和 DNA 的分子组成。列举国际人类基因组计划的历程以及中国基因组研究的成果。

(2)尝试在校内进行调查采访,收集相关数据,举例说出合成生物学的发展现状及我国取得的成果。关注生物科学技术的发展,提高进一步学习生物科学的兴趣。

(3)通过小组合作,进行实践操作,提高动手实践能力。增强运用科学方法解释有关生命科学的问题能力。认同科学探究需要严谨的科学态度、正确的科学方法和坚持不懈的科学精神。

(4)通过讨论科学技术与人类命运的关系,树立正确的价值观。关注社会热点问题进行理性判断,勇于提出质疑,积极参与讨论活动。认同人类命运共同体的观念。

三、教学重点、难点

(1)交流中国基因组计划的历程,认同科学探究需要严谨的科学态度、正确的科学方法和坚持不懈的科学精神。

(2)说出 Crispr-cas9 基因编辑技术的由来和应用。

(3)增强运用科学方法解释有关生命科学的问题能力。

(4)举例说出合成生物学的发展现状及我国取得的成果。

(5)关注社会热点问题进行理性判断,勇于提出质疑,积极参与讨论活动。

四、课程内容

环节一 人类基因组计划的前生和今世(见表1)。

表 1　环节一教学设计

	具体内容	设计目的
前言导入	2000 年 6 月 26 日,在人类认识自我的历史上是极具意义的一天。美国、英国和中国等 6 国共同宣布人类基因组计划已经完成。世界各大媒体都以相当的篇幅报道了这一伟大的历史事件	以历史新闻引入,激发学生兴趣,同时通过 4 个问题展示了该模块的四部分内容
	什么是基因?为什么要对基因测序?人类基因组计划都经历了什么?中国又扮演怎样的角色	
寻找基因	事件一:孟德尔豌豆杂交实验——发现遗传因子	从学生熟悉的孟德尔豌豆杂交实验开始,通过 3 个科学事件,了解基因的发现历程
	事件二:摩尔根黑腹果蝇——确定染色体是基因的载体	
	事件三:沃森和克里克 DNA 双螺旋结构模型—开启分子生物学时代	
走入基因	染色体、DNA、基因关系 染色体由 DNA 和蛋白质组成	以生物学知识为基础,进行知识拓展,深入了解 DNA、基因的关系和 DNA 的分子组成。为理解基因组计划做知识铺垫

具体内容	设计目的
制作 DNA 模型(小组合作)  	
基因组计划的前身——基因与疾病的关系 美国十年肿瘤计划失败后带来的启示 基因组计划的历程(小组展示) 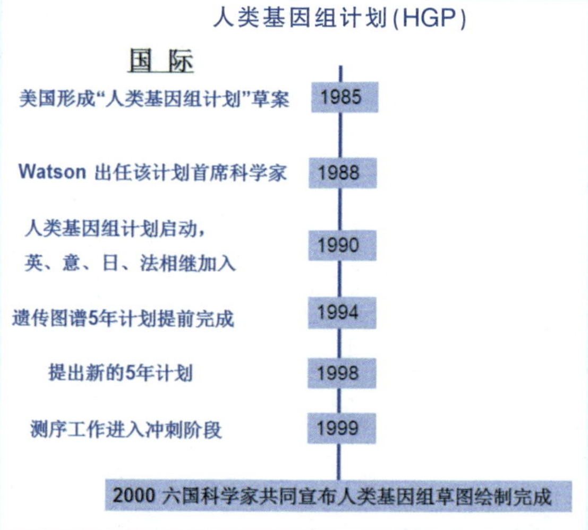 **人类基因组计划(HGP)** **国际** 美国形成"人类基因组计划"草案 1985 Watson 出任该计划首席科学家 1988 人类基因组计划启动,英、意、日、法相继加入 1990 遗传图谱5年计划提前完成 1994 提出新的5年计划 1998 测序工作进入冲刺阶段 1999 **2000 六国科学家共同宣布人类基因组草图绘制完成** 中国加入国际基因组(小组展示)	认同人类基因组计划的意义和对未来的巨大影响 了解在人类基因组计划实施过程中,无数正直的科学家在和利欲熏心的私营公司的较量中,以崇高的精神维护了人类基因组计划的公正与开放,以新的理念塑造了国际人类基因组计划精神。帮助学生树立正确价值观

(左侧竖排:人类基因组计划)

续表

	具体内容	设计目的
中国的基因组研究	**2002** "人类基因组单体型图计划"启动 中国承担**10%**的任务 **2002** 完成**水稻**基因组测序工作,并发表于《Science》 **2007** 中国完成第一张中国人的基因组图谱 **2008** 中、英、美共同启动"国际千人基因组计划" **2012** 三国共同在《Science》上公布**1092人**的基因数据 **2015** 我国成立全球第四个**国家基因库** **2017** 我国"十万人基因组计划"启动 中国在基因研究方面的成果(小组展示)	对于中国来说1%的工作仅仅是一个开始,中国科学家凭借着自强不息和永不懈怠的精神,力争使中国的基因组科学与国际保持同步。通过短短十几年的努力,中国完成从跟跑到同跑的角色转换 通过真实的事件,提升学生的民族自豪感,有目的的将自强精神渗透于学生的脑海中

环节二 基因编辑(见表2)。

表2 环节二教学设计

	具体内容	设计目的
前言导入	基因组计划的目的并不是仅仅读出这些序列,而是以序列为基础,读懂每个基因的功能,并把基因的变化和疾病联系起来,真正的解读生命 中国鼻咽癌患者占全球60%,研究显示相关基因位于3号染色体短臂上。因此,中国申请承担1%的任务——测序人类3号染色体短臂上全部序列 即"人类基因组计划"之后又开启了"精准医学计划",力争通过基因编辑等技术做到对"基因下药"	以中国承担的1%测序任务为例,引出基因与疾病的联系。初步了解基因编辑的目的。同时更深入地体会到中国科学家对基因研究所付出努力
基因编辑技术的	什么是Crispr-Cas9-gRNA+Cas9蛋白质(视频) 	坚持课程内容与时俱进,帮助学生开拓国际视野,了解最前沿的科学技术,在增长见识上下功夫

具体内容	设计目的
Crispr-Cas9 技术的由来—细菌的免疫系统(视频) 细菌　　　　病毒 Crispr-Cas9 技术的应用(视频) 改良植物性状 使得蔬果保质期更长,口感更好　　治疗恶性病 某些恶性病可通过基因编辑得到一定缓解　　复活灭绝物种 通过相关 DNA 复活灭绝物种,有助于生物学家的研究 我国的成果(新闻实例) **2018 年全球首个基因敲入猴**	
2018 年基因编辑婴儿事件(利用 Crispr-Cas9 技术) **2018 年基因编辑婴儿事件** **世界首例免疫艾滋病的基因编辑婴儿在中国诞生**	将社会热点新闻引入课堂,鼓励学生质疑,引导学生辩证地看待科学技术,建立理性思维 深刻理解编辑人类基因对人类未来的影响。懂得尊重生命,认同人类命运共同体的观念

（左侧纵向标题）由来和应用　基因编辑婴儿事件

续表

	具体内容	设计目的
	模拟实验——以自身为模板完成基因编辑的选择,并阐述理由(小组合作)	通过模拟实验将学生置于热点问题中心,激发学生勇于发表自己的观点
	引发思考——如果可以通过基因编辑实现长生不死,你是否愿意放弃?	通过一个没有答案的问题,引发学生思考。使学生明确学习的目的就是让学生学会独立思考实现自主发展

环节三 合成生物学(见表3)。

表2 环节二教学设计

		具体内容	设计目的
前言导入		科学家的思考是永不懈怠的,因此科学家的研究并没有止步于基因编辑技术。合成生物学同基因编辑都属于我国科技部制定的"十三五"生物技术发展规划中的重点任务。习近平总书记在两院院士大会上的讲话指出,"以合成生物学、基因编辑、脑科学、再生医学等为代表的生命科学领域孕育新的变革"	将国家"十三五"生物技术发展规划引入课堂,让学生了解我国在生物技术方面的发展和国家对生物技术发展的支持
你眼中的合成生物		通过问卷调查本校学生对合成生物学的了解和疑问。(课前小组合作)	相较于基因编辑,学生对合成生物学知之甚少。通过调查了解学生的疑问

	具体内容	设计目的
揭秘合成生物学	什么是合成生物学？（视频） 合成生物学是在系统生物学的基础上，结合工程学理念，采用基因合成、编辑、网络调控等新技术，来"书写"新的生命体，或者改变已有的生命体，这将使人类对生命本质的认识获得质的提升，从而引领第三次生物科技革命 我国在合成生物方面取得的成果（新闻实例） 2018年中国科学院合成国际首个人工创建单条染色体真核细胞 合成生物学应用 	再次将科技前沿知识和新闻报道展现于课堂之中，开拓学生视野，与国际接轨，落实了在增长见识上下功夫 大量展现我国在该领域的研究成果和努力方向，增强学生的民族自豪感，树立爱国主义情怀
天津大学在该领域的成果	2017天津大学人工合成酵母染色体—开启生物合成学研究中基因组重排这一全新研究领域（视频） 	将天津的故事、天津的贡献讲给学生，增强对家乡的自豪感，进而形成对家乡和祖国的责任感 了解天津大学团队师生，在5年内面对无数次失败，仍坚持不懈努力探索，最终获得成功的过程。渗透严谨的科学态度和坚持不懈的科学精神

五、课程实施与核心素养的落实

	教师	学生	目的
学习新知	通过新闻实例、媒体视频、国际期刊、图片文字,为学生介绍国际前沿技术,了解我国最新研究成果。	通过观看新闻报道和媒体视频,了解最前沿的科技知识 通过聆听我国科学家的故事,了解他们的默默付出和不懈的努力	一方面帮助学生增长知识、开阔视野,有意识的渗透科学精神,落实文化基础;另一方面,通过讲中国的故事、中国的贡献增强学生的国家意识和民族自豪感,进而形成对国家和社会的责任感,通过责任担当落实社会参与
多元互动	环节一:提供模型原件,组织学生以小组为单位组装 DNA 模型并进行结构讲解 环节二:提供模拟实验素材。组织学生以自身为模板模拟基因编辑试验,并请学生以小组为单位阐述选择不同基因的理由 环节三:归纳整理学生设计的问题,印制调查问卷。	环节一:制作 DNA 模型——掌握 DNA 和基因的基本组成。 环节二:模拟基因编辑试验——体会编辑人类基因对人类未来的影响。同时思考长生不死对人类的意义 环节三:调查问卷——了解校内学生对合成生物学的疑问	充分发挥学生学习的主动性,以非智力品质的提升促进智力品质的发展,让学生有更多的时间去独立思考,有更多的机会与同伴交流,有更自由的课堂空间去质疑探索。从多个角度落实 3 大核心素养

	教师	学生	目的
展示交流	环节一：人类基因组计划和中国基因组研究的重要事件 整理筛选学生收集的资料 环节二：Crispr-cas9技术的工作原理 提供相关视频，确保学生展示的科学性 环节三：就合成生物学的问题采访本校生物教师 提供教师名单和教师的专业背景	环节一：收集相关资料，制作幻灯片 对比介绍国际人类基因组计划和中国基因组研究的历程 环节二：学习Crispr-cas9技术的工作原理，并通过角色扮演完成展示 环节三：设计采访问题，完成采访录制，收获老师赠予的礼物 	从课前准备到课上展示再到互动问答。学生通过此环节在自主学习、组内合作、表达交流等方面得到综合提升，建立自信，落实学校的自强教育理念。通过一系列课程体系努力将这一理念转化为人生态度，形成积极向上永不懈怠的健康心理
学无止境	根据课程内容推荐相关的书籍、电影等，供学生终身学习 书籍《未来简史》 电影《千钧一发》 参观活动——天津大学开放日		书籍包含丰富的知识、电影展现不同的视角、大学校园绽放别样风采，从多方面引领学生终身学习

六、课堂练习

通过抢答的形式完成8个问题，巩固课堂内容，并将酵母菌培养皿作为奖品送给答对的学生，并要求学生记录观察。

专题 **2**

借助信息技术辅助初中生物学教学的实践研究

天津市静海区实验中学　韩云

摘　要：在当今的信息化时代，为适应教育改革和新课改的要求，信息技术成为推动课堂教学变革，提升教学水平所需要的工具和手段。在生物教学方面，陈旧的教学方式和授课模式已经远远不能满足教育改革的需要，现在的教育变革也要求生物学科的教学与信息技术进行融合。所以，研究信息技术与生物教学融合对于提升教学水平、推动课堂教学变革有着十分重要的实践指导意义。开展信息技术辅助生物学教学的实践研究是加快推进教育信息化的有效途径。通过信息技术辅助生物教学，学生能够更好地获得生物知识；信息技术与生物教学整合，成为学生的研究性学习的有力工具；信息技术与生物教学整合，为学生自主学习及多方面能力的培养提供了强大武器。

关键词：信息技术　初中生物教学　整合

一、问题的提出

(一)课题研究的背景

在当今的信息化时代,为适应教育改革和新课改的要求,信息技术成为推动课堂教学变革、提升教学水平所需要的工具和手段。在生物教学方面,陈旧的教学方式和授课模式已经远远不能满足教育改革的需要,现在的教育变革也要求生物学科的教学与信息技术进行融合。所以,研究信息技术与生物教学融合,对于提升教学水平、推动课堂教学变革有着十分重要的实践指导意义。

(二)课题研究的目的和意义

初中生物学多媒体信息技术与教学整合为生物学教学创造一种新的教学环境。

通过整合,有利于学生获得和保持生物知识。以这种整合方式营造出来的生物课堂,学生们的学习热情和参与热情都非常高,学习过程中视觉和听觉等多种感官的参与,大大提高了学生获得知识的能力。

通过整合,学生从事研究性学习不再是一纸空谈。对于研究性学习,它同样是一种学生的学习方式,它是从学生自身发展的需求角度和事物规律发展的角度出发,以创新为导向的学习方式。

这种整合,为学生提供学习资源,使课堂变得更加活跃,不断提升学生的认知水平。

通过这种整合,对于促进教学实践很有效果,同时也拓展了学习空间。

(三)研究的理论依据

1.现代教学设计理论

多媒体技术教育管理系统,把多种媒体进行信息集合,和其他教育要素一起发挥推动作用,共建更为合乎情理的教育系统,达到控制系统优化的目标。

2.多元智力理论

这一理论让我们根据教学内容,结合学生的性格、年龄、学习兴趣与学习能力等不同的特征,有针对性地选择和创造多元的、合适的、能够满足不同学生全面发展的教育教学方法。

3.人本主义理论

人本主义理论强调:教育的目的就是创建一种有利于发挥学生学习能动性的环境,充分发挥学生的学习能力。教师的目的在于对学生进行自我理解的帮助。让他们通过参与实际的学习活动,收获一些对自身发展有利的经验。教育的起点和落脚点都是人,教育教学的组织和实施同样应以人为核心。

4.建构主义理论

建构主义理论,强调学生对知识的主动探索、主动发现和主动建构。在整个的教育教学设计过程中,教师应通过创设问题情境激发学生的参与积极性,最终使学生可以有效地对专业知识实现意义建构。

(四)关键概念的界定

信息技术与生物课程相整合:"融合"是个新概念,要有新思路。"融合"昭示着这样的精神:在信息技术与学科课程这两方面都要下一番大气力,经过一番整治,使它们在新的水平上结合成一个整体——全新的课程体系。"融合"的目的和意义不仅是为了发挥信息技术的工具功能,而且赋予了新的教育意义。"融合"是通过信息技术推动课堂教学变革,突破传统教育的模式,是为了更好地实现信息化教育的目标。

二、课题研究目标

为了努力给学生创造出一个适合他们全面发展的崭新的教学环境,通过对该课题的研究,努力达成以下目标。

(1)将信息技术与生物课程教学融合的方法途径,设计和实施教学,以提高学

生学习生物的热情和信息素养。

(2)充分利用校园网的建设,推动课堂教学变革,并促进校园网的建设,更好地适应教学的要求。

三、课题研究的思路与框架

(一)研究对象

静海区实验中学七、八年级学生。

(二)研究方法

1.文献研究法

信息技术与生物教学融合应在教育学思想的指导下,对学科教学特点进行理论与文献分析,同时探究学习需要的情境与过程。根据课题研究的需要,查阅相关的资料文献,为信息管理技术和课堂教育教学融合提供强有力的理论依据。

2.行动研究法

结合研究课题组织教学实施,对课题研究实施过程中出现的问题,主动请教专家、导师,在专家的指导帮助下,对教学实践进行修正,使生成的课程资源符合新课程理念的要求。对教学中存在的一些滥用多媒体信息管理技术手段和不能正确使用多媒体信息管理技术手段的案例进行梳理和分析,并及时调整。

3.经验总结法

利用学科组教研的时间,请各位学科组教师把自己在平时教学中利用多媒体信息管理技术辅助生物教学方面的成功教学经验和教学案例进行分享与研讨。也就是说,在课题研究中,学科组教师之间相互合作,在研究中不断反思、不断总结、不断提升。

(三)研究内容

为了实现信息管理技术推进教育革新,使生物课堂焕发生机,使学生激发兴趣、由原来的"让我学"变成"我要学",使学科教师的教学水平得以提升。笔者进行了以下研究:

1.关于微信订阅号的研究

依据课标的要求,根据各个章节教材内容,充分利用庞大的网络教研平台、基础教育资源平台、学科网等的教学资源,并对其进行整合,使教学环节的设计符合学生的认知规律,按照教材章节的安排编写课时课程纲要、制作符合课时内容要求和学生学习需要的多媒体教学课件,促进课时课程目标的有效实施和落实。同时,还可以利用信息网络技术借助庞大的网络资源搜集到满足教学需求的图文视频资源,并将其上传到申请的微信公众号"中学生物交流平台"中,供学生进行网络自主学习。"中学生物交流平台"是专门为满足不同认知水平的学生进行自主学习而建立的一个学习平台,它不受时间、空间限制在家里借助网络设备可以随时进入自主学习,接受新知识比较慢的学生可以重复多次观看平台上传的学习资料。"中学生物交流平台"也是为教师和学生搭设了一个相互学习、相互交流和展示的平台,教师可以把自己在教学过程中积累和总结的优秀的教学课件、教学案例、教学微视频等教育教学资源进行平台共享,学生可以将自己设计制作的生物模型和主动参与实验探究的视频资料上传到平台进行分享,激发了学生参与实践活动的热情。

2.关于微课的研究

一方面,要研究微课的录制方法。鼓励老师利用电脑或手机应用程序开发各种新类型的微课,使微课形式上更加多样化。

另一方面,也要研究微课的内容。录制更加简短、通俗易懂的微课,让学生一看就会、一听就懂,能够做到举一反三。微课,可以作为学生课前预习和课后巩固的一种手段和工具,教师同样可以将课前制作好微课呈现在课堂上以达到突破重难点的目的。

3.关于学生学习情况反馈的研究

为了检测学生自主学习的情况,采用在线测试的方式,笔者的在线测试是基

于"问卷星"平台,依托于它的数据分析与反馈功能。在组织备课时,必须根据学生的反馈,及时调整线上课程以及课堂教学重难点。

(四)研究步骤

第一阶段:准备阶段(2019年12月至2020年2月)

1.收集和整理课题申报所需要的相关资料,完成课题的申报与立项

明确研究课题、收集课题研究所需要的相关资料是每一位课题组成员都应该明确的任务。为顺利开展研究工作,寻找怎样才能有效利用信息技术辅助生物教学发展的方法和途径,同时,也鼓励教师根据各类资料,创造出真正符合学生实际的教育教学方法。查阅、收集、整理资料,对资料进行分类;组织课题组成员通过网络和图书查询相关研究成果,寻求理论指导,同时进行分类归档,成为课题研究的理论基础。

2.成立一个课题工作组,进行设计开题论证,落实分工

组织课题组成员召开课题研究开题会,在确立了研究课题以后,认真准备,同时确立领导组和研究组成员,并做好具体分工。

3.课题组成员学习和研究与课题相关的理论和技能,明确各自的任务分工

首先,要让每一位课题组成员都能熟练掌握现代信息技术,如电子白板的操作和天津市基础教育资源公共服务平台的操作。

其次,在线测试是基于"问卷星"平台,依托于它的数据分析与反馈功能。因此,必须要求课题参与者都能熟练地掌握该平台的操作。

最后,我们还必须熟练掌握微信公众平台的操作。

第二阶段:研究阶段(2020年3月至2021年2月)

(1)实施课题例会制,利用每周三的生物学科教研时间对课题组教师进行培训研讨:从课题申报开始,学校领导非常重视此项课题的研究,要求课题研究的开展从实施课题例会制开始,规定每周的周三上午利用生物学科教研时间对课题组教师进行培训研讨。组织和开展每月一次的实验研讨的展示课活动。

(2)在课堂教学这一主阵地进行了实践研究:为了更好地研究和交流,笔者利用校园网搭建了一个中学生物交流平台,课题组的教师和实验班的学生都可以随时在中学生物交流平台上进行讨论和交流。利用所开发的信息资源组织课题组教

师进行教学尝试,重新设计教学环节。

通过信息技术搜集图文视频资源,上传到申请的微信公众号"中学生物交流平台"中,供学生进行网络自主学习。

检测学生自主学习的情况,采用在线测试的方式,在线测试是基于"问卷星"平台,依托于它的数据分析与反馈功能。在组织备课时,必须根据学生的反馈,及时调整教学设计和对教学中重难点的突破策略。

(3)在整个研究过程中,随时注意对教学积累的经验和研究过程中解决问题的方法积累,形成了一整套过程性资料,只有这样才能使课题的研究具有说服力。

第三阶段:总结阶段(2021年3—4月)

(1)根据上级的要求,对过程性资料进行整理,并按要求进行装订。

(2)对各类成果性资料包括教师反思、教学案例进行分类编辑成册。

(3)课题研究的结果如何,最终要将其研究成果以论文和研究报告的形式呈现出来,课题组主要负责人韩云同志承担撰写课题研究报告的任务,课题组其他成员积极撰写与课题相关的教学论文。

四、课题研究的结果与分析

(一)学生学业水平的变化

在课题研究实施中,微课的制作、中学生物交流平台和问卷星的使用让学生的问题解决能力得到了加强,预期的目标基本得到了实现(具体研究成果见附录)。

在七年级的两个平行班中进行对照实验,比较了两个学期(即初中多媒体信息技术与生物教学整合一学期实验研究前后的两个学期)期中和第二学期的生物成绩的变化情况(见表1):

表1　实验班和对照班第一学期期中、第二学期期中成绩的均分

班级	第一学期期中	第二学期期中
	均分	均分
实验班	72.44	76.46
对照班	72.57	75.04
比较值	−0.13	+1.42

在第一个学期的期中,实验班的平均分比对照班的平均分低了0.13分,到了第二学期,进行了为期1个学期的信息技术与生物课堂教学的融合实践活动的实验班,期中考试的平均分比对照班(即传统教学方式的班级)高出1.42分(见表2)。

表2　实验班第一学期期中、第二学期期中成绩的分数段分析

分数段	第一学期期中		第二学期期中	
	人数	百分比	人数	百分比
40分以下	17	37.80%	1	1.22%
41~49分	6	13.41%	6	14.63%
50~59分	8	18.29%	9	20.73%
60~69分	11	24.39%	14	30.49%
70分以上	3	6.10%	15	32.93%

经过了一个学年的努力实践,60~69分的学生人数由11人上升到14人,70分以上的学生由仅有的3人上升到了15人,高分的学生明显增多。而40分以下的学生由17人降低到仅剩1人,由第一学期的37.80%降至第二学期的1.22%,少了36.58%。

(二)学生的解决问题的能力增强了

在教育教学活动中,教师尊重学生个体差异,对不同性格、不同认知水平、不同发育特点的学生在目标呈现方式上采用了多种信息技术手段,利用多媒体搜集图片、视频等资料进行学习情境的创设,例如:在讲授《动物在生物圈中的作用》时,先播放一组利用网络资源搜集的多姿多彩的动物画面,引发学生思考:如果地球上没有了动物,我们的世界将会变成怎样?随后播放截取自"朗读者"栏目中的《寂静的春天》一书中的一段朗读视频资料,让学生认识到保护动物的重要性,激

发了学生的学习兴趣。

学习内容借助各种多媒体信息技术手段得以呈现,信息技术辅助生物教学的实践过程包含了从科学探究到实验设计以至于模拟一些不容易直接操作的实验等各个环节。如在讲授《探究酵母菌的发酵现象》一节时,由于实验器材的改变,学生对其不熟悉,为确保实验操作的准确,利用网络信息找到适合本节实验课内容的图片,在利用希沃电子白板的拖动功能组装仪器,演示实验流程,将抽象的知识直观化,激发学生学习兴趣和学习欲望,极大地提高了实验效率,突破了本节课的重难点。学生通过分组实验,观察记录实验现象和实验数据,利用电子表格的绘图功能将实验数据表示在坐标系内,使实验结果形象、直观,便于学生得出结论。

又如"绿叶在光下制造淀粉"的实验,将实验材料天竺葵放在黑暗处一昼夜进行暗处理,并进行遮光照射。这两个步骤所需时间较长,不能让学生在一节课内看到完整的实验过程。为了解决这一难题,利用信息技术通过动画方式模拟实验过程:暗处理→遮光照射→摘叶去纸→隔水加热,酒精脱色→清水漂洗→滴加碘液→清水漂洗→观察,使实验过程和结果直观地呈现在学生面前,从而使学生更加深入而具体地了解实验内容。

(三)学生学习的自主性增强了

现代教育理论认为,教师与学生都应该参与教育活动,教师的教学活动和学生的学习活动在时间上是同步的,随时在相互发挥作用。计算机在辅助教学过程中发挥的作用是不可否认的,其教学效果显著。因此,可以说,信息技术辅助教学对于强化教育教学活动过程是非常有意义的。

"中学生物交流平台"的搭建满足了不同认知水平的学生进行自主学习的需要,它不受时间、空间限制在家里借助网络设备可以随时进入自主学习,学生在自学中产生的问题,可以在平台上与教师进行沟通与交流,接受新知识比较慢的学生可以重复多次观看平台上传的学习资料,以达到面向每一位学生,实现自主学习的目的。"中学生物交流平台"也是为教师和学生搭设了一个相互学习、相互交流和展示的平台,教师可以把自己在教学过程中积累和总结的优秀的教学课件、教学案例、教学微视频等教育教学资源进行平台共享,学生可以将自己设计制作的生物模型和主动参与实验探究的视频资料上传到平台进行分享,在很大程度上激发了学生参与实践活动的热情。

(四)激发了学生的创新潜能

那么我们就需要把初中生物教学与多媒体信息技术相互融合，这种融合，有助于促进激发学生对问题发现、理解以及解决的思维活动，深入理解问题，对思维过程进行优化，对问题本质进行认识，搭建知识间联系的桥梁，对知识同化迁移大大提高效率，然后学生自己产生新的发现。如：讲授《探究酵母菌的发酵现象》一节前，教师安排学生在家长帮助下利用酵母菌制作馒头，利用手机的录像和拍照功能，记录制作过程，课上进行交流展示，引发学生思考：发面与哪些因素有关？创设问题情境，导入新课，使学生初步感知发酵现象。课堂中，学生能够主动发表自己对问题的看法，有助于促进激发学生创新的意识和能力。

信息技术推动课堂教学变革。该研究较好地完成了微信平台的创立、教学实践与理论材料的积累，对现实问题有着较为精准的把握，具有较强的可行性和操作性，还有待在进一步研究中深入分析和阐释信息技术与学科整合的关系，针对学生学业水平、解决问题能力等问题，形成课堂评价方案，进而通过行动研究优化评价方案和相关策略。

研究成果(见表 3)：

表 3　相关研究成果

序号	论文/案例	发表/获奖	时间
1	论文：《注重实验探究 提升学生核心素养》	市级三等奖	2018 年 3 月
2	教学案例：《病毒》(见附录 2)	国家级二等奖	2018 年 12 月
3	教学案例：《人类与传染病的斗争》	区级一等奖	2018 年 12 月
4	教学案例：《探究酵母菌的发酵现象》	区级一等奖	2019 年 4 月
5	教学案例：《神经系统的组成》	市级一等奖	2019 年 7 月
6	教学案例：《探究酵母菌的发酵现象》	市级一等奖	2019 年 7 月
7	教学案例：《探究酵母菌的发酵现象》	市级三等奖	2019 年 9 月
8	论文：《妙手回春——手模型在初中生物教学中的运用》	市级教育教学成果	2019 年 9 月
9	论文：《信息技术与初中生物教学整合的研究》(见附录 1)	国发:《未来教育家》	2019 年第 12 期
10	教学案例：《动物在生物圈中的作用》	区级三等奖	2019 年 12 月
11	教学案例：《动物与人类的关系》	区级一等奖	2019 年 12 月

参考文献

[1]杜江. 现代信息技术:搭建初中生物教学新模式的桥梁[J].中国校外教育,2017(05):163+166.

[2]宋万章. 信息技术在初中生物教学中的应用[J]. 西部素质教育,2019(07):138.

[3]徐会玲. 浅谈信息技术在中学生物教学中的应用[J].电子制作,2016(12):67.

[4]郝二记. 多媒体与初中生物教学的整合[J]. 读写算:教育导刊,2012(10):137.

[5]陆伟. 信息技术与生物课程教学整合的研究[D].大连:辽宁师范大学,2005.

[6]魏志华. 刍议信息技术与课程整合的教学模式与策略[J]. 中国科教创新导刊,2013(11):174.

[7]陈旭斌. 教学中"信息技术"的应用[J]. 小学科学:教师,2014(05):44.

[8]王晓莉. 信息技术与高中生物课程整合效果的研究[D].长春:东北师范大学,2008.

[9]陈凤燕. "翻转课堂":信息技术与教育的深度融合[J]. 教育评论,2014(06):127–129.

[10]梁秀莲. 现代信息技术与生物教学整合的几点体会[J].理化生教学与研究,2013(77):135.

附录 1

信息技术与初中生物教学整合的研究

天津市静海区实验中学　韩云

摘　要：在当今的信息化时代，每一位生物教师，无论是教学理念、教学行为还是教学方式，在教学实施过程中都应该主动、积极地探索信息技术与生物课程整合的方法与案例，并运用于教学实践上，以期达到提高生物课堂教学的效率，培养生物科学素养的效果。本文结合初中生物教学的具体特点，提出了信息技术与初中生物教学整合呈现方式、学生学习方法、师生交流具体方法等各个方面起到积极作用的结论。

关键词：信息技术；初中生物；整合

初中生物课程，为了更好地适应信息化这个时代的快速发展，也在不断进行改革着，我们不仅要继承我国现行生物科学优势，还需要关注学生的发展以及社会的需求。这也正是课标所提出的学科核心素养的要求。作为教师本人，本人的教学理念、教学行为以及教授方式等都要跟得上时代的发展，不能一成不变。这也是新课标对一个现代公民基本素养的基本要求。在学科课程学习中对学生进行信息素养的培养。课标中特别提出了学生对信息的获取、判断和处理等能力，要让学生可以学会应用多媒体和其他电子设备等以获取多种信息资源。

一、初中生物教学的特点

生物界是个多彩的世界，各种生命的奥秘更是耐人寻味，使得生物学与人们的一切活动都密切相关，作为一名生物教师，在教学中要注重设置贴近学生生活实际的教学情境，使生物学知识的取得源于生活而高于生活，以期激发学生学习的参与热情，调动起学习的主动性。再者，生物学，是研讨生命现象、观测和总结生物生命活动规律的一门科学，其实践性很强，要进行一定数量的科学试验。

二、信息技术与初中生物教学整合的内涵

将多媒体信息技术有效融入生物学教学过程,充分发挥学生的能动意识和创新性,使传统的以教师为中心的教学结构得到根本性的改革,使学生具有创新精神和实践能力,真正得以落实培养。

通过这种融合方式营造出来的生物课堂,学生们的学习热情和参与热情都非常高涨,发挥了教师的主导作用,从学生自身发展的需求角度和事物规律发展的角度出发,以创新为导向的学习方式。

三、信息技术与初中生物学课程整合的优势

现在的生物课堂上,教师们大多采用信息技术多媒体,直观性和教学效果也是很明显的。课前微课的制作、微信订阅号的使用、问卷星的反馈、课堂上视频和动画课件的使用,产生的效果区别于传统的教学方法,有了较大的进步。学生学习生物的热情和信息素养在很大程度上都得到了改善和提升。学生学习的自主性增强了,也同时挖掘了学生的创新潜能。

(一)使复杂的生命活动形象具体

作为生物体,随时随地都在进行新陈代谢,生物体的体内时刻都在进行着多种生命活动,这是初中生物学的重要特点之一。比如动植物体的受精过程,比如被子植物的生长发育情况,还有一些高等动物的个体发育等生命活动。这种动态的生物发展史,在传统教学中,多以语言和挂插图来进行处理。挂图也仅仅是将复杂的生命活动分解成静态的图片而已。这种授课方式,学生学得很辛苦,老师讲的也费解,学生多无法理解和接受,直接阻碍了学生自主学习习惯的培养和科学探究能力的培养。

信息技术的应用使复杂的生命活动形象具体。在讲授八年级上册《人类对细菌和真菌的利用》一节的"发酵现象"实验时,在课前利用录屏软件制作微课《发酵现象》,通过微信公众平台推送微课,让学生通过手机扫描二维码进入平台观看视频,有利于学生进行自主学习;同时利用问卷星发送调查问卷,完成网上答题,以了解学情,有助于组织教学。借助手机的录像、拍照功能记录学生在家长帮助下利用酵母菌发面制作馒头的过程,初步感知发酵现象。结合生活体验和微视频,各组

根据自己提出的问题,开始组织实验,由于学生对改进后的实验器材不熟悉,为确保实验操作的准确,利用网络信息找到适合本节课内容的图片,再利用电子白板的拖动功能组装仪器,演示实验流程,将抽象的知识直观化、激发学生学习兴趣和学习欲望,极大地提高了实验效率,突破了本节课的重难点。

(二)促进学生学习方式的变革

学生的学习是一个认识事物的过程,需要符合学生心理发展规律,还要接受认识论的指导。传统教学方法,是将整体分割,使内容碎片化,这样导致学生曲解概念,了解停留在外表,得不到深化,漠视了学生的独立人格。

依据课标的要求,根据各个章节教材内容,充分利用庞大的网络教研平台、基础教育资源平台、学科网等的教学资源,并对其进行整合,使教学环节的设计符合学生的认知规律,按照教材章节的安排编写课时课程纲要,制作符合课时内容要求和学生学习需要的多媒体教学课件,利用信息网络技术借助庞大的网络资源搜集到满足教学需求的图文、视频资源,并将其上传到申请的微信公众号"中学生物交流平台"中,供学生进行网络自主学习。"中学生物交流平台"是专门为满足不同认知水平的学生进行自主学习而建立的一个学习平台,它不受时间、空间限制在家里借助网络设备可以随时进入自主学习,接受新知识比较慢的学生可以重复多次观看平台上传的学习资料,以达到面向每一位学生,实现自主学习的目的。"中学生物交流平台"也是为教师和学生搭设了一个相互学习、相互交流和展示的平台,教师可以把自己在教学过程中积累和总结的教学资源进行平台共享,学生可以将自己设计制作的生物模型和主动参与实验探究的视频资料上传到平台进行分享,在很大程度上激发了学生参与实践活动的热情。

(三)拓展师生互动方式

信息技术在课堂上的使用,形成了教师与学生、学生与学生之间的互动平等、合作交流的关系。能够让学生的一些不能轻易公开表达的内容,可以无障碍地与教师和同学进行交流和沟通。比如七年级下册《人的生殖》一节中关于男性和女性生殖器官的内容和《青春期》一节中关于青春期性教育的教学内容,这个比较隐晦的话题,往往都是老师在课堂是一讲而过,或让学生自己看。这种情况下,可以利用信息技术,先将男生和女生按照性别进行分组,然后让他们各自在计算机上按照老师的指导,分组进行搜集所需要的信息。对于那些难于启齿的问题,可以让教师与学生间通过计算机进行相互交流,既化解尴尬,又让学生受益匪浅。信息技术不仅可以化解尴尬,而且对于教师布置的课外实践活动也能起到很好的交流展示功能。例如,在讲授八年级上册《人类对细菌和真菌的利用》一节的"发酵现象"实验后,利用网络资源,搜集有关"制作米酒"的方法步骤,组织学生问题探究,分析其中的科学道理,激发学生兴趣,鼓励学生动手实践。学生通过微信群发送自己的实践成果,同学之间互相点评,老师进行积极评价,极大地调动了学生参与实践的积极性。这种整合,突破了一直以来初中生物教师不容易处理的问题。

四、信息技术与初中生物教学整合注意事项

(一)不能过度依赖信息技术支持

生物学是一门实验科学,很多生物学知识概念的建构需要学生在实验中亲自动手操作来完成。虽然多媒体能够模拟现实中难以完成的实验,但不能估测实验过程中偶然发生的一些实际问题,很难让学生体会到科学探究的过程,也很难使学生们感受到动手实践过程中思维的碰撞和实验成功带来的快乐。在课堂上,生物教师如果单纯地依赖计算机进行模拟实验,不组织学生设计实验,不让学生进行动手实践操作,这样肯定会对学生动手能力和科学探究能力的培养非常不利。把更多时间放在动画模拟和软件验证功能的运用,过于依赖信息技术的展示功能,电子屏替代了黑板,电子文档替代教师板书,以模拟游戏替代了学生可以用简单的手工就能完成的实验、以多媒体模拟操作代替实际动手操作,原本生动活跃的生物课堂变成了多媒体设备的播放室,得不偿失。

(二)根据教学内容来进行合理整合,不能忽略传统授课方式,不能为了整合而整合

虽然信息技术具备其他任何一种设备无法代替的功能,但是我们还是要清楚,在生物学教学过程中传统教学也有它不可替代的作用。因此,尽管现代信息技术可以提供声音、立体动画等效果,在很大程度上确实是给了学生一定程度的视觉和听觉上的冲击,但在教学中的整合运用,应该根据教学内容来确定。如果传统教学手段就能很好地解决教学的难点和重点,就没有必要去特意准备多媒体。根据教学内容来进行合理整合,不能忽略传统授课方式,不能为了整合而整合。

五、结语

学生是教育的主体,也是教学过程的终端,是有主观能动性的主体,学生不能被动消极地接受应试教育。运用信息技术与初中生物课程的融合,不断体现了当前教师的教学手段以及教学方法的变革和进步,能让学生亲自参与到生物学知识的探索、研究中去,不仅锻炼了思维能力,而且也开发了学生的智慧潜能,提高了创新能力。

在生物课堂上整合信息技术时间,教师对问题的答疑是随时随地的,学生根据自己的认知水平不断地将学习情况反馈给教师,教师会随时随地对教学过程的实施进行改善,使课堂教学更加高效。在信息技术环境支持下的学习全过程中,师生之间真正实现多方面多角度的交流与互动,并对学习过程进行实时调控的过程。使培养创新精神的目标真正落到实处。正因为如此,大力提倡将信息技术融入初中生物教学中,已经成为目前教育变革的趋势。

参考文献

[1]杜江. 现代信息技术:搭建初中生物教学新模式的桥梁[J]. 中国校外教育,2017(05):163-166.

[2]宋万章. 信息技术在初中生物教学中的应用[J]. 西部素质教育,2019(7):138.

[3]徐会玲. 浅谈信息技术在中学生物教学中的应用[J]. 电子制作,2016(12):67.

附录2

《病毒》教学案例

一、基本信息

学校	天津市静海区陈官屯镇王官屯中学		
课名	《病毒》	教师姓名	王玉梅
学科(版本)	人教版	章节	第五章
学时	1课时	年级	八年级

二、教学目标

1.通过比较认识病毒的生活和繁殖;理解生物体结构与功能相统一的观点

2.说出病毒的种类结构特,分析资料了解病毒与人类的关系

3.情感态度与价值观目标

(1)关注病毒与生物圈中其他生物的关系,特别是与人类的关系

(2)认同病毒对人类的利害,树立辩证的观点

三、学习者分析

八年级学生对自然科学有浓厚的兴趣,形象思维发达而逻辑思维欠缺,在教学中多采取观察思考、材料分析从而达到教学目标,并通过讨论探究,发展学生的逻辑思维能力

四、教学重难点分析及解决措施

重点:1.通过创设情境和基于交互式白板的自主探究方式认识病毒的主要特征

2.通过自主查阅资料和小组讨论探究病毒与人类的关系

难点:想象绘画噬菌体侵入大肠杆菌的过程并通过传屏技术交流学习病毒结构特征与繁殖特点

五、教学设计

教学环节	环节目标	教学内容	学生活动	媒体作用及分析
情境导入	设疑激趣,引出课题	观看流感病毒新闻	观看,思考	图片展示
病毒的发展史	让学生体会科学探究的过程中,能说出病毒的发现与电子显微镜的发明分不开	1.请学生结合课下搜集的资料,利用老师在白板上事先准备好的图片展示病毒发现过程 2.教师动画演示细菌过滤器的原理	自学知识,板演发现过程	利用电子白板图片拖拽和动画功能,展示病毒的发现过程,方便快捷,清晰明了

教学环节	环节目标	教学内容	学生活动	媒体作用及分析
病毒的种类	通过数据展示，了解、归纳病毒的大小。通过寄主的不同学会给病毒分类	1.通过数据资料展示，引导学生发现病毒极小 2.展示各种病毒的图片，请学生观察 3.通过微信聊天记录的方式展示资料，请学生总结寄主细胞的种类。利用遮罩，拖拽图片，填好不完整表格，使学生探索到病毒的分类 4.学生做小游戏，加深印象	学生观察数字，比较出病毒的直径最小 学生总结出病毒形态各异，多种多样 学生根据病毒宿主细胞的名字，猜选病毒类型和代表病毒 白板做游戏	利用同色隐藏功能，请"熊大" 告诉我们这些病毒的名称，增加趣味性，提高学生学习的积极性 利用表格白板的图片拖拽和遮罩功能使学生认识到病毒极小和病毒的分类 通过小游戏，激发学习兴趣，加深对知识的印象
病毒的结构和繁殖	理解病毒的生活方式以及必备条件	1.展示老师加工过的病毒结构图片，请学生观察颜色辨结构 2.回忆学过的植物细胞和动物细胞结构，与病毒的结构比较，引导学生说出病毒没有细胞结构 3.教师提出思考题，学生想象绘画，思考 (1)病毒的生活方式是什么 (2)病毒繁殖时依靠的遗传信息来源于哪里 (3)制造新病毒的物质来源于哪里	学生分辨出病毒结构是两种颜色，两种结构组成加深对病毒结构的认识 学生通过教师引导，说出病毒没有细胞结构 大胆想象噬菌体侵入大肠杆菌细胞过程，思考回答问题	利用擦涂功能，展示病毒的结构 利用手机将学生作品上传到白板上，使学生能够快速全面的浏览其他学生的想法，互相学习 动画展示噬菌体侵入大肠杆菌细胞过程

教学环节	环节目标	教学内容	学生活动	媒体作用及分析
		(4)病毒离开了活细胞形成什么结构 4.小结,总结以上重点知识点		
病毒与人类的关系	理解病毒与人类的利害关系	通过查阅资料,自己整理并讨论病毒的与人类的利害关系	自己查阅整理资料并小组讨论	
总结收获	引导学生辨证地看待病毒以及其他事物	引导学生总结收获	学生自己总结收获	请学生课下看微信公众号里的课外学习内容
课堂反馈	检验学习效果并布置作业	1.教师利用抢红包答题的方式,进行课堂反馈 2.作业:做一张以病毒为主题,A4纸大小的手抄报	到讲台抢红包答题	利用白板设置抢红包答题,激发学生学习的积极性

六、教学流程图

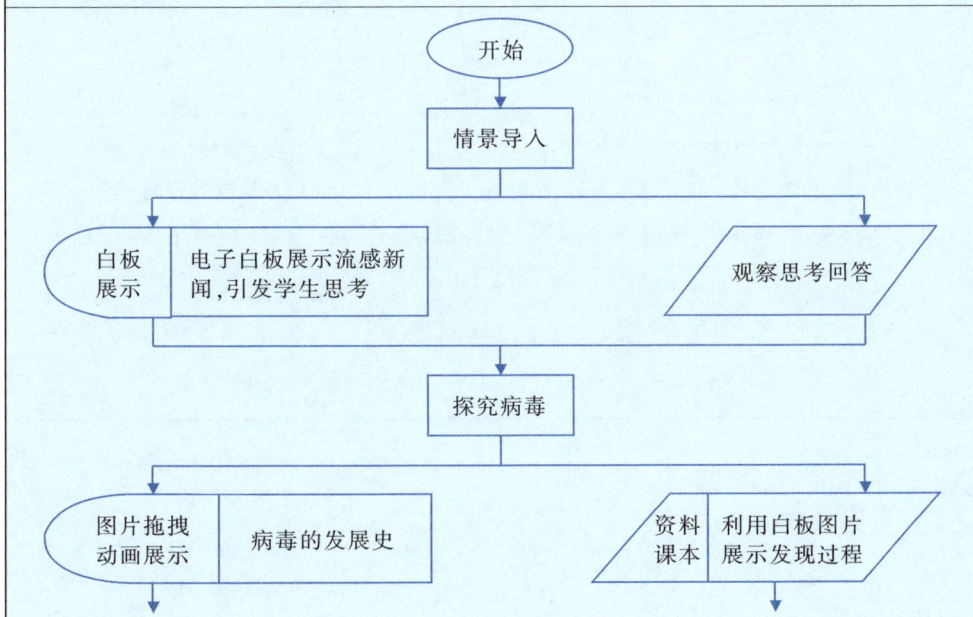

```
                      ┌──────┐
                      │ 开始 │
                      └───┬──┘
                          │
                   ┌──────┴──────┐
                   │  情景导入   │
                   └──────┬──────┘
            ┌─────────────┼─────────────────────┐
            ▼             │                      ▼
    ┌────┐┌──────────────────┐          ┌──────────────────┐
    │白板││电子白板展示流感新 │          │  观察思考回答    │
    │展示││闻,引发学生思考   │          └──────────────────┘
    └────┘└──────────────────┘
            │
            └─────────────┬──────────────────────┐
                   ┌──────┴──────┐
                   │  探究病毒   │
                   └──────┬──────┘
            ┌─────────────┼──────────────────────┐
            ▼             │                      ▼
  ┌──────┐┌──────────────────┐        ┌────┐┌──────────────┐
  │图片拖拽││  病毒的发展史   │        │资料││利用白板图片  │
  │动画展示│└──────────────────┘       │课本││展示发现过程  │
  └──────┘                            └────┘└──────────────┘
     │                                    │
     ▼                                    ▼
```

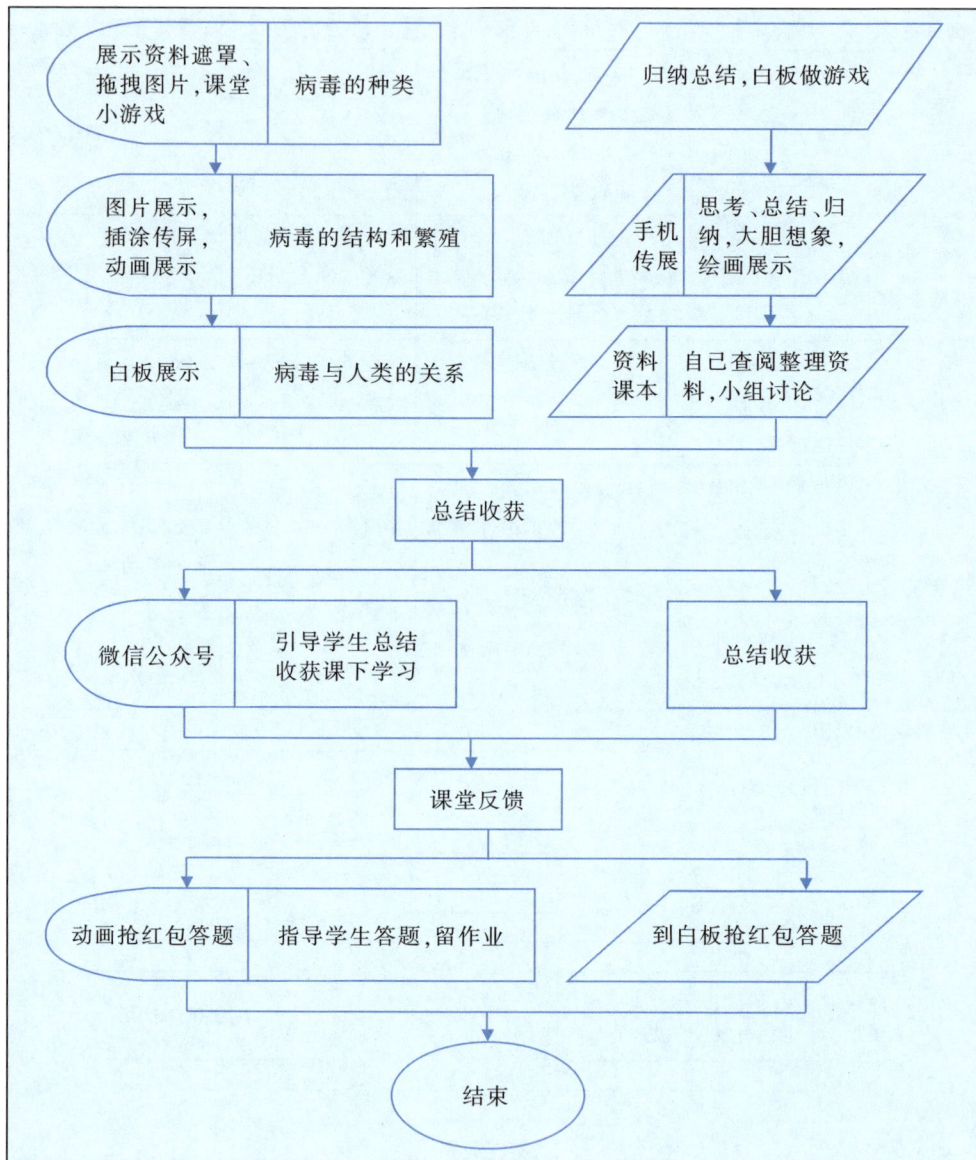

展示资料遮罩、拖拽图片,课堂小游戏	病毒的种类		归纳总结,白板做游戏
图片展示,插涂传屏,动画展示	病毒的结构和繁殖	手机传展	思考、总结、归纳,大胆想象,绘画展示
白板展示	病毒与人类的关系	资料课本	自己查阅整理资料,小组讨论

总结收获

| 微信公众号 | 引导学生总结收获课下学习 | 总结收获 |

课堂反馈

| 动画抢红包答题 | 指导学生答题,留作业 | 到白板抢红包答题 |

结束

专题 **3**

微视频在初中生物学教学中提高学生学科素养的实践研究

天津市杨柳青第二中学　董淼

摘　要: 微视频具有短、小、精、制作简便、内容精炼、具有时效性及针对性等特点。微视频教学已经成为辅助教学和学习的一种常见形式。教师在课堂插入的微视频,主要原则为教育性,同还要符合学生认知发展规律,遵循教学规律,根据课堂具体内容实际要求进行教学设计,要起到画龙点睛的教学效果。在具体教学应用时,教师根据实际的授课内容,设计微视频,把握教学重点。在今后的教育教学活动中,希望微视频能以更多的形式应用于教学。

关键词: 微视频　初中生物　学科核心素养

一、研究背景

(一)教育发展与课程改革的需要

"核心素养"这个概念最早起源于英国。1979 年,英国继续教育联盟为增加国民生活幸福感提出了 11 项公民经验和素养。后来随着社会发展的需要,核心素养

逐渐纳入教育领域，也受到很多国家的关注和重视。关于核心素养的国外研究集中在体系建构、培养方案、教育实施和质量评价等多个方面。如欧盟国家将核心素养融入现有的学科课程甚至有些国家将其作为一门独立的学科课程，核心素养的思想贯穿于整个课程体系，而英国将核心素养作为《国家课程》的重要组成部分，并通过英国立法。明确核心素养评价标准，以检测学业质量。

2013年5月，启动生核心素养总体框架研究项目，展开核心素养的研究。生物学课程的总目标就是提高每个学生的生物核心素养。以"生物核心素养"为关键词在CNKI中检索，共检索出相关文献、期刊、博硕论文、会议、报纸等共计784篇。主要集中在对生物核心素养培养方法和策略的研究。

2014年教育部提出"构建各学段学生发展核心素养体系，以及研究制订中小学各学科学业质量标准"的新任务，并在《关于全面深化课程改革落实立德树人根本任务的意见》中印发，这是在我国第一次提出"核心素养体系"的概念。

(二)生物学教学及学生发展的需要

生物学是一门自然科学课程，并以实验为基础的。因此，初中教学中的生物实验，不仅仅是教学手段，而且培养学生生物学核心素养的途径。在人教版初中生物教材中，实验所占的比例大幅度提高，但是有些实验的效果不尽如人意，这与实验设计操作性、取材不易等因素有关。因此为了让学生可以高效且直观地感受到生物实验的效果，国内出现了以微视频等虚拟形式对初中生物实验进行讲授与探索。同时可以通过微视频进行课程导入，这个微视频可以让同学们自己制作自己演出，更具有教育意义。

(三)提升学生有效学习的需要

根据我国构建人类命运共同体的核心价值体系，信息技术成为生物课不可缺少的一部分，因为通过信息技术可以让学生直观地感受到生物实验的进程，体会生物科学的奥秘，把微观的变成宏观的，把抽象的变成直观的。所以微视频对于促进学生的有效学习是不可缺少的。

二、核心概念的界定

(一)核心素养

北京师范大学林崇德教授将"核心素养"的概念界定为："核心素养是学生在接受相应学段的教育过程中,逐步形成的适应个人终身发展和社会发展需要的必备品格与关键能力"。综合表现为人文底蕴、科学精神、学会学习、健康生活、责任担当、实践创新等 6 大素养。生物学学科核心素养,分为生命观念、科学探究、科学思维和社会责任 4 个维度。

(二)微视频及微视频教学

微视频具有短、小、精、制作简便、内容精炼、具有时效性及针对性等特点。随着现代技术发展越来越迅速,设备越来越先进,教学中使用微视频资源,也是教师的必修课。微视频教学成为教学和学习的一种常见形式。通过老师的微视频教学笔者深深感受到微视频教学的重要性。

微视频选取的教学内容一般要求主题突出、指向明确、相对完整。包括教案或学案、课堂教学时使用到的多媒体素材和课件、教师课后的教学反思、学生的反馈意见及学科专家的文字点评等相关教学资源,构成了一个主题鲜明、类型多样、结构紧凑的"主题单元资源包",营造了一个真实的"微教学资源环境"。这使得微视频资源具有视频教学案例的特征。

(三)初中生物实验教学

在初中阶段教学中,学生思维灵活、求知欲强,但因所学知识过多,生物学教学课时较少(每周 2~3 课时),在生物学课堂教学中无法做到每个实验都能让学生亲手实验,因此,在初中生物学教学中,用微视频进行教学成为教师的常用教学方式。通过微视频教学,培养学生生物学兴趣,可以使生物学知识面扩大、让学生热爱大自然、热爱生命的情感得以增强,学生的知情意行协调发展得以促进。使得传统生物学课程的不足得以弥补,使现代教学手段促进素质教育的实施,以便于进

行生物学科核心素养的培育。

三、理论依据

(一)国家教育方针政策及课程标准

我国《义务教育生物学课程标准(2011 年版)》中,课程具体目标中提出,提高生物科学素养。其中生物科学素养是指一个人参加社会生活、经济活动、生产实践和个人决策所需的生物科学概念和科学探究能力,包括理解科学、技术与社会的相互关系,理解科学的本质以及形成科学的态度和价值观。生物学课程的目标、内容和评价都旨在提高每个学生的生物科学素养。培养学生 4 种能力:观察能力、实验能力、思维能力和自学能力,这 4 种能力的提出,是生物学教育上的很大进步。从而又提出 4 个方面的要求:初步建立生物学的基本观点;培养实事求是的科学态度和不断探求新知识的精神;热爱大自然,认识保护自然资源、控制人口、保护环境的重要性;逐步形成正确的审美观、高尚的品德和情操。

(二)微视频教学原则

1.教育性原则

教师在课堂插入的微视频,主要原则为教育性,同时还要符合学生认知发展规律,遵循教学规律,根据课堂具体内容实际要求进行教学设计,要起到画龙点睛的教学效果。具体到初中生物学实验教学微视频的设计,就要依据《义务教育生物学课程标准》的要求,明确所选课题要达到的教学目标,分析教学内容进行科学设计,要符合初中生的心智特点,使教学视频尽可能富有趣味性。

2.微型性原则

所谓微视频,它的内容一定要短小精悍、简明扼要,把所要讲授的知识内容凝练在 3~5 分钟内。视频过长会使受教育者感到疲劳,兴奋程度下降;视频过短则会使受教育者无法掌握所学内容,从而影响正常的教学进度和受教育者接受信息的效果。

3.灵活性原则

微视频设计要能正确的传达学科知识,符合学生现有的知识水平和年龄阶段的接受能力,及我们所要讲授的课堂结构。微视频的形式可以是图文配乐,也可以是视频解说、动画等;教学类型大致可以分为3类:结构图解类、演示实验、知识讲授类。因此,微视频要符合教学设计,根据具体课堂灵活应用。

四、研究意义

(一)在学生核心素养培养中,养成必备的品格和提升关键的能力

在生物实验教学中,设计与实施微视频,并进行理论与实践相结合的教学,通过观看视频,制作视频,学生在科学精神、人文底蕴、学会学习、健康生活以及实践创新方面都将得到较好的发展,从而实现"生物学学科教学"向"生物学学科育人"的自然转化,同时也实现了学生综合素质的培养。

(二)使生物学科课堂教学实践环节的不足得以弥补

微视频教学是一个简化的、细分的教学,学习者比较易于掌握所学知识。基于微视频为基础的课堂,可以使学生在短时间内,简明高效地了解到所学知识,增加学生的直观感受;在观看视频的同时,给学生布置相应的思考题,可以锻炼学生的探究能力,培养其综合素质。通过这种形式的教学,可以弥补传统讲授型课堂的不足,为现代技术融入生物课堂教学积累经验和提供借鉴。

五、研究目标、内容和创新点

(一)研究目标

在初中生物课堂教学中,实验是必不可少的教学环节。在初中生物教学中,加

大对实验教学的关注,让学生主动动手进行生物学实验,学生在亲身体验的过程中,培养学生主动探索科学的意识,逐步提高学生的生物学学科核心素养。

(二)研究内容

对不利于实际操作、实验过程较为漫长、实验结果不易观察的实验,采取微视频的教学方式进行合理性的授课,借助现代教育技术突破实验教学的难点。以实验为基础是初中生物学的一个显著特点,培养学生动手能力,同时可以加强学生对知识的理解与记忆。

(三)研究创新点

在"核心素养"界定趋于成熟的现在,如何让核心素养贯穿生物课程始终是生物教师需要解决的一个重要的问题。以生物实验创新为依托,提高学生生物素养的研究较少。本研究主旨正在于此,将生物实验的微视频教学与生物核心素养紧密结合,提出系统的、可操作的实际案例及分析,使学生生物学科核心素养的发展得以促进。

六、研究思路、方法和实施步骤

(一)研究思路

本课题研究有目的、有计划严格按照"调查筛选—课题论证—制订方案—实践研究—交流总结—申请结题"的程序进行。先对中学生物实验的现状作全面了解,明确研究的实验创新的内容、方法和步骤;再组织本课题组教师学习课题研究的内容、任务和具体的操作研究步骤,及如何渗透生物学科素养。

(二)研究方法

本研究通过查阅相关图书、期刊文献、学术论文等,收集有关微视频教学、生物综合实践活动等相关资料,并进行整理、分析和总结,借鉴已有的研究成果,形成自己的研究思路。

(三)实施步骤

1.准备阶段(2019 年 12 月)

(1)确定课题研究方向,查阅和整理国内外相关研究资料,撰写课题立项申请和进行可行性分析。

(2)整理以往生物实验的视频资料,查阅相关书籍和文献,制作与课本实验相关的实验视频。

2.研究阶段(2020 年 1—12 月)

(1)根据前期的准备完成开题报告,组织课题组成员开题。

(2)确定本研究中需要使用的调查问卷,并根据研究的需要和实际情况做适当修改。

(3)初步编写微视频在初中生物实验教学的教学计划。

(4)在实验校八年级的平行班中选择一个班级进行微视频的实验教学。根据课时计划,对该班级进行视频实验教学。

(5)微视频教学前后,对杨柳青第二中学实施微视频班级的学生进行微视频教学对其学习的影响,对比前后测的变化情况,并对结果进行分析总结,撰写调查报告。

(6)活动实施结束后,随机抽取部分参与活动的教师和学生进行开放性访谈或者填写活动反馈表,及时整理原始材料,并进行分析总结,了解学生在核心素养方面的发展。

(7)撰写微视频在初中生物教学中的应用与提高学生学科素养的实践探究的论文与报告。

3.总结阶段(2021 年 1—3 月)

(1)指导学生共同完成课后探究习题。

(2)进一步完善初中生物实验的微视频的制作与使用计划。

(3)梳理研究过程,整理相关资料,根据研究结果,分析得出初步结论,撰写结题研究报告。

七、研究成果

(一)优化编辑微视频

从义务教育生物学课堂教学真实存在的问题出发,探讨借助微视频改善教学的可能性,编辑完成了3个初中生物实验所需要的微视频,并在具体课堂教学应用。优化视频中注意了以下几点。

(1)根据教学目标选择适合教学设计的微视频,其内容不仅强调生物实验教学的探究性,而且还要在学生学业评价中纳入对探究活动的评价。

(2)借助微视频解决生物课堂中真实存在的问题,以更好的服务于学科教学,更好地服务于学生,不是为技术而教学。

(3)微视频要遵循生物学教学规律,助推学生的实践活动,利于概念教学,无须滥用。

(二)微视频在教学中应用实例分析

1.微视频应用于教学的实例

(1)第三单元第二章第一节《种子的萌发》:课前导入,播放短视频《种子的力量》配乐诗朗诵,指导学生观看"世界上力气最大的是植物的种子,一粒种子可以显现出来的力,简直是超越一切。很多人都知道,人的头盖骨坚固无比,科学家们想尽一切办法想将它完整的分开来,都没有成功。有人发明了这样一个方法,在头盖骨围成的颅腔内满满的放上植物的种子,每天精心的为种子浇水。神奇的种子,拥有一股无法抗拒的力量,竟然把头盖骨完整的分开了。",观看视频后,进一步提出问题"种子如此神奇,它的结构是这样的?"从而引入主题。

通过创设情境短视频《神奇的种子》配乐诗朗诵,从学生已有的实践经历和经验出发,使学生愿意表达自己的想法,求知的欲望得以激发,促使学生思考种子是怎样萌发的?神奇的力量又源自与哪里?

结合教材探究"种子萌发的环境条件"中的几个因素。例如,许多作物是在春天播种的,而且在播种前,人们往往还要疏松土壤、适当浇水等。请你根据这些现象,推测种子萌发是否需要外界的环境条件。这些环境条件有哪些?进而引出本节的学习内容。

通过导入环节,学生可能会提出种子萌发的环境条件有:适宜的温度、一定的水分、充足的空气。此外,他们往往还会提出,种子萌发需要营养、阳光和土壤等。此时教师不要急于告诉学生,哪些是必需条件,哪些是不必需条件。而是,向同学们提问探究实验必备的 6 个步骤,同学们回答问题后,展示"种子萌发的环境条件"的微视频,提示同学们认真观看,根据视频内容,完成板书所展示的表格以及教材 89~91 页空白部分内容。通过观看视频,同学们得出结论:种子的萌发需要适宜的温度、一定的水分、充足的空气。

(2)第四单元第四章《输血与血型》:课前先提问"同学们知道自己的血型吗?你又知道你能给谁输血?谁能给你输血?"并通过小品《急诊室的故事》,引发学生思考,从而对输血和血型的知识产生浓厚的兴趣,吸引学生的注意力。

《急诊室的故事》人物:爸爸大明,二中小明,小明的奶奶,姚大夫。

视频内容:小明的爸爸大明连续工作到深夜,身体过度劳累,第二天一不小心睡过了头,眼看上班就要迟到了,于是开着车公司飞去。一不小心,出了车祸,流了好多血,大明被送到医院接受治疗。小明和他的奶奶慌慌张张赶到了医院,看望大明,可是,小明还小才 10 岁。小明的奶奶都 60 岁了。提问,视频中的谁能给大明输血呢?

通过学生自学教材内容,让学生由被动学习变为主动学习。培养学生自学和思考的能力,落实学习目标。根据 ABO 血型的鉴定原理,将抽象 ABO 血型的知识变为有趣的"图形配对"游戏,学生在充分进行自主探究、小组讨论的基础上,结合多媒体课件反馈学生的学习效果。学生通过组内竞争、组间竞争和展示活动,提高了学习主动性。让每个孩子都能发挥自己的才智,有成功的体会,营造一种积极向上的氛围。

无偿献血教育,是本节的一个重要的情感态度价值观目标。组织学生观看《献血献爱心》宣传片。通过对无偿献血宣传,让学生带着热情,带着思考走出教室,培养学生的珍爱生命的意识。组织"献血献爱心"的游戏,学生利用手中"血型卡",扮演献血者和授血者,学生角色扮演欢畅,演绎精彩的课堂,气氛进入高潮。通过这

些评价措施，最大限度地提高学生学习的积极性和主动性，使学生享受自主学习和合作学习的乐趣。通过梳理本节课学习的知识点，重现学习目标，促使学生自查本课应有的收获。

（3）录制《输血与血型》的微课，作为课后复习：本节微课的设计思路：课前先提问"同学们知道自己的血型吗？你又知道你能给谁输血？谁能给你输血？"通过一系列问题串，引发学生思考，从而对输血和血型的知识产生浓厚的兴趣，吸引学生的注意力。

通过阅读血型的发现史，使学生逐渐认可血型的存在。简单的内容通过学生自学，例如血量的内容，并计算人体的血量，使学生认识到必要时输血的必要性。同时培养学生自学和独立思考的能力，落实学习目标。

安全输血是本课的重点与难点。根据 ABO 血型的鉴定原理，将抽象 ABO 血型的知识变为有趣的"图形配对"游戏，把抽象的知识具体形象化，利于学生的理解与记忆。并结合"普米"的实用性，边讲解边操作，引导学生独立思考，逐步形成血型的概念及血型和输血的关系。

2.教学效果分析

整体来看，在讲授课程时，学生对播放的微视频存在强烈的好奇心，但认识比较模糊。在课堂教学中融入微视频的演示后，学生不仅对微视频产生浓厚的兴趣，愿意接受教师使用微视频进行教学；而且在教师使用微视频教学后，学生对所学知识掌握更加牢固。

（1）关于《种子的萌发》一课微视频对提高学科素养的作用的效果自评：在《种子的萌发》这节课中，笔者侧重利用实验结果引导同学自主分析种子萌发的环境条件有哪些，不同的环境条件下种子的萌发结果不同的原因。本节课前，让学生做好课前准备。上课时采取小组展示、组内讨论和公开交流的方式，各小组都能较好地分析实验中的问题，并总结实验结果，并得出结论。经过同学自己设计、独立完成实验、主动交流汇报后得出结论种子的萌发需要哪些条件。本课大多采用实验展示的方式帮助学生理解重难点知识，实验具有直观性，更易让学生理解本课的重难点。通过视频，激发学生的兴趣，课堂上学习气氛宽松，同学参与度高。视频在教学过程中起到的是抛砖引玉的作用。通过情景激发学生的学习兴趣，培养学生将理论知识应用到实际生活中的能力。

(2)关于《输血与血型》一课微视频对提高学科素养的作用：在教学中，要求学生在充分自主学习和小组讨论的基础上，找出问题，寻找答案。视频《急诊室的故事》，在本课教学中起到引发思考、激发兴趣的作用。在播完视频《急诊室的故事》之后，马上提问，人的血量是多少呢？失血多少就会危及生命呢？让学生带着问题阅读教材，有利于培养学生自主学习和独立思考的能力。设计了"献血献爱心"的小游戏，使学生有充分参与活动的时间与空间，能进行有效的合作，平等交流。并通过达标测试，使本节内容得到巩固延伸，将课上课下联系起来。

(3)关于微课《输血与血型》对提高学科素养的作用效果自评。初一的学生随着年龄的增长，阅读面的扩大，对本节课的教学内容或多或少有所了解，但缺乏系统性。在教学中，在充分利用学生的自身资源的基础上，让学生自主的提出问题、寻找答案。短短7分钟的微视频，本着"学生为主体，教师为主导"的原则，让学生主动探究知识。在思考中，寻求问题答案，找到规律，找到答案。每一环节都能紧扣知识点，有效落实知识目标。

八、研究成果的价值

(1)该研究在教育发展和课程改革的大背景下，依据学生需要和社会需求确定微视频在初中生物实验中的教学应用。研究过程中始终坚持以学生为主体，教师为主导，评价多元化。学生以自主学习、合作探究为主，在较为宽松的环境中思考与行动、发挥与创造。教师与学生一起学习、相互配合、共同进步与成长。

(2)将微视频融入初中生物学教学中，教师授课的时候以整体分析为主，注重培养学生的探究性学习能力，学生的思维能力和创造能力也得到很好的提高。教师把生物学中不易操作和不易观察到实验现象的实验，通过制作微视频的方式，向学生们进行演示。在直观性、趣味性和富有感染力的学习情景下，通过观察微视频中的实验操作、探究实验现象等整体化地学习生物学。

(3)生物学科作为与日常生活、自然生态及环境保护密切联系的学科，肩负着重大的社会责任。初中阶段正是由形象思维向抽象思维转变的时期，也是世界观、人生观、价值观形成的关键期，开展此研究，可以让更多的学生走出课堂，关

注生活,走进自然全面培养学生的科学素养和人文精神,促进学生健康和谐地全面发展。

九、结论与展望

本文课堂教学从真实存在的问题出发,探讨微视频是如何改善课堂教学的。在具体教学应用时,教师根据实际的授课内容,设计微视频。新课标强调的探究性是生物实验教学的一个特征。在教学过程中使用微视频,要重点把握:现代教育技术的应用是为了更好地服务于学科教学,更好地服务于学生,不是为技术而教学。微视频教学有其优势,也有其局限,根据实际教学需求和实践情况,恰当选择,无须滥用。

在今后的教育教学活动中,希望微视频不仅仅限于简单的视频制作,开发更多的形式,以更多的形式应用与教学,让学生通过多种微视频形式感悟生命的价值和奇妙,逐步形成生物学学科核心素养,为祖国培养出全面发展的现代化人才。

参考文献

[1]中华人民共和国教育部. 义务教育生物学课程标准(2011年版)[S]. 北京:北京师范大学出版社,2011.

[2]范俐. 中学生物教学情感态度观念目标的研究[D]. 福州:福建师范大学,2001.

[3]陈真. 微视频在高中生物学课堂教学中的应用[D]. 聊城:聊城大学,2015.

[4]张楠. 微视频在师范生教育技术技能训练中的应用探究[D]. 昆明:云南师范大学,2015.

[5]赵薪. 微视频发展浅析[J]. 艺术科学,2013(03):65-66.

[6]黎加厚. 微课的含义与发展[J]. 本期策划,2013(01):11-12.

[7]陈真. 微视频在高中生物学课堂教学中的应用[D]. 聊城:聊城大学,2015.

[8]姜勇,王海贤,吕洋. 核心素养背景下课堂教学现状与对策分析[J]. 教育实践与研究期刊,2018(30):4-8.

附录

《输血与血型》教学案例

一、教学目标

本节课是《生物学》七年级下册第四单元第四章《人体内物质的运输》的第四节。本节课是这一章的最后一节,学生在前面三节课的学习中,已经学习了血液、血管和心脏的知识。本节课是进一步让学生学习与输血、血型有关的知识,培养学生珍爱生命的情感,树立健康的成年公民应积极参加无偿献血的观念。依据课标的要求,结合新课改的理念和本课的基本内容,同时考虑到初一学生已有的认知和思维水平,本节课教学目标确定为:

(一)知识目标

(1)了解血型发现的过程。

(2)说出 ABO 血型的种类。

(3)知道人体的血量以及输血与血型的关系。

(二)能力目标

(1)通过"图形配对"模拟血型的鉴定,增强动手能力。

(2)通过"献血献爱心"的游戏,培养合作能力。

(三)情感态度与价值感目标

(1)认同我国的无偿献血制度。

(2)激发学生珍爱生命的情感。

二、学情分析

七年级的学生思维活跃且好动,他们有强烈的求知欲望。他们通过日常经验(生活中接触到的种子以及种子植物)对生物科学的学习已积累了一定的知识基础,可以开始尝试培养学生的自主学习能力和分析归纳能力,但是初二学生的自我管理调控能力还不够,学习过程中需要教师的正确引导和严格管理。七年级学生的思维方式还处于形象思维阶段,因此在教学中应注意运用图片、教具等形象

直观表现出来。

三、教学重难点分析及解决措施

(一)重点与难点

教学重点:

1.血型的发现过程

2.输血与血型、学量的关系

教学难点:对于表格的分析。

(二)解决措施

"学生为主体,教师为主导",让学生成为学习的主人,使学生能够主动探究知识,并能够得到一定的发展。笔者采用如下教学方法教法。

自主学习法:例如在播完小品《急诊室的故事》之后,马上提问,人的血量是多少呢?失血多少就会危及生命呢?让学生带着问题阅读教材,有利于培养学生自主学习和独立思考的能力。

《急诊室的故事》人物。爸爸大明,二中小明,小明的奶奶,姚大夫。

视频内容:小明的爸爸大明连续工作到深夜,身体过度劳累,第二天一不小心睡过了头,眼看上班就要迟到了,于是开着车向小公司飞去。一不小心,出了车祸,哎——流了好多血,大明被送到医院接受治疗。小明和他的奶奶慌慌张张赶到医院看望大明,可是,小明还小才 10 岁。小明的奶奶都 60 岁了。提问,视频中的谁能给大明输血呢?

合作学习法:例如在组织"献血献爱心"的游戏时,利用"血型卡"小组内互相提问,谁能给我输血?我能给谁输血?然后全班都互动起来,充分给学生空间和舞台,展现他们的精彩。

四、教学准备

(1)在亲友中调查义务献血情况,收集献血亲友的义务献血证。

(2)以小组为单位,利用周末时间到采血点采访,事先由组长分配任务,拟订采访稿,将采访过程以照片或影像的形式记录下来,课上向全班同学汇报。

(3)教师提前购买"抗 A 抗 B 血型定型试剂"、酒精、棉签。

五、教学设计

(一)创设情景,导入新课

课前先提问"同学们知道自己的血型吗?你又知道你能给谁输血?谁能给你输血?"并通过小品《急诊室的故事》,引发学生思考,从而对输血和血型的知识产生浓厚的兴趣,吸引学生的注意力。

目的在于制造悬念,激发学生的好奇心,将学生的注意力很快吸引到教学活动中来。

(二)自主学习,构建新知

延续《急诊室的故事》,通过学生自学教材内容,让学生由被动学习变为主动学习。好心的路人问大明的血型是什么?那么人类从一开始就知道血型的存在吗?

(三)合作探究,成果展示

输血技术的探索

资料一:1667 年,法国医生丹尼斯用羊血输给一个患病青年获得意外成功。但 1668 年当他为另外一个病人输血时病人死亡。

资料二:1829 年,英国医生布伦德尔,第一次完成了人与人之间的输血试验。但以后的试验结果还是令人失望,大多数病人死亡,只有少数病人得到康复。

资料三:1900 年,奥地利医生兰德斯坦纳搞清了 ABO 血型的秘密。这一技术在二战中挽救了无数伤者的生命。

教师提问:那么兰德斯坦纳是怎发现血型的呢?

根据《急诊室的故事》给大明输血之前首先要做什么呢?那么怎么鉴定血型呢?

通过学生自学教材内容,让学生由被动学习变为主动学习。培养学生自学和思考的能力,落实学习目标。根据 ABO 血型的鉴定原理,将抽象 ABO 血型的知识变为有趣的"图形配对"游戏,学生在充分进行自主探究、小组讨论的基础上,结合多媒体课件反馈学生的学习效果。通过组内竞争和组间竞争,和学生展示,提高学习主动性。让每个孩子都找到自己的定位,都有胜利的经验和成功的体会,营造一种积极向上的氛围。

根据 ABO 血型的鉴定原理,将抽象 ABO 血型的知识变为有趣的"图形配对"游戏。让学生明白输血与血型的关系。

学生在充分进行自主探究、小组讨论的基础上,结合多媒体课件反馈学生的学习效果,完成学习目标3。通过组内竞争、组间竞争和学生展示,提高学习主动性。让每个孩子都找到自己的定位,都有胜利的经验和成功的体会,营造一种积极向上的氛围。

(四)拓展延伸,关注社会

根据《急诊室的故事》,教师继续提问:小明10岁,奶奶60岁,好心路人35岁,谁可以献血呢?

1.无偿献血制度倡导多少岁的健康公民自愿献血

18~55岁。

2.健康成年人每次献血多少不会影响健康

200~300mL。

3.奶奶说献血会影响自身的健康,会吗

菲律宾前总统拉莫斯于1997年3月第41次无偿献血,以此作为69岁的生日纪念,他常说:"献血使自己更显年轻。"

组织学生观看《献血献爱心》宣传片。通过对无偿献血宣传,让学生带着热情,带着思考走出教室,培养学生的珍爱生命的意识。组织"献血献爱心"的游戏,学生利用手中"血型卡",扮演献血者和授血者,学生角色扮演欢畅,演绎精彩的课堂,气氛进入高潮。通过这些评价措施,最大限度地提高学生学习的积极性和主动性,使学生享受自主学习和合作学习的乐趣。统梳理本节课学习的知识点。重现学习目标,促使学生自查本课应有的收获。

通过这些评价措施,最大限度地提高学生学习的积极性和主动性,使学生享受自主学习和合作学习的乐趣。

(五)课堂小结,巩固提高

学生独立完成出示答案,同桌互换、互批小组记分,当堂反馈。通过达标测试,使本节内容得到巩固延伸,及时反馈学生的掌握情况。有针对性地解决共性问题和个性问题。

1.大明一次失血为多少才能引发生命危险(   )

A.1200~1500mL   B.800~1000mL

C.600~700mL   D.400~500mL

2.大明是 A 型血,受伤失血需输血,应输何种血型的血为原则(　　)

A.A 型血　　　　　　　　　　B.B 型血

C.AB 型血　　　　　　　　　　D.O 型血

3.小明是 B 型血,如果把血输给大明,会出现(　　)

A.红细胞破裂　　　　　　　　B.血细胞凝集

C.血液凝固　　　　　　　　　D.红细胞凝集

4.我国提倡多大年龄的人可以无偿献血(　　)

A.22~45 周岁　　　　　　　　B.18~45 周岁

C.18~55 周岁　　　　　　　　D.22~55 周岁

4.给严重贫血者输血,既有效又经济的方式是(　　)

A.全血　　　　　　　　　　　B.浓缩的红细胞悬液

C.血浆　　　　　　　　　　　D.浓缩的血小板悬液

无偿献血,我们应该这样做……

系统梳理本节课学习的知识点。重现学习目标,促使学生自查本课应有的收获。

六、板书提纲(见图 1)

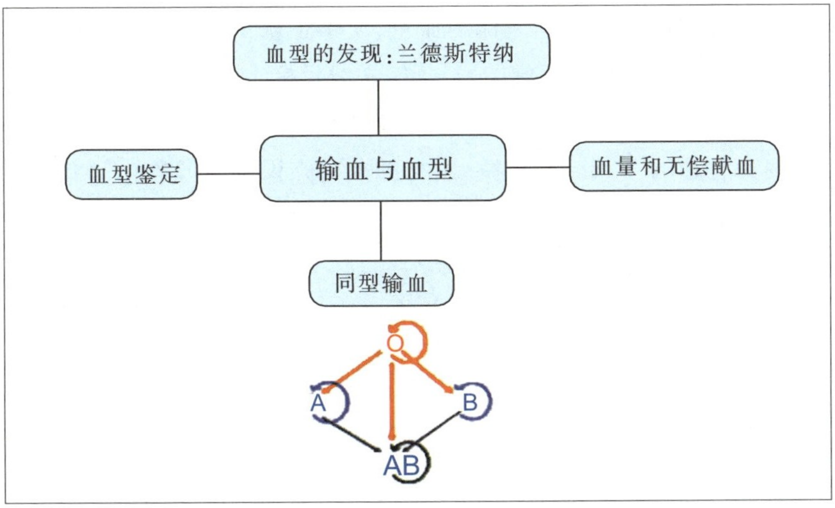

图 1　板书示意

七、教学效果及反思

在教学中,要求学生在充分自主学习和小组讨论的基础上、提出质疑、分析判断、寻找答案。设计了"献血献爱心"的小游戏,使学生有充分参与活动的时间与空间,能进行有效的合作,平等交流。并通过达标测试,使本节内容得到巩固延伸,将课上课下联系起来。

对学生的自主学习还应再创造条件,提供更多的机会,使学生能更好地参与。初一学生随着年龄的增长,阅读面的扩大,对本节课的教学内容或多或少有所了解,但缺乏系统性。可在搜集与本节课有关的素材,特别是与无偿献血有关的自己身边的素材,在本节进行交流,用于升华本节课主题,突破难点。还可以扩展一些知识例如,RH 血型。

八、教学设计说明

课前先提问"同学们知道自己的血型吗?你又知道你能给谁输血?谁能给你输血?"通过一系列问题串,引发学生思考,从而对输血和血型的知识产生浓厚的兴趣,吸引学生的注意力。

通过阅读血型的发现史,使学生逐渐认可血型的存在。简单的内容通过学生自学,例如血量的内容,并计算人体的血量,使学生认识到必要时输血的必要性。同时培养学生自学和独立思考的能力,落实学习目标 1、2。

安全输血是本课的重点与难点。根据 ABO 血型的鉴定原理,将抽象 ABO 血型的知识变为有趣的"图形配对"游戏,把抽象的知识具体形象化,利于学生的理解与记忆。并结合"普米"的实用性,边讲解边操作,引导学生独立思考,逐步形成血型的概念及血型和输血的关系,完成学习目标 3。